# 法人税裁決例の研究

不服審査手続きとその実際

成松洋一
[著]

税務経理協会

# はしがき

　昨今，経済取引の高度化，国際化等を反映して税の取扱いが複雑，難解になる傾向がみられ，また，納税者の税に対する関心が非常に高い。そのため，最近，納税者と課税庁とがともに十分な理論武装をして争う事例がとみに目立つ。これらの事情もあって，租税に関する不服申立てや訴訟が注目され，重要性が増している。平成13年の税理士法の改正により，税理士に税務訴訟における補佐人として出廷陳述権が認められたのもその一つの表れである。

　国税に関する処分に不服のある納税者は，まず異議申立て，次いで審査請求，最終的に訴訟という三段階で争うことができる。しかし異議申立てや審査請求だけで終結する事件が圧倒的に多く，また，異議申立てや審査請求は訴訟を提起するための前提要件になっている。そのような意味で，異議申立てや審査請求は重要な機能を果たしている。

　その審査請求に対する裁決を行う機関が国税不服審判所である。審判所は，国税庁の中の一つの機関ではあるが，第三者的機関として納税者に納得の得られる裁決を下すよう努めている。昭和45年に審判所が発足して以来30数年が経過し，その裁決例も次第に実務家や研究者の注目を集めるようになってきた。

　本書は，このような状況を踏まえ，不服申立ての手続きと法人税の基本的かつ重要な裁決例を取り上げ研究しようとするものである。本書においては，まず不服申立ての手続きについて，審査請求と訴訟との異同という観点から述べている。そうすれば審査請求の特徴なり手続きが浮き彫りになるからである。

　次に個別裁決例の研究においては，審査請求人と原処分庁との主張を際立たせるよう，ある程度詳しく紹介した。それは一つの問題に対して，いろいろな考え方や視点のあることが知られるし，今後実際に不服申立てをするとした場合，どのような主張を展開すればよいかの参考になると考えたからである。な

かには結果的に裁決や判決で容れられなかった主張であっても，共感を覚える主張があると思われる。

　また，取り上げた事件に関連する裁決例と判例をできるだけ紹介するよう努めた。審判所が第三者的機関であるとはいえ，裁決はあくまでも行政部内の判断に止まる。最終的には裁判所の判断による決着を図らなければならない。その意味で判例の動向を知ることが肝要である。

　私ごとで恐縮であるが，わたしは国税不服審判所本部に2年，名古屋国税不服審判所に1年，それぞれ勤務した。本書はその審判所勤務3年のわたしなりの一つの仕上げである。そして，国税庁法人税課勤務時代の経験をまとめた拙著『法人税セミナー－法人税の理論と実務の論点－』（税務経理協会刊）の姉妹書でもある。併せてご一読をいただき，忌憚のないご批評やご意見を頂戴できればありがたい。

　最後に本書の出版にあたり大変お世話になった，税務経理協会取締役編集局長宮下克彦氏に対し厚くお礼を申しあげる。

　　平成15年9月

　　　　　　　　　　　　　　　　　　　　　　　　成　松　洋　一

---- 凡　例 ----

|  |  |
|---|---|
| 通法 | 国税通則法 |
| 通令 | 国税通則法施行令 |
| 徴法 | 国税徴収法 |
| 法法 | 法人税法 |
| 法令 | 法人税法施行令 |
| 所法 | 所得税法 |
| 所令 | 所得税法施行令 |
| 相法 | 相続税法 |
| 措法 | 租税特別措置法 |
| 措令 | 租税特別措置法施行令 |
| 耐令 | 減価償却資産の耐用年数等に関する省令 |
| 行訴法 | 行政事件訴訟法 |
| 財規 | 財務諸表等規則 |
| 基通 | 法人税基本通達 |
| 所基通 | 所得税基本通達 |
| 措通 | 租税特別措置法関係通達（法人税編） |
| 耐通 | 耐用年数等の適用に関する取扱通達 |
| 注解 | 企業会計原則注解 |
| 民集 | 最高裁判所民事判例集 |
| 税資 | 税務訴訟資料（国税庁） |
| 裁決事例集 | 裁決事例集（国税不服審判所） |

（注）　たとえば「通法75①二」は，国税通則法第75条第1項第2号を表す。

# 目　次

はしがき
凡　例

## 第1　国税不服審判の構造

一　税務争訟の概要 …………………………………………… 3
　1　総　説 ………………………………………………… 3
　2　異議申立て …………………………………………… 4
　　(1)　異議申立先 …………………………………… 4
　　(2)　異議申立期間 ………………………………… 4
　　(3)　異議申立ての方法 …………………………… 5
　　(4)　国税の徴収との関係 ………………………… 6
　　(5)　異議決定の態様 ……………………………… 6
　3　審査請求 ……………………………………………… 7
　　(1)　異議申立て前置主義 ………………………… 7
　　(2)　始審的審査請求 ……………………………… 8
　　(3)　審査請求の方法 ……………………………… 8
　　(4)　みなす審査請求 ……………………………… 9
　　(5)　国税の徴収との関係 …………………………10
　　(6)　裁決の態様 ……………………………………10
　4　訴　訟 …………………………………………………11
　　(1)　不服申立て前置主義 …………………………11
　　(2)　不服申立てを経ない訴訟 ……………………12

二 国税不服審判所の組織と運営 …………………………………………14
　1 沿　　革 …………………………………………………………14
　　(1) 発足の経緯と趣旨 …………………………………………14
　　(2) 性　　格 ……………………………………………………14
　2 通達審査権 ………………………………………………………15
　3 運　　営 …………………………………………………………16

三 審査請求と訴訟との異同 ……………………………………………18
　1 総　　説 …………………………………………………………18
　2 片面的手続き ……………………………………………………18
　　(1) 片面的対抗手続き …………………………………………18
　　(2) 裁決の拘束力 ………………………………………………19
　　(3) 片面的手続きの趣旨 ………………………………………20
　3 非公開・書面審理主義 …………………………………………20
　　(1) 公開主義と非公開主義 ……………………………………20
　　(2) 口頭主義と書面審理主義 …………………………………21
　4 職権審理主義 ……………………………………………………22
　　(1) 弁論主義と職権審理主義 …………………………………22
　　(2) 総額主義と争点主義 ………………………………………23

# 第2　個別裁決例の研究

一 民法上の組合の成立要件と収益分配金の性格 ……………………27
　1 事件の概要 ………………………………………………………27
　2 当事者の主張 ……………………………………………………27
　　(1) 審査請求人の主張 …………………………………………27
　　(2) 原処分庁の主張 ……………………………………………28

3　審判所の判断 ……………………………………………29
　　4　研　　究 ………………………………………………30
　　　問題の所在〔30〕　　任意組合の課税関係〔31〕
　　　任意組合の成立要件と匿名組合等との区分〔32〕
　　　最近の任意組合等の利用例〔34〕　　金融商品会計における処理〔35〕
　　　任意組合等に対する基本的視点〔35〕
　　　事業体をめぐる最近の議論〔36〕

二　米国のＬＬＣのわが国租税法上の性格 ……………………………38
　　1　事件の概要 ………………………………………………38
　　2　当事者の主張 ……………………………………………38
　　　(1)　原処分庁の主張 …………………………………………38
　　　(2)　審査請求人の主張 ………………………………………40
　　3　審判所の判断 ……………………………………………42
　　4　研　　究 ………………………………………………44
　　　問題の所在〔44〕　　ＬＬＣの意義と権能〔45〕
　　　わが国租税法上の法人概念〔46〕　　本件ＬＬＣの検討〔47〕

三　株主総会の開催がない場合の法人税法上の効果 ……………………49
　　1　事件の概要 ………………………………………………49
　　2　当事者の主張 ……………………………………………49
　　　(1)　審査請求人の主張 ………………………………………49
　　　(2)　原処分庁の主張 …………………………………………50
　　3　審判所の判断 ……………………………………………50
　　4　研　　究 ………………………………………………51
　　　問題の所在〔51〕　　株主総会の実態とその影響〔51〕
　　　商法上の株主総会の解釈〔52〕　　確定した決算の意義〔53〕
　　　確定した決算をめぐる学説・判例〔53〕　　本件株主総会の検討〔55〕

四 確定した決算の変更による引当金繰入れ等の可否 …………57
　1　事件の概要 ………………………………………………57
　2　当事者の主張 ……………………………………………57
　　(1) 審査請求人の主張 ……………………………………57
　　(2) 原処分庁の主張 ………………………………………58
　3　審判所の判断 ……………………………………………58
　4　研　　究 …………………………………………………59
　　問題の所在〔59〕　　損金経理要件の趣旨〔59〕
　　商法上の決算変更の可否〔60〕　　税法上の決算変更の可否〔61〕
　　本件決算変更の検討〔61〕　　類似の裁決例〔62〕

五 消費税等の経理処理方法の変更の可否 ……………………64
　1　事件の概要 ………………………………………………64
　2　当事者の主張 ……………………………………………64
　　(1) 審査請求人の主張 ……………………………………64
　　(2) 原処分庁の主張 ………………………………………65
　3　審判所の判断 ……………………………………………66
　4　研　　究 …………………………………………………67
　　問題の所在〔67〕　　税抜経理方式と税込経理方式〔68〕
　　期末一括税抜経理方式〔69〕　　経理処理方法等の変更の可否〔69〕
　　本件経理処理の検討〔71〕

六 商品先物取引による損失の帰属者の判定 …………………73
　1　事件の概要 ………………………………………………73
　2　当事者の主張 ……………………………………………73
　　(1) 審査請求人の主張 ……………………………………73
　　(2) 原処分庁の主張 ………………………………………74
　3　審判所の判断 ……………………………………………75

4　研　　究 …………………………………………………76

　　　　問題の所在〔76〕　　実質所得者課税の原則〔77〕

　　　　経済的にみた帰属者の判定基準〔78〕

　　　　法律的にみた帰属者の判定基準〔79〕

　　　　本件商品先物取引の検討〔79〕

七　船荷証券引渡基準の収益計上基準としての合理性 …………81

　　1　事件の概要 ……………………………………………………81

　　2　当事者の主張 …………………………………………………81

　　　(1)　審査請求人の主張 …………………………………………81

　　　(2)　原処分庁の主張 ……………………………………………82

　　3　審判所の判断 …………………………………………………82

　　4　研　　究 ………………………………………………………84

　　　　問題の所在〔84〕　　法人税の収益認識基準〔84〕

　　　　引渡基準と船積基準の内容〔85〕　　船荷証券引渡基準の合理性〔86〕

　　　　継続性確保の問題点〔86〕　　最高裁の判断〔87〕

八　貸家権利金収入の収益計上時期 ………………………………89

　　1　事件の概要 ……………………………………………………89

　　2　当事者の主張 …………………………………………………89

　　　(1)　審査請求人の主張 …………………………………………89

　　　(2)　原処分庁の主張 ……………………………………………90

　　3　審判所の判断 …………………………………………………90

　　4　研　　究 ………………………………………………………91

　　　　問題の所在〔91〕　　敷金と権利金の経済的性格〔92〕

　　　　法人税における収益の認識基準〔93〕　　権利金収入の計上時期〔93〕

　　　　確定収入の計上時期の問題点〔94〕　　繰延収益の概念〔94〕

　　　　税制改革論議との関連〔95〕

## 九　一括収受した保守管理料収入の収益計上時期 …………97

- 1　事件の概要 ……………………………………97
- 2　当事者の主張 …………………………………97
  - (1)　審査請求人の主張 ……………………………97
  - (2)　原処分庁の主張 ………………………………98
- 3　審判所の判断 …………………………………98
- 4　研　　究 ………………………………………99

　　問題の所在〔99〕　確定収益に対する考え方〔100〕

　　本件保守管理料収入に対する考え方〔101〕

　　維持管理費用の見積計上の可否〔102〕

## 一〇　取引相場のない株式の適正な譲渡価額の算定方法 …………104

- 1　事件の概要 ……………………………………104
- 2　当事者の主張 …………………………………104
  - (1)　審査請求人の主張 ……………………………104
  - (2)　原処分庁の主張 ………………………………106
- 3　審判所の判断 …………………………………107
- 4　研　　究 ………………………………………108

　　問題の所在〔108〕　第三者との取引価額の是非〔108〕

　　取引相場のない株式の時価の算定方法〔109〕

　　各評価方法の内容と特性〔111〕　実務上の評価作業の仕方〔112〕

　　本件譲渡価額の検討〔113〕

## 一一　借地権課税における経済的利益の評価 ……………………115

- 1　事件の概要 ……………………………………115
- 2　当事者の主張 …………………………………115
  - (1)　審査請求人の主張 ……………………………115
  - (2)　原処分庁の主張 ………………………………116

3　審判所の判断 …………………………………………………117
　　4　研　　究 ……………………………………………………118
　　　問題の所在〔118〕　　借地権課税の概要と趣旨〔119〕
　　　経済的利益課税の趣旨と意義〔120〕　経済的利益の算定方法〔121〕
　　　相続税の債務控除の取扱い〔121〕　　金融商品会計の取扱い〔122〕
　　　本件保証金の検討〔123〕

一二　砂利採取跡地に対する埋戻費用の計上時期 ……………124
　　1　事件の概要 ……………………………………………………124
　　2　当事者の主張 …………………………………………………124
　　　(1)　審査請求人の主張 ……………………………………………124
　　　(2)　原処分庁の主張 ………………………………………………125
　　3　審判所の判断 …………………………………………………125
　　4　研　　究 ……………………………………………………126
　　　問題の所在〔126〕　　損金の認識基準〔127〕
　　　債務確定基準とその趣旨〔127〕　　売上原価等の債務確定の要否〔128〕
　　　債務の確定の判定〔129〕　　砂利採取跡地の埋戻費用の取扱い〔129〕
　　　本件埋戻費用の検討〔130〕

一三　過年度に発生した支払利息の計上時期 …………………132
　　1　事件の概要 ……………………………………………………132
　　2　当事者の主張 …………………………………………………132
　　　(1)　審査請求人の主張 ……………………………………………132
　　　(2)　原処分庁の主張 ………………………………………………133
　　3　審判所の判断 …………………………………………………134
　　4　研　　究 ……………………………………………………135
　　　問題の所在〔135〕　　支払利息の損金算入時期〔135〕
　　　過年度の発生利息の計上時期〔136〕　　前期損益修正損との関係〔137〕

計上漏れの過年度利息の救済策〔138〕

一四　過年度に過大に支払っていた電気料金の修正時期 ………… 140
　1　事件の概要 ……………………………………………… 140
　2　当事者の主張 …………………………………………… 140
　　(1)　審査請求人の主張 …………………………………… 140
　　(2)　原処分庁の主張 ……………………………………… 141
　3　審判所の判断 …………………………………………… 142
　4　研　　究 ………………………………………………… 143
　　問題の所在〔143〕　　過年度損益の態様別の修正方法〔144〕
　　期間所得の計算原理〔144〕　　損害賠償金の収益計上時期〔145〕
　　本件過大電気料金の検討〔146〕　　裁判所の判断〔146〕

一五　土地売買契約の解除を理由とする更正の請求の可否 ……… 148
　1　事件の概要 ……………………………………………… 148
　2　当事者の主張 …………………………………………… 148
　　(1)　審査請求人の主張 …………………………………… 148
　　(2)　原処分庁の主張 ……………………………………… 150
　3　審判所の判断 …………………………………………… 150
　4　研　　究 ………………………………………………… 152
　　問題の所在〔152〕　　前期損益修正の取扱い〔152〕
　　後発的事由による更正の請求〔153〕
　　法人税における更正の請求の可否〔153〕
　　本件更正の請求の検討〔154〕
　　継続性が遮断された場合の更正の請求の可否〔155〕
　　やむを得ない事情による契約解除〔156〕

## 一六　従業員による横領金の損金計上時期 ……………………158
  1　事件の概要 …………………………………………………158
  2　当事者の主張 ………………………………………………158
   (1)　審査請求人の主張 …………………………………………158
   (2)　原処分庁の主張 ……………………………………………159
  3　審判所の判断 ………………………………………………159
  4　研　　究 ……………………………………………………160
    問題の所在〔160〕　　損害賠償金の収益・費用の計上時期〔161〕
    現行取扱いの射程範囲〔162〕　　詐欺と横領による所得課税〔163〕

## 一七　外国のオークションで取得した資産の償却資産性 …………165
  1　事件の概要 …………………………………………………165
  2　当事者の主張 ………………………………………………165
   (1)　審査請求人の主張 …………………………………………165
   (2)　原処分庁の主張 ……………………………………………166
  3　審判所の判断 ………………………………………………167
  4　研　　究 ……………………………………………………168
    問題の所在〔168〕　　減価償却の意義〔168〕
    書画骨とうの範囲〔169〕　　本件テーブルと電気スタンドの検討〔169〕

## 一八　リース取引による少額減価償却資産の一時償却の可否 ……171
  1　事件の概要 …………………………………………………171
  2　当事者の主張 ………………………………………………171
   (1)　審査請求人の主張 …………………………………………171
   (2)　原処分庁の主張 ……………………………………………172
  3　審判所の判断 ………………………………………………174
  4　研　　究 ……………………………………………………175
    問題の所在〔175〕　　少額減価償却資産の一時償却〔175〕

リース取引の税務上の取扱い〔176〕

　　　リース取引の取扱いの根拠〔177〕　　本件リース取引の検討〔178〕

　　　参考裁決例と判例〔179〕

一九　崖地に施した防壁工事費の資本的支出と修繕費の区分 ……181

　1　事件の概要 ……………………………………………………181

　2　当事者の主張 …………………………………………………181

　　(1)　審査請求人の主張 …………………………………………181

　　(2)　原処分庁の主張 ……………………………………………182

　3　審判所の判断 …………………………………………………183

　4　研　　究 ………………………………………………………184

　　　問題の所在〔184〕　　資本的支出の意義〔185〕

　　　修繕費の意義〔186〕　　資本的支出と修繕費の形式区分〔186〕

　　　本件支出金の検討〔187〕　　他の参考裁決例〔188〕

二〇　店舗の転借により支払った対価の営業権性 ………………190

　1　事件の概要 ……………………………………………………190

　2　当事者の主張 …………………………………………………190

　　(1)　審査請求人の主張 …………………………………………190

　　(2)　原処分庁の主張 ……………………………………………191

　3　審判所の判断 …………………………………………………192

　4　研　　究 ………………………………………………………193

　　　問題の所在〔193〕　　営業権の意義と実態〔194〕

　　　欠損会社からの営業権の取得が認められた事例〔195〕

　　　営業権の評価〔195〕　　繰延資産の意義と取扱い〔196〕

　　　本件対価の検討〔197〕

## 二一　ゴルフ会員権に対する評価損計上の可否 …………199
  1　事件の概要 ……………………………………………199
  2　当事者の主張 …………………………………………199
  (1)　審査請求人の主張 …………………………………199
  (2)　原処分庁の主張 ……………………………………200
  3　審判所の判断 …………………………………………200
  4　研　　　究 ……………………………………………201
    問題の所在〔201〕　株式に評価損が計上できる事由〔201〕
    ゴルフ会員権に対する考え方〔202〕
    預託金制度の場合の評価損等の可否〔203〕　減損会計の適用〔204〕

## 二二　株式のクロス取引による売却損の損金性 …………206
  1　事件の概要 ……………………………………………206
  2　当事者の主張 …………………………………………206
  (1)　審査請求人の主張 …………………………………206
  (2)　原処分庁の主張 ……………………………………207
  3　審判所の判断 …………………………………………208
  4　研　　　究 ……………………………………………208
    問題の所在〔208〕　クロス取引の意義〔209〕
    株式に評価損が計上できる事由〔210〕　クロス取引の是非〔211〕
    現行のクロス取引の取扱い〔212〕
    クロス取引に対する所得税の取扱い〔213〕

## 二三　名目上の監査役に対する賞与の損金性 ……………215
  1　事件の概要 ……………………………………………215
  2　当事者の主張 …………………………………………215
  (1)　審査請求人の主張 …………………………………215
  (2)　原処分庁の主張 ……………………………………216

3　審判所の判断 ……………………………………216
　　4　研　　究 ………………………………………217
　　　問題の所在〔217〕　　法人税法上の役員の範囲〔217〕
　　　役員賞与の取扱いとその趣旨〔218〕　　現行制度の問題点〔219〕
　　　いわゆる名刺役員の取扱い〔220〕

## 二四　名目的な取締役に対する報酬の帰属先 ……………222
　　1　事件の概要 ……………………………………222
　　2　当事者の主張 …………………………………222
　　　(1)　審査請求人の主張 …………………………222
　　　(2)　原処分庁の主張 ……………………………224
　　3　審判所の判断 …………………………………225
　　4　研　　究 ………………………………………226
　　　問題の所在〔226〕　　商法上の取締役の考え方〔226〕
　　　法人税法の役員報酬の取扱い〔227〕　　実務上の基本的な考え方〔228〕
　　　本件役員報酬の検討〔229〕

## 二五　役員報酬の適正額の判定基準 ……………………231
　　1　事件の概要 ……………………………………231
　　2　当事者の主張 …………………………………231
　　　(1)　審査請求人の主張 …………………………231
　　　(2)　原処分庁の主張 ……………………………233
　　3　審判所の判断 …………………………………234
　　4　研　　究 ………………………………………235
　　　問題の所在〔235〕　　役員報酬の取扱いとその趣旨〔236〕
　　　過大な役員報酬の判定基準〔236〕　　本件役員報酬の検討〔237〕

## 二六　役員給与の報酬と賞与との区分基準 ……………………239
　1　事件の概要 ……………………………………………………239
　2　当事者の主張 …………………………………………………239
　　(1)　審査請求人の主張 …………………………………………239
　　(2)　原処分庁の主張 ……………………………………………240
　3　審判所の判断 …………………………………………………241
　4　研　　究 ………………………………………………………242
　　　問題の所在〔242〕　役員報酬と役員賞与の性格〔242〕
　　　役員報酬と役員賞与との区分基準〔243〕　本件未払金の検討〔244〕
　　　年俸制報酬の取扱い〔245〕

## 二七　役員退職給与の適正額の算定方法 ……………………246
　1　事件の概要 ……………………………………………………246
　2　当事者の主張 …………………………………………………246
　　(1)　審査請求人の主張 …………………………………………246
　　(2)　原処分庁の主張 ……………………………………………248
　3　審判所の判断 …………………………………………………248
　4　研　　究 ………………………………………………………250
　　　問題の所在〔250〕　役員退職給与の取扱いとその趣旨〔250〕
　　　適正な役員退職給与の算定方法〔251〕
　　　本件役員退職給与の検討〔253〕

## 二八　現物支給による役員退職給与の経理方法 ……………255
　1　事件の概要 ……………………………………………………255
　2　当事者の主張 …………………………………………………255
　　(1)　審査請求人の主張 …………………………………………255
　　(2)　原処分庁の主張 ……………………………………………256
　3　審判所の判断 …………………………………………………256

4 研　　究 …………………………………………………257
　問題の所在〔257〕　　役員退職給与の取扱いとその趣旨〔258〕
　役員退職給与の経理方法〔259〕　　現物支給の実務と判例の立場〔260〕
　損金経理要件の問題点〔260〕

## 二九　地元神社に対する寄附金の法人負担の是非 ……………263
1 事件の概要 ……………………………………………………263
2 当事者の主張 …………………………………………………263
　(1) 原処分庁の主張 …………………………………………263
　(2) 審査請求人の主張 ………………………………………264
3 審判所の判断 …………………………………………………265
4 研　　究 ………………………………………………………266
　問題の所在〔266〕　　税務上の寄附金の本質〔267〕
　商法上の寄附金支出の可否〔268〕　　個人が負担すべき寄附金〔269〕
　本件寄附金の検討〔269〕　　類似事案の判例等〔270〕

## 三〇　関連会社に対する無利息貸付けの寄附金性 ………………272
1 事件の概要 ……………………………………………………272
2 当事者の主張 …………………………………………………272
　(1) 審査請求人の主張 ………………………………………272
　(2) 原処分庁の主張 …………………………………………273
3 審判所の判断 …………………………………………………274
4 研　　究 ………………………………………………………275
　問題の所在〔275〕　　無利息貸付けの取扱い〔275〕
　受取利息の収益計上基準〔276〕　　延滞利息の計上見合せの趣旨〔277〕
　本件受取利息の検討〔278〕

## 三一　兄弟会社に対する貸付金の債権放棄の寄附金性 …………280
 1　事件の概要 …………………………………………………280
 2　当事者の主張 ………………………………………………280
  (1)　審査請求人の主張 ……………………………………280
  (2)　原処分庁の主張 ………………………………………282
 3　審判所の判断 ………………………………………………284
 4　研　　究 ……………………………………………………284
  問題の所在〔284〕　　子会社の整理損失等の取扱い〔285〕
  子会社の整理損失等の取扱いの趣旨〔285〕　　具体的な適用基準〔287〕
  本件債権放棄の検討〔287〕　　他の裁決例と判例〔288〕

## 三二　観光バスの運転手等に対するチップの交際費性 …………290
 1　事件の概要 …………………………………………………290
 2　当事者の主張 ………………………………………………290
  (1)　審査請求人の主張 ……………………………………290
  (2)　原処分庁の主張 ………………………………………291
 3　審判所の判断 ………………………………………………292
 4　研　　究 ……………………………………………………293
  問題の所在〔293〕　　交際費課税制度の趣旨と内容〔294〕
  交際費等と販売手数料等との区分〔294〕
  本件駐車誘致費の検討〔295〕　　必要不可欠な交際費等の問題点〔296〕

## 三三　談合金に対する交際費課税の是非 ………………………298
 1　事件の概要 …………………………………………………298
 2　当事者の主張 ………………………………………………298
  (1)　原処分庁の主張 ………………………………………298
  (2)　審査請求人の主張 ……………………………………299
 3　審判所の判断 ………………………………………………299

4　研　　究 ……………………………………………………300
　　　問題の所在〔300〕　　談合金課税の趣旨〔301〕
　　　談合金課税に対する国会論議〔302〕　　違法支出金との関連〔303〕

## 三四　祝儀収入を交際費額から控除することの可否 …………305
　　1　事件の概要 ……………………………………………………305
　　2　当事者の主張 …………………………………………………305
　　(1)　審査請求人の主張 …………………………………………305
　　(2)　原処分庁の主張 ……………………………………………306
　　3　審判所の判断 …………………………………………………307
　　4　研　　究 ……………………………………………………309
　　　問題の所在〔309〕　　支出する交際費等の額の計算〔310〕
　　　共同で交際行為を行う場合〔310〕　　祝儀収入の控除の可否〔311〕

## 三五　上様扱いによる仕入金額の損金算入の可否 ……………313
　　1　事件の概要 ……………………………………………………313
　　2　当事者の主張 …………………………………………………313
　　(1)　審査請求人の主張 …………………………………………313
　　(2)　原処分庁の主張 ……………………………………………314
　　3　審判所の判断 …………………………………………………314
　　4　研　　究 ……………………………………………………314
　　　問題の所在〔314〕　　使途不明金課税の内容と法理〔315〕
　　　使途秘匿金課税制度〔316〕　　使途不明金課税の射程範囲〔317〕
　　　本件上様仕入れの検討〔318〕

## 三六　繰越欠損金の記載誤りによる過大控除の是正時期 …………320
　　1　事件の概要 ……………………………………………………320
　　2　当事者の主張 …………………………………………………320

(1)　審査請求人の主張 …………………………………………320
　　　(2)　原処分庁の主張 ……………………………………………321
　　3　審判所の判断 …………………………………………………321
　　4　研　　究 ………………………………………………………322
　　　問題の所在〔322〕　青色欠損金の繰越控除の適用要件〔323〕
　　　更正事項と除斥期間の効果〔324〕　繰越欠損金額の是正方法〔325〕
　　　本件繰越控除の検討〔326〕　類似事例の処理〔326〕

## 三七　更生会社に対する同族会社の留保金課税の可否 …………328
　　1　事件の概要 ……………………………………………………328
　　2　当事者の主張 …………………………………………………328
　　　(1)　審査請求人の主張 …………………………………………328
　　　(2)　原処分庁の主張 ……………………………………………329
　　3　審判所の判断 …………………………………………………330
　　4　研　　究 ………………………………………………………331
　　　問題の所在〔331〕　留保金課税の内容と趣旨〔331〕
　　　留保金課税をめぐる議論〔332〕
　　　更生会社に対する法人税の特例〔333〕　本件更生会社の検討〔334〕
　　　裁判所の判断〔335〕　役員賞与の損金不算入の可否〔335〕

## 三八　営業譲渡による欠損金の繰戻し還付請求の可否 …………337
　　1　事件の概要 ……………………………………………………337
　　2　当事者の主張 …………………………………………………337
　　　(1)　審査請求人の主張 …………………………………………337
　　　(2)　原処分庁の主張 ……………………………………………338
　　3　審判所の判断 …………………………………………………339
　　4　研　　究 ………………………………………………………341
　　　問題の所在〔341〕　欠損金の繰戻し還付請求の内容と趣旨〔341〕

　　　　商法上の営業譲渡の意義〔342〕
　　　　国税徴収法上の事業譲渡の意義〔343〕
　　　　法人税法上の営業譲渡の意義と解釈〔344〕
　　　　本件営業譲渡の検討〔344〕

三九　粉飾決算による過大納付額の即時還付の可否 …………346
　1　事件の概要 …………………………………………346
　2　審査請求人の主張 …………………………………346
　3　審判所の判断 ………………………………………347
　4　研　　究 ……………………………………………347
　　　　問題の所在〔347〕　　粉飾決算の特例の趣旨と内容〔348〕
　　　　減額更正をめぐる問題点〔349〕
　　　　税額控除の趣旨と立法時の解釈〔350〕　　本件粉飾決算の検討〔350〕
　　　　現行の実務上の取扱い〔351〕

四〇　逆合併による繰越欠損金控除の租税回避行為性 …………353
　1　事件の概要 …………………………………………353
　2　当事者の主張 ………………………………………353
　　(1)　審査請求人の主張 ……………………………353
　　(2)　原処分庁の主張 ………………………………354
　3　審判所の判断 ………………………………………356
　4　研　　究 ……………………………………………358
　　　　問題の所在〔358〕　　青色欠損金の繰越控除制度の趣旨〔359〕
　　　　合併の際の青色欠損金の引継ぎの可否〔359〕
　　　　同族会社の行為計算の否認〔360〕　　本件合併の検討〔361〕
　　　　合併による青色欠損金の繰戻し還付〔362〕

## 四一 タックス・ヘイブン税制における管理支配基準の要件 ……365
 1 事件の概要 ……………………………………………………365
 2 当事者の主張 …………………………………………………365
  (1) 審査請求人の主張 ……………………………………………365
  (2) 原処分庁の主張 ………………………………………………367
 3 審判所の判断 …………………………………………………368
 4 研　　　究 ……………………………………………………369
  問題の所在〔369〕　　タックス・ヘイブン税制の概要と趣旨〔369〕
  適用除外要件とその趣旨〔370〕
  管理支配基準の意義と判断基準〔371〕　　本件子会社の検討〔372〕


索　引 ……………………………………………………………………375

# 第1 国税不服審判の構造

# 一　税務争訟の概要

## 1　総　説

　税務署長は，納税者の申告した所得金額や税額の計算が法令に照らして誤っていると認められる場合には，**更正処分**や**加算税の賦課決定処分**を行う（通法24，32）。また，納税者が納税の申告をすべきにもかかわらず，申告をしなかった場合には，所得金額や税額を確定させるための**決定処分**をする（通法25）。さらに，税務署長，国税局長または国税庁長官は，各種の課税上の申請や請求に対する承認，認定，取消し，却下などの処分を行っている。

　税務署長等の行う処分は，このような国税を課すための**賦課処分**だけでなく，国税の**徴収手続き**についても行われる。たとえば，源泉徴収義務者が源泉所得税を法定納期限までに納付しなかった場合には，**納税の告知処分**を行う（通法36）。また，滞納国税を徴収するための**財産の差押え**（徴法47）や**財産の換価**（徴法89）などの処分がある。

　このような国税の賦課・徴収に関する処分に納得できない納税者が不服を申し立てる制度として，①異議申立てと②審査請求との二つが設けられている。これら不服申立ての結果につきなお不服がある場合には，③訴訟を提起することができる。現行の国税に関する処分については，三段階での争いが可能な仕組みになっている。

　なお，行政処分に対する不服申立てに関しては，一般法として**行政不服審査法**がある。しかし，国税に関する処分の不服申立ての手続き等については，そ

の大量・回帰性，専門性等の特殊性から，**国税通則法**にほぼ自己完結的に規定されている。

## 2 異議申立て

### (1) 異議申立先

納税者が上述したような国税に関する処分に不服がある場合には，まず，原則としてその処分をした税務署長，国税局長または国税庁長官に対して**異議申立て**をする（通法75①）。処分をした課税庁に対する不服申立てが異議申立てである。

この場合，税務署長がした処分でその処分のもとになった調査が国税局または国税庁の職員によって行われた旨の記載がある書面により通知されたものは，国税局長または国税庁長官に対して異議申立てができる（通法75②）。たとえば，調査課所管法人（資本金1億円以上の法人）に対する税務調査は国税局の職員が行っているが，更正処分は所轄税務署長の名でなされる。その場合の更正通知書には，国税局の職員の調査に基づく旨の記載がされるので，この場合には国税局長に対して異議申立てをする。

なお，国税局長がした処分については，納税者の選択によりいきなり国税不服審判所長に対して審査請求をしてもよい（通法75①二）。また後述するように，青色申告書を提出する個人や法人または連結確定申告書等を提出する法人は，その所得税または法人税の更正処分については，異議申立てをしないで直接審判所長に対して審査請求をすることができる（通法75④）。

### (2) 異議申立期間

**異議申立て**の期間は，処分があったことを知った日（処分の通知を受けた場合は，その受けた日）の翌日から起算して2か月以内である（通法77①）。ただし，天災その他法定の期間内に異議申立てをしなかったことについてやむを得ない

理由があるときは、その理由がやんだ日の翌日から7日以内にすればよい（通法77③）。ここで**処分の通知を受けた日**とは、**郵便による送達**の場合には郵便物が到達した日を、**交付送達**の場合には、現に通知書の交付を受けた日をそれぞれいう。

この期限に遅れた異議申立ては、いくら納税者の言い分に理があるとしても、具体的な内容審理に立ち入らずいわゆる門前払いをされる。異議を申し立てるべき期間が定められ、その期間を過ぎるともはや争えないとしているのは、法的安定を図り税務行政の円滑化に資するためである。

このように、まず、その処分をした当事者である税務署長等に対して異議申立てをすべきこととされているのは、次のような理由による。すなわち、国税に関する処分は大量・回帰的でその争いは事実の確認や認定に属する事柄が多いので、その調査を担当し事実関係をよく知る税務署長等にもう一度見直しをさせるのが効率的と考えられるからである[1]。

### (3) 異議申立ての方法

異議申立ては、次に掲げる事項を記載した書面を提出して行う（通法81）。口頭による異議申立ては認められない。

イ　異議申立てにかかる処分
ロ　異議申立てにかかる処分があったことを知った年月日（処分の通知を受けた場合には、その受けた年月日）
ハ　異議申立ての趣旨および理由
ニ　異議申立ての年月日

この異議を申し立てるための書面を**異議申立書**という。特に異議申立ての趣旨および理由は、処分の内容や項目に応じて明確かつ具体的に記載することが肝要である。その異議申立書は、上記(1)の異議申立先に対して提出する。ただし、国税局または国税庁の職員の調査による処分についての異議申立書は、所轄税務署長に対して提出してもよい（通法82①）。その異議申立書は、所轄税務署長から国税局長または国税庁長官に送付される（通法82②）。

## (4) 国税の徴収との関係

納税者が上述したところにより異議申立てをした場合においても，その目的となった処分の効力，処分の執行または手続きの続行は妨げられない（通法105①）。したがって，異議申立てがあっても，たとえば更正決定による税額の確定等の効力はなんら影響を受けないし，滞納国税を徴収するための督促や滞納処分は行われる。また，たとえば債権の差押えに異議申立てがされても，それに続く債権の取立て等がされる。

これが国税の徴収の原則であるが，しかし次のような特例が設けられている。

イ　滞納処分による差押財産の換価は，その財産の価額が著しく減少するおそれがあるとき，異議申立人から申出があるときを除き，異議決定があるまではすることができない（通法105①）。

ロ　異議審理庁は，必要に応じ異議申立人の申立てまたは職権により，**徴収の猶予**または**滞納処分の続行を停止**する（通法105②）。ここに**異議審理庁**とは，異議申立ての調査・審理を行う税務署長等のことをいう。

ハ　異議申立人は担保を提供して，差押えをしないことまたは**差押えの解除**を求めることができ，異議審理庁はこれを相当と認めるときは，その差押えをせず，または差押えを解除する（通法105③）。

## (5) 異議決定の態様

納税者からの異議申立てに対して，税務署長等はその申立ての事実や内容を調査・審理して「却下」，「棄却」，「取消し」または「変更」の決定を下す（通法83）。これは異議申立てに対する税務署長等の判断の結論であり，**異議決定**と呼ばれる。

まず**却下**は，納税者の言い分の内容審理に立ち入らず，形式審理によりその申立てを斥けるものである。たとえば，上述した法定の期間経過後にされた異議申立て，減額更正のように納税者に不利益でない処分に対する異議申立て，処分を受けた納税者以外の者からの異議申立てなどは，そもそも異議申立て自体が不適法なものとして実体審理をすることなく，いわゆる**門前払い**をする。

つぎに**棄却**とは，具体的な異議申立ての内容に立ち入って審理するが，納税者の言い分に理由がないと認め原処分をそのまま維持することをいう。これとは逆に**取消し**は，納税者の言い分に理由があると認め原処分を取り消すことである。これには，納税者の言い分を全面的に認める**全部取消し**とその一部を認める**一部取消し**とがある。

さらに**変更**は，税務署長等が行った処分を変更することである。たとえば国税局長がした耐用年数の短縮の承認申請（法令57）に対する処分について，その承認した耐用年数を 7 年から 5 年に変更することをいう。この場合，納税者の不利益に変更することはできない。

## 3 審査請求

### (1) 異議申立て前置主義

税務署長または国税局長が下した異議決定を経た後の処分になお不服がある納税者は，次に国税不服審判所長に対して**審査請求**をすることができる（通法75③）。審判所長に対する不服申立てが審査請求である。具体的には，異議決定が「却下」，「棄却」，「一部取消し」または「変更」である場合に審査請求をする。この審査請求をした納税者を**審査請求人**という。

**審査請求の期間**は，**異議決定書の謄本**の送達があった日の翌日から起算して 1 か月以内である（通法77②）。ただし，天災その他法定の期間内に審査請求をしなかったことについてやむを得ない理由があるときは，その理由がやんだ日の翌日から 7 日以内にすればよい（通法77③）。

「全部取消し」の場合には，すでに納税者の権利救済は図られているので，審査請求をする利益はない。また，法定の期間経過後にされた異議申立て等その異議申立てが適法にされていない場合には，審査請求はできない。

このように，審査請求は異議決定を経た後においてはじめてすることができる。異議申立てをせずにいきなり審査請求をすることはできないのが原則であ

る。これを**異議申立て前置主義**という。

### (2) 始審的審査請求

　上述したように，国税不服審判所長に対する審査請求は，異議申立て前置が原則である。ただし，国税局長がした処分については，納税者の選択により異議申立てをしないで直接審判所長に対して審査請求をすることができる（通法75①二）。また，法人税もしくは所得税の青色申告書または法人税の連結確定申告書等にかかる更正についても，いきなり審判所長に対して審査請求をしてよい（通法75④一）。青色申告法人等は，帳簿・書類の記帳や保存がされているため，事実関係が明らかで争点が明確になっていることが多いからである。これらの場合の**審査請求の期間**は，その処分の通知を受けた日の翌日から2か月以内である（通法77①）。

　さらに，異議申立てをした日の翌日から3か月を経過しても異議決定がない場合には，その決定を経ないで，審判所長に対して審査請求をすることができる（通法75⑤）。納税者の権利義務関係を長く不安定な状態にしておくことを避け，早期にその権利救済を図る趣旨である。

　なお，登録免許税や自動車重量税の賦課のように，税務行政機関でない登記官や国土交通大臣等がした処分については，審判所長に対する直接の審査請求のみが認められている（通法75①五）。これらの機関は実質的な調査権限を有しないから，登記官や国土交通大臣等に対する異議申立てはできない。登録免許税や自動車重量税は国税であるので，審判所が審査請求の処理を担当するのである。

　これら異議決定を経ないで行われる審査請求を**始審的審査請求**と呼ぶ。

### (3) 審査請求の方法

　審査請求は，次に掲げる事項を記載した書面を提出してする（通法87）。異議申立てと同じく，口頭による審査請求はできない。訴訟では簡易裁判所に対する訴えの提起は口頭でもよいが（民事訴訟法271，273），不服申立ては口頭では

認められない。
イ 審査請求にかかる処分
ロ 審査請求にかかる処分があったことを知った年月日（処分の通知を受けた場合にはその受けた年月日，異議申立ての決定後の処分について審査請求をする場合には異議決定書の謄本の送達を受けた年月日）
ハ 審査請求の趣旨および理由
ニ 審査請求の年月日

　この審査請求を行うための書面を**審査請求書**という。特にハの**審査請求の趣旨**は，処分の取消しまたは変更を求める範囲を明確に記載し，**審査請求の理由**においては，処分通知書などにより通知されている処分の理由に対する審査請求人の主張を明らかにしなければならない（通法87③）。また審査請求書には，審査請求の趣旨および理由を計数的に説明する資料を添付するよう努める必要がある（通令32）。

　その審査請求書は，正副2通を国税不服審判所長に対して提出する（通法87④）。ただし，審査請求にかかる処分をした行政機関の長（たとえば税務署長）に対して提出してもよい（通法88①）。その審査請求書は，税務署長等から審判所長に送付される（通法88②）。

### (4) みなす審査請求

　まだ審査請求がなく異議申立てがされている段階で，その異議申立てが審査請求とみなされる場合がある。これが**みなす審査請求**で，その一は，税務署長または国税局長が異議申立てを審査請求として取り扱うことを適当と認め，異議申立人がこれに同意した場合である（通法89）。これを**合意によるみなす審査請求**という。たとえば，法人税の更正処分には審査請求が，その更正処分に関連する源泉所得税の納税告知処分には異議申立てがそれぞれされている場合に，その納税告知処分に対する異議申立てについて審査請求として取り扱うことに同意を求める場合である。

　その二は，たとえば法人税に対する一次更正について審査請求（または異議

申立て）が係属中に二次更正が行われ，その二次更正に異議申立て（または審査請求）がされた場合である。この場合には，異議申立てがされている税務署長または国税局長は異議申立書等を国税不服審判所長に送付し，かつ，その旨を異議申立人に通知する（通法90①②）。そうすると，その異議申立ては，その送付がされた日に審査請求があったものとみなされる（通法90③）。これを**他の審査請求に伴うみなす審査請求**という。

　いずれも納税者からの複数の不服申立てを併合しあるいは併せて，調査・審理を統一的，経済的に行うための措置である。

### (5) 国税の徴収との関係

　審査請求があった場合の国税の徴収との関係は，原則として前述した異議申立てがあった場合と同じである（通法105①）。ただ国税不服審判所長は，みずから徴収の猶予等や差押えの解除等の措置をとることができないから，これらの措置に関し次のような手続きを踏む。

イ　審判所長は，必要に応じ審査請求人の申立てまたは職権により，徴収の所轄庁の意見をきいたうえ，徴収を猶予し，または滞納処分の続行を停止することを徴収の所轄庁に求める（通法105④）。ここに**徴収の所轄庁**とは，国税の徴収事務を行う税務署長または国税局長をいう。

ロ　審判所長は，審査請求人が徴収の所轄庁に担保を提供して，差押えをしないことまたは差押えを解除することを求めた場合において，相当と認めるときは，徴収の所轄庁に対し，その差押えをしないことまたはその差押えを解除することを求める（通法105⑤）。

　徴収の所轄庁は，審判所長からのこれらの求めに応じて，徴収の猶予等または差押えの解除等の措置をとらなければならない（通法105⑥）。

### (6) 裁決の態様

　上述したところによりなされた審査請求に対して，国税不服審判所長はその内容や事実関係を調査・審理して納税者の言い分を認めるかどうかの判断を下

す。この判断を下すことを**裁決**という。裁決には，「却下」，「棄却」，「取消し」または「変更」の四つの態様がある（通法92，98）。それぞれの裁決の態様の意義は異議決定の場合と同様である。

　この裁決は関係行政庁を拘束する（通法102①）。たとえば「取消し」の裁決があった場合には，税務署長は裁決で排斥された理由と同じ理由によって再更正をすることはできない。これは「変更」裁決の場合も同様である。

　これに対して，「却下」裁決は原処分の内容まで審理したものではなく，また，「棄却」裁決は，原処分が違法ないし不当でないことを判断したにとどまるから，いずれも関係行政庁を拘束するものではない。したがって，却下または棄却された事件につき，税務署長が再度の調査・審理を行い，その結果に基づき原処分を取り消すことは一向に差し支えない。このような意味で，**裁決の拘束力**が問題になるのは，「取消し」または「変更」の場合である。

## 4　訴　　訟

### (1)　不服申立て前置主義

　審査請求に対する国税不服審判所長の裁決についてなお不服がある納税者は，さらに裁判に訴えることができる。国税に関する処分について不服がある納税者は，①異議申立て，②審査請求および③訴訟の三段階で争えるのである。さらに訴訟では，地方裁判所，高等裁判所および最高裁判所の三審で争える。

　国税に関する訴訟は，取消訴訟，無効確認訴訟，不作為の違法確認訴訟，国家賠償請求訴訟などに類型化される。国税に関する訴訟の大部分は，更正決定等の行政処分や裁決の取消しを求める**取消訴訟**である。その取消訴訟の**出訴期間**は，処分または裁決があったことを知った日の翌日から3か月以内である（行訴法14①）。

　しかし取消訴訟は，異議申立てをすることができる処分（審査請求ができるものを除く）にあっては異議決定を，審査請求をすることができる処分にあって

は裁決を，それぞれ経た後でなければ提起することができない（通法115①）。不服申立てについての異議決定または裁決を経ずに，いきなり出訴することはできないのが原則である。これを**不服申立て前置主義**という。

　国税の処分に関する訴訟につき不服申立て前置主義が採用されているのは，まず適正な課税を行う義務と責任を有する税務当局が審理・裁決を行い，簡易・迅速な納税者の権利救済と行政の適正な運用を図るのが最も当を得ている，と考えられるからである[2]。

### (2) 不服申立てを経ない訴訟

　上述したように，国税に関する処分につき訴訟を提起できるのは，不服申立て前置が原則である。ただし，異議申立て（国税庁長官に対してされたものに限る）または審査請求がされた日の翌日から3か月を経過しても異議決定または裁決がないときは，その異議決定または裁決を経ずに訴訟を提起してよい。また，更正決定の取消訴訟が係属している間に他の更正決定が行われ，その更正決定につき取消しを求めるときは，いきなり訴訟を提起することができる（通法115①）。

　なお，行政庁を被告とする取消訴訟は，原則としてその行政庁の所在地の裁判所の管轄に属する（行訴法12）。たとえば更正処分であれば，その更正を行った所轄税務署の所在地を管轄する裁判所である。この場合の管轄裁判所は，訴訟の目的とする価額のいかんにかかわらず，地方裁判所である（裁判所法24，33）。海難審判や特許審判と異なり，いきなり高等裁判所に訴えることはできない。

―●―●―●―

〔注〕
(1)　最高判昭和49．7．19税資76号194頁
(2)　税制調査会答申「税制簡素化についての第三次答申」（昭和43．7）

一 税務争訟の概要　13

●不服申立て制度の概要●

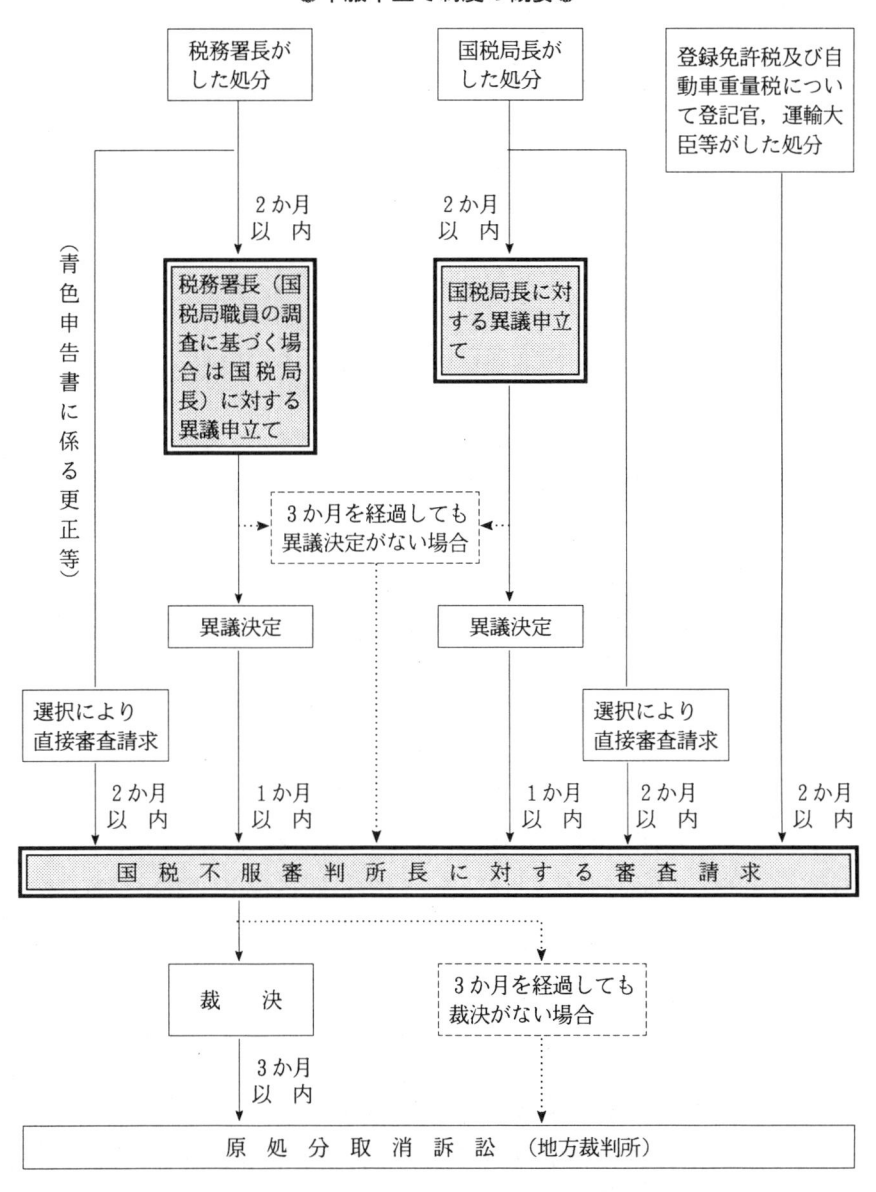

```
┌─────────────┐   ┌─────────────┐   ┌─────────────────┐
│ 税務署長が   │   │ 国税局長が   │   │ 登録免許税及び自│
│ した処分     │   │ した処分     │   │ 動車重量税につい│
│              │   │              │   │ て登記官，運輸大 │
│              │   │              │   │ 臣等がした処分   │
└─────────────┘   └─────────────┘   └─────────────────┘
```

（青色申告書に係る更正等）

│ 2か月以内　　　│ 2か月以内

```
┌─────────────┐   ┌─────────────┐
│ 税務署長（国 │   │ 国税局長に対 │
│ 税局職員の調 │   │ する異議申立 │
│ 査に基づく場 │   │ て           │
│ 合は国税局   │   │              │
│ 長）に対する │   │              │
│ 異議申立て   │   │              │
└─────────────┘   └─────────────┘
```

┄┄┄┄ 3か月を経過しても異議決定がない場合 ┄┄┄┄

異議決定　　　　　異議決定

選択により　　　　　　　　　　選択により
直接審査請求　　　　　　　　　直接審査請求

2か月以内　1か月以内　　1か月以内　2か月以内　2か月以内

■■■ 国税不服審判所長に対する審査請求 ■■■

裁　決　　　　　　3か月を経過しても裁決がない場合

3か月以内

原処分取消訴訟（地方裁判所）

出典：「国税不服審判所の30年」編集委員会編『国税不服審判所の30年』33頁

## 二 国税不服審判所の組織と運営

### 1 沿　革

(1) 発足の経緯と趣旨

　国税に関する法律に基づく処分についての審査請求に対する裁決を行う機関が**国税不服審判所**である（通法78①）。国税不服審判所は，国税通則法が根拠法になっている。すなわち，昭和45年の国税通則法の改正により国税不服審判所は発足した。

　従来，国税に関する審査請求は**協議団**という組織で処理されていた。ところが，協議団はあくまでも国税局の組織の一つで国税局長の権限の下にあった。そのため，調査・審理がややもすると国税局の主管部の影響を受けやすく，また，国税庁長官や国税局長の権限や考え方を超えて裁決をすることができない，という執行機関からの独立性に限界があると指摘されていた[1]。

　そこで，国税の執行機関からの独立性を高め，第三者的立場で裁決を行い，裁決の公正性，信頼性を確保することを目的に協議団を廃止し国税不服審判所が発足したのである。

(2) 性　格

　上述したような国税不服審判所の発足の経緯・趣旨から，その独立性を高め，第三者的機関とするため，各種の措置が講じられている。たとえば，実際に審査請求の調査・審理を行う**国税審判官**に判事，検事等の司法関係者や学者，公認会計士，税理士を任命する（通法79④，通令31）。また次項に述べるように，

国税不服審判所長は，必ずしも国税庁長官が示した解釈や通達にとらわれず裁決をすることができる（通法99）。

ただ，国税不服審判所は第三者的機関であるとはいえ，基本的には行政機関の一つにすぎない。あくまでも，国税庁の中の組織の一つとしての**特別の機関**である（国家行政組織法8の3，財務省設置法22）。それゆえ国税不服審判所長は，国税庁長官が財務大臣の承認を受けて任命する（通法78②）。

国税庁長官は本源的に，国税に関する更正決定等の権限とともに不服申立てに対する決定の権限をもっている。その不服申立てに対する決定の権限を国税庁長官から分離しようというのが，国税不服審判所制度であるといえよう。

## 2　通達審査権

国税不服審判所が従来の協議団と大きく違うのは，いわゆる**通達審査権**を有しているという点である。協議団はあくまでも国税庁長官の権限下にあったから，国税庁長官の発した通達と異なった解釈による裁決はできなかった。

これに対して，国税不服審判所長は国税庁長官通達と異なる解釈により裁決ができる。これは，通達はすべての社会経済情勢に対応して定めることは不可能であるから，納税者の特殊事情による個別的，具体的妥当性を担保しようとするものである。ただ，国税庁長官通達と異なる解釈により裁決ができるといっても，無条件にできるわけではなく，一定の手続きを踏む必要がある。すなわち，次に掲げる裁決をするときは，あらかじめその意見を国税庁長官に申し出なければならない（通法99①）。これに該当する事件を実務上**99条案件**と呼ぶ。

(1) 国税庁長官が発した通達に示されている法令の解釈と異なる解釈による裁決
(2) 他の国税にかかる処分を行う際における法令の解釈の重要な先例となる裁決

この意見の申出を受けた国税庁長官は，審判所長に対して指示をする。その指示にあたっては，審判所長の意見が納税者の主張を認容するものであり，かつ，国税庁長官がその意見を相当と認める場合を除き，国税審議会の議決に基づいてこれを行う（通法99②）。**国税審議会**は，平成11年に従来の国税審査会，税理士審査会および中央酒類審議会を統合したもので，国税庁長官から意見を求められた事項について調査審議をする，民間の有識者からなる機関である。

## 3　運　　営

　国税不服審判所は，本部（東京）のほか全国所要の地に国税局（沖縄国税事務所）に対応して12の支部が置かれている（通法78③）。その各支部において，それぞれ所轄の税務署長や国税局長などが行った処分に対する審査請求の処理にあたっている。

　審判所には審査請求にかかる事件の調査・審理を行うため，**国税審判官，国税副審判官**および**国税審査官**が置かれる（通法79，国税不服審判所組織規則3）。一つの事件に対して**担当審判官**1名および**参加審判官**2名以上が指定され（通法94），具体的な事件の調査・審理にあたる。この担当審判官および参加審判官からなる一つのチームを**合議体**と呼ぶ。合議体は，担当審判官および参加審判官の過半数の意見によりその事件に対する合議体としての結論である**議決**を行う（通令35）。

　審査請求に対する裁決は（本部）国税不服審判所長のいわば専権事項である。したがって，全国すべての裁決は（本部）「国税不服審判所長」名一本で行われる。しかし，審判所長が裁決をする場合には，その合議体の議決に基づいてこれをしなければならない（通法98③）。合議体の独立性や判断が尊重されるのである。

　なお，実務的には各支部の審判所長が裁決事務を行っているが，これはいわば（本部）国税不服審判所長の分身として，国税不服審判所長の名において裁

決事務を行っているといえる[2]。

━━━●━━━●━━━●━━━

〔注〕
(1) 衆議院大蔵委員会「税の執行に関する調査小委員会中間報告」(昭和33.3.13)
(2) 「国税不服審判所の30年」編集委員会編『国税不服審判所の30年』(国税不服審判所, 平成12) 63頁

## 三　審査請求と訴訟との異同

### 1　総　説

　国税不服審判所における審査請求に対する処理は，いわば納税者と課税庁との間の紛争を解決し，納税者の権利救済を図るという争訟裁断行為である点では訴訟と同じような機能を有している。その手続きにおいても，たとえば審理の過程における求釈明や合議体（通法94参照），審査請求の併合（通法104）の概念，審査請求人の死亡，合併，分割などの場合の審査請求人の地位の承継（通法106），参加人制度（通法109）など，訴訟と同じようなものがみられる。

　しかし，審査請求はあくまでも行政手続きであって司法手続きではないから，訴訟とは異なる面が多い。審査請求と訴訟との異同をみることは，審査請求の特徴が浮き彫りになり，また，その手続きを知ることにもなる。そこで以下ではこの点を中心にみていく。

### 2　片面的手続き

(1)　片面的対抗手続き

　まず，訴訟は**当事者対等主義**が標榜されている。すなわち，主張が対立している当事者の地位を平等にし，双方に対等の攻撃・防御の手段や機会が与えられるのが建前である。

これに対して，審査請求の場合には，納税者である審査請求人にだけしか認められない手続きが少なくない。たとえば，次のような手続きである。
イ　審査請求人は原処分庁から提出された書類その他の物件の閲覧を求めること（**閲覧請求**）ができる（通法96②）。
ロ　審査請求人には担当審判官に対して口頭で意見を述べる機会（**口頭意見陳述**）が与えられる。この場合，担当審判官の許可を得て補佐人とともに出頭することができる（通法101①，84①）。
ハ　審査請求人は弁護士，税理士その他適当と認める者を代理人に選任することができる（通法107①）。

これらの手続きは，処分を行った税務署長等である**原処分庁**には認められていない。そこでこれは，一般に**片面的対抗手続き**であるといわれる。

なお，ここでいう**補佐人**や**代理人**は，弁護士，税理士，公認会計士などの資格を有する者でなくてもよい。

### (2) 裁決の拘束力

すでに述べたように，納税者は国税不服審判所長の下した裁決に対してなお不服がある場合には裁判に訴えることができる。しかし，原処分庁である税務署長等はその裁決に対して不服があるからといって，さらに訴訟を提起するようなことはできない。裁決は関係行政庁を拘束するからである（通法102①）。すなわち，実質的に裁決が拘束力を有するのは「取消し」または「変更」の裁決であるが，「取消し」または「変更」の裁決があった場合には，原処分庁はその裁決に不服があっても出訴することはできない。「取消し」または「変更」の，納税者の請求を認容する裁決があった場合には，関係行政庁は裁決の内容を実現すべき義務を負い，審査請求によりその事件は終結ないし取り消され，または変更された部分は確定するのである。

### (3) 片面的手続きの趣旨

　以上述べたように，審査請求の手続きや裁決の結果に対する対処方法がいわば片面的であるのは，審査請求の処理はあくまでも納税者の権利救済を図る行政手続きであることによる。すなわち，国税不服審判所は理念的には第三者的機関であるとはいえ，まったくの第三者機関である裁判所と異なり，あくまでも行政機関の一つにすぎず，処分庁の立場を完全に払拭することにはなっていないからである。

　審判所といえども国税庁の機関の一つであり，審判所は国税庁長官が本源的にもつ不服申立ての決定権限を行使するという観点からすれば，上記(1)のイからハまでのような手続きを原処分庁である税務署長等に認めるのは，自己が自己に口頭意見陳述をするようなもので論理的におかしいということになる。また，原処分庁の方が調査力や資料収集力，資料の量などが納税者よりも優位にあるのではないか，という事情も考慮されている。

　さらに裁決の拘束力に関しては，処分庁がみずから取り消したものをみずから訴訟に持ち込むのは自己矛盾であるということになろう。

## 3　非公開・書面審理主義

### (1) 公開主義と非公開主義

　訴訟の審判は基本的に**公開主義**で，一般公衆が自由に傍聴できる公開の法廷で行われる（憲法82①）。その訴訟の当事者，調査・審理の過程，判決の内容などは，第三者でも一般に知ることができる。

　これに対して，審査請求は非公開である。審査請求人，調査・審理の過程，裁決の内容などは一切公開されず，当事者以外の者は一般に知ることはできない。このように，審査請求が非公開であるのは，やはり審査請求に関する処理は行政手続きであることに由来する。審判官には守秘義務があり，審査請求人の秘密を守るということである。

ただ，先例として他の事案の処理にあたって参考となる裁決例は，毎年いくつか**裁決事例集**に登載することにより公表されている。その場合であっても，当事者が特定されないよう，その氏名や住所は明らかにされない。これは，あくまでも国税不服審判所の広報や行政サービスの一環であるといったことにすぎず，法的，制度的なものではない。

一方，**情報公開法**に基づき裁決の**開示請求**をすれば，原則としてその請求に応じて内容が開示される。しかしその場合でも，審査請求人や関係者の氏名や住所は伏せられ，公開されない。

### (2) 口頭主義と書面審理主義

訴訟における審理の方式は，**口頭主義**が原則である。すなわち，弁論や証拠調べは書面によらず，すべて口頭で行われる。口頭弁論の場において口頭で陳述したことのみが意味をもち，判決の基礎になる。訴訟の公開主義からすれば，その審理の方式は口頭主義にならざるを得ない。

これに対して，審査請求は**書面審理主義**である。審査請求人から審査請求書が提出されると，その副本が原処分庁に送付される（通法93①）。**審査請求書**には審査請求の趣旨および理由を記載しなければならないから（通法87①③），原処分庁はその趣旨および理由に対応して，原処分庁の主張を記載した**答弁書**を提出する（通法93①②）。その答弁書の副本は審査請求人に送付されるから（通法93④），審査請求人はその答弁書に反論があれば**反論書**や**証拠書類**，**証拠物**を提出することができる（通法95）。

このように審査請求に対する審理は，審査請求人と原処分庁とから提出される書面や証拠物件のやりとりによって進められていくのである。そのやりとりの過程において，当事者の主張・立証等に不明確な点や矛盾する点があれば，必要に応じて担当審判官は当事者に釈明を求める**求釈明**を行う。審査請求が非公開であることからすれば，書面審理主義でよい。

ただ，例外的に審査請求人には口頭意見陳述が認められており（通法101①），これはいわば口頭での弁論といえるかもしれない。ただし，口頭意見陳述も非

公開である。

## 4 職権審理主義

### (1) 弁論主義と職権審理主義

　訴訟における資料収集や判決は**弁論主義**が支配している。すなわち，訴訟においては，証拠資料は当事者の申出による証拠方法から採用しなければならず，また，当事者間に争いのない事実は証拠調べをすることなく判決の基礎としなければならないが，当事者の陳述していない事実は判決の基礎にすることはできない。

　これに対して，審査請求においては**職権審理主義**を基調としている。すなわち，審査請求の場合には，当事者が提出した資料や主張はもとより，担当審判官がみずから収集した資料や把握した事実関係をもとに裁決をすることができる。当事者間に争いのない事実であっても，それが真実であるかどうかの検証をしなければならない。

　当事者の提出した資料や主張が不十分で事実関係が明確にならない場合には，担当審判官は職権によりみずからその事実関係の解明に努める。そのため，担当審判官には当事者や関係人，参考人に対して審理のために質問し検査する権限が認められている（通法97①②）。それゆえ，これは俗に**職権探知**と呼ばれる。

　訴訟，特に**民事訴訟**においては，私的自治を前提として当事者の紛争を解決すればよく，必ずしも客観的事実の解明まですべる必要はない。これに対して，税は法律で定められた額以下でもこれを超えてもならず，究極的には納税者が真に納付すべき税額はいくらかということである。したがって，国税不服審判所における審査請求の調査・審理が行政手続きである限り，職権審理主義が妥当する。

## (2) 総額主義と争点主義

審査請求における調査・審理が職権審理主義であるとすれば、その調査・審理の範囲が問題になる。これについては、総額主義と争点主義との二つの考え方がある。

**総額主義**は、調査・審理の範囲は当事者の主張する争点や所得の内容等にかかわらず、審査請求人が本来納付すべきである税額の総額に及ぶ、というものである。これによれば、たとえば審査請求人は売上金額の多寡を争い、その言い分に理があるときでも、国税不服審判所の調査によって新たに仕入金額に過大な部分が把握されれば、裁決は「棄却」ということになる。

これに対して、**争点主義**は、調査・審理の範囲は当事者の主張する争点事項とこれに密接に関連する事項に限られる、という考え方である。先の例でいえば、売上金額の多寡だけが調査・審理の対象になり、仕入金額の過大分は裁決に影響を及ぼさない。

租税の本質論や審査請求における職権審理主義からすれば、総額主義が妥当する。しかし、総額主義に偏すると原処分を維持するために新たな調査を行うといった問題が生じ、審査請求人の権利保護に欠けるうらみがある。そこで審判所は、理論的には審理の範囲は総額に及ぶが、運営としては新たな調査は争点事項に限られる[1]、とする**争点主義的運営**に努めている。

なお、取消訴訟においても、審理の対象に関して総額主義と争点主義との対立がある。しかし、裁判例は総額主義をとることを明らかにしており、実務は総額主義で確定している[2]。この点、審査請求の実務とは、若干スタンスが異なる。

―――● ● ●―――

〔注〕
[1] 南 博方著『租税争訟の理論と実際』（弘文堂、昭和50）35頁
[2] 今村 隆・小尾 仁・脇 博人・有賀文宣共著『課税訴訟の理論と実務』（税務経理協会、平成10）91頁

## ●審理の進め方●

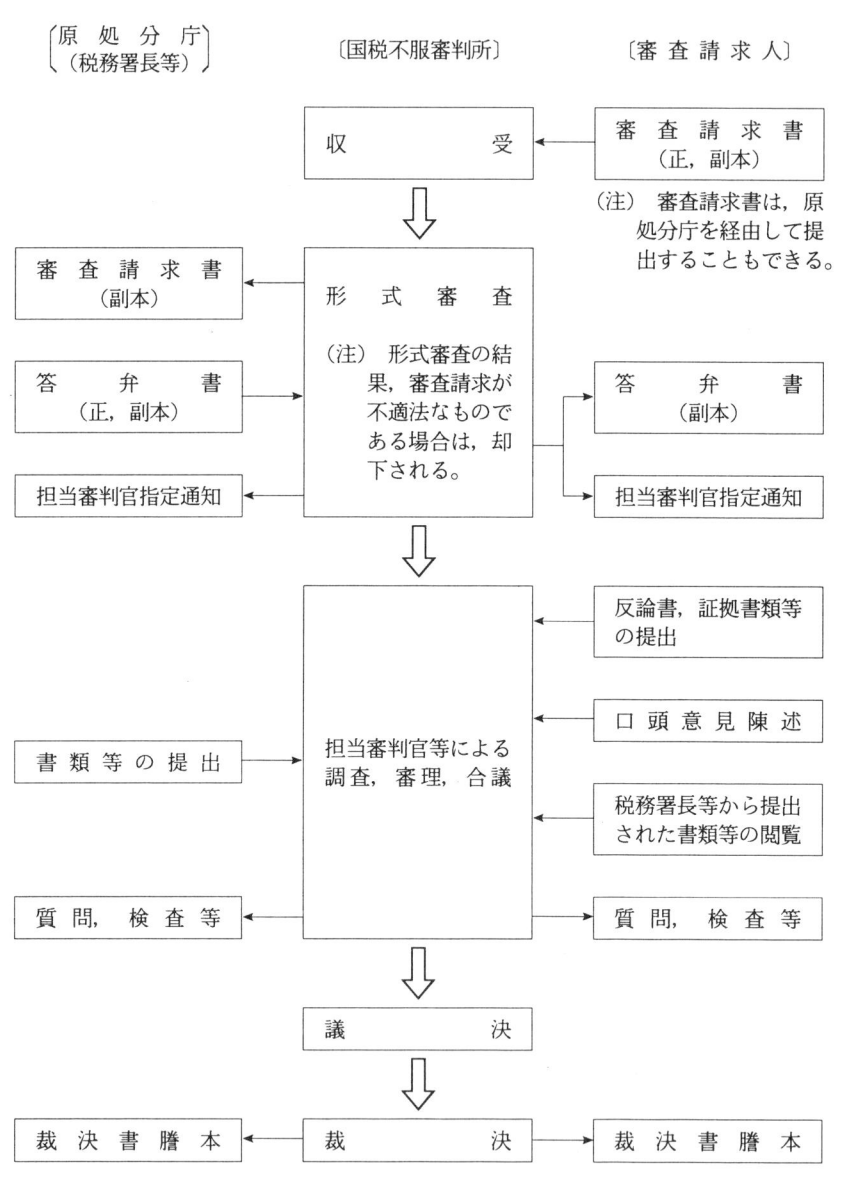

```
〔原処分庁〕              〔国税不服審判所〕            〔審査請求人〕
(税務署長等)

                              収  受  ←――――  審査請求書
                               ↓                    (正,副本)
                                            (注) 審査請求書は,原
                                                 処分庁を経由して提
                                                 出することもできる。

  審査請求書  ←―――― 形式審査
   (副本)
                        (注) 形式審査の結
                             果,審査請求が        答 弁 書
  答 弁 書  ――――→    不適法なもので  ――→    (副本)
  (正,副本)              ある場合は,却
                             下される。
                                            担当審判官指定通知
  担当審判官指定通知  ←――
                               ↓

                                        ←――  反論書,証拠書類等
                                               の提出

                                        ←――  口頭意見陳述

  書類等の提出 ――→  担当審判官等による
                      調査,審理,合議    ←――  税務署長等から提出
                                               された書類等の閲覧

  質問,検査等 ←――                     ――→  質問,検査等

                               ↓
                              議  決
                               ↓
  裁決書謄本  ←――        裁  決       ――→  裁決書謄本
```

出典:「国税不服審判所の30年」編集委員会編『国税不服審判所の30年』41頁

# 第2 個別裁決例の研究

# 一 民法上の組合の成立要件と収益分配金の性格

## 1 事件の概要

本件は，不動産業を営む同族会社が他の4社とともに各1,300万円を出資して構成した共同体の性格と，その共同体が土地等の譲渡をして得た譲渡益の分配金に対する土地譲渡益重課税の適否が争われた事件である（一部取消し・平成8．6．26裁決・裁決事例集No.51・429頁）。

## 2 当事者の主張

### (1) 審査請求人の主張

当社がJ社から受領した2億5,300万円の金員について，原処分庁は当社を含む5社（当社，J社，K社，L社，M社）によって構成される共同体からの土地等の譲渡による利益金の分配であり，また本件土地等は超短期所有土地等に該当するから，土地譲渡益重課税が適用されるとして更正処分をした。しかし次のとおり，土地等の譲渡利益金の分配ではないから，土地譲渡益重課税の適用対象とならない。

イ　当社は本件共同体の構成員ではなく，このことはJ社の無限責任社員であるY記述の説明書によっても明らかであること。

ロ　当社は本件土地等の取得および譲渡のいずれにも契約の当事者として関与しておらず、このことは本件土地等の取得および譲渡にかかる不動産売買契約書によって確認できること。

ハ　本件土地等に関して、これを本件共同体で取引する旨の協定書または開発等事業執行についての契約書等は一切ないこと。

ニ　本件出資金は、Ｊ社サイドが行う本件土地等のリゾート開発事業の将来性に賛同し、また、Ｙの事業遂行能力に期待して、当初の当社の代表者であるＴが個人で出資していたものを当社の出資金として振り替えたものであること。

ホ　本件金員は、本件土地等の取得に際しＴが交渉に加わって取引を成立させたことおよびその土地の利用計画にあたり、マスタープランを調査研究する等協力したことに対する謝礼としてＪ社から受領したものであること。

## (2) 原処分庁の主張

審査請求人がＪ社から受領した２億5,300万円の金員は、次のとおり土地等の譲渡による利益金の分配であり、また本件土地等は超短期所有土地等に該当するから、土地譲渡益重課税の適用は正当である。

イ　本件共同体の構成員であるＪ社の無限責任社員であるＹは、本件土地等の売買は５社の共同事業として行われたもので、共同で土地等の取得費、販売費、一般管理費および支払利息を負担し、共同で売却対価を収受している旨述べていることから、審査請求人は本件共同体の構成員であり、かつ、土地取引の当事者であること。

ロ　審査請求人は本件出資金1,300万円は本件土地のリゾート開発計画にかかる出資金である旨主張するが、本件土地等の運用、売買を含めた共同事業の資金であり、この資金の運用および共同事業の遂行は、本件共同体の幹事会社であるＪ社に一任されていること。

ハ　審査請求人は本件金員は雑収入に該当する旨主張するが、その金員の交付を受ける起因となった本件土地等の譲渡は、５社の共同事業として行われた

ものであり，審査請求人は本件土地取引の当事者であるから，本件金員は土地等の譲渡益の分配であると認められること。

## 3 審判所の判断

(1) 民法第667条は，「組合契約は，各当事者が出資をなして共同の事業を営むことを約するによりてその効力を生ず。」と規定しているところ，この組合は次のように解されている。
　イ　2人以上の者が各自出資して共同事業を営むことを目的とする団体であるが，その事業は継続的であることを要しないこと，また，出資は組合契約と同時にする必要はなく，事業の進行に伴い，随時所要の額だけ分担拠出することができること。
　ロ　業務執行者を選任したときは，その業務執行者が組合を代表して業務の執行を行うこと。
　ハ　損益分配の割合が定まってない場合は，出資額の比率によること。
　ニ　組合は一つの独立した団体として存在し，第三者との間では法律関係の主体となりうるが，法人格をもたないので法形式上は組合員の法律行為は組合員自身の行為となること。
　ホ　組合財産は各組合員の共有（いわゆる合有的共有または合有）であり，組合員全員から独立した存在をもたず，組合員全員が同意すればいつでも処分できること。
　ヘ　組合は，組合の目的たる事業の成功および成功の不能により解散し，残余財産は各組合員の出資価額に応じて分割ないし分配すること。
(2) 本件土地取引について，①5社はそれぞれ1,300万円を出資していること，②Tはリゾート開発事業という共同事業に出資した旨自認していること，③5社のうち審査請求人を除いた4社の関係者は共同事業として認識していたことを併せ考えると，口頭による共同事業を営む旨の合意がなされたと認め

られるから，本件共同体は民法第667条に規定する組合に該当し，審査請求人はその構成員とみるのが相当である。
(3) 土地等の売買契約書等からみて，本件土地等の売主が本件共同体であることは明らかで，審査請求人は本件土地等の譲渡益の分配金として本件金員の交付を受けたものであるから，土地譲渡益重課税を適用した法人税の申告をすべきであった。

## 4 研　　究

〔問題の所在〕

(1) 法人税の実務にあっては，ある団体や組織の性格が問題になることが少なくない。特に任意組合や人格のない社団，匿名組合のように，法人格のないものが問題になる。その団体や組織の性格により，あるいはその存在の成立を認めるかどうかによって課税関係が異なってくるからである。

　本件で問題となっている民法上の組合すなわち任意組合であれば，その組合の事業により生じた収益・費用は，組合の構成員である法人が各自みずから事業を行い，それぞれの法人に帰属する収益・費用として課税関係を律していく。

　最近ではこのような任意組合や匿名組合，米国のいわゆるＬＬＣ（ＬＬＣについては，「二　米国のＬＬＣのわが国租税法上の性格」参照）等の特性を利用して，いろいろなビジネスが行われている。たとえば，映画フィルムや航空機のリース，不良債権の買取りなどである。そのビジネスのなかには法人税や所得税の節税効果を狙ったものもみられる。

　このような事情もあり，近時，任意組合や匿名組合，ＬＬＣ等が注目され，これに伴って各種の事業体をめぐる法人税の課税のあり方に関する議論が盛んになっている。

〔任意組合の課税関係〕

(2) 一般に**組合**という場合，各種のものが存する。たとえば土地区画整理組合や国民健康保険組合，農業協同組合など，特別の法律によって設立され法人格を与えられたものも組合である。しかしここで問題とするのは，民法上の契約の一種としての組合すなわち任意組合である。**任意組合**は，当事者が自由に契約し成立させうるもので，特別の法律に基づく組合に対する概念としてこう呼ばれる。したがって，任意組合は法人格をもたず，その成立について行政官庁の許可，認可等の処分を要しない。

　任意組合は，その組合自体が独立して法人税や所得税の納税義務者にはならない。その組合事業から生じた損益は，その組合員である法人または個人が組合契約または民法第674条《損益分配の割合》の規定による分配割合に応じて，自己に帰属するものとして収益または費用に計上する。すなわち，その利益分配または損失負担の金額は，たとえ現実に利益の分配または損失の負担をしていない場合であっても，その組合の計算期間の終了の日の属する事業年度の益金の額または損金の額に算入する（基通14－1－1）。

(3) この場合，その利益または損失の額は，継続して次のいずれか一の方法により計算することができる（基通14－1－2）。

　イ　その組合について計算される利益または損失の額をその分配割合に応じて各組合員に分配または負担させる方法

　ロ　その組合の収入金額や原価，費用および損失の額をその分配割合に応じて各組合員のこれらの金額として計算する方法

　ハ　その組合の収入金額，支出金額，資産，負債等をその分配割合に応じて各組合員のこれらの金額として計算する方法

　イの方法は組合におけるいわゆる計算尻である利益または損失の額だけを，ロの方法は組合に生じた損益項目を，それぞれ各組合員が自己の収益または費用として取り込む。イとロの方法は，組合員は任意組合への出資を単なる資金運用の一手段ととらえている場合が多いこと等を考慮したものといえる。理論的には，ハの組合の収益・費用および資産・負債を自己のものとして取

り込む方法が原則である。

　したがって，本件において組合事業として行った土地の譲渡が土地譲渡益重課税の適用対象となるものであれば，その組合の構成員である法人は，各自土地譲渡益重課税の適用をして法人税の申告をしなければならないことになる。

　なお，航空機のレバレッジド・リース事業の匿名組合契約に関し，出資者が営業者から受ける利益または損失の分配は，出資者と営業者とが任意に定めた計算期間の末日ではなく，営業者の事業年度末でなければ確定しないとされた裁決例がある[1]。

〔任意組合の成立要件と匿名組合等との区分〕

(4)　そうすると，任意組合すなわち**民法上の組合**とは何か，というその成立要件が問題になる。特に**匿名組合や人格のない社団**との区分が重要である。ある団体や組織がこれらのいずれに該当するかに応じ，課税関係が決定的に異なるからである。ところが，これら三者は当事者が自由な形式，内容により契約をすることができ隣接関係にあるため，実務的にはその区分の困難な場合が少なくない。

　そこで，これら三者の性格やその成立要件を比較対照してとりまとめてみよう。それにより，**民法上の組合の成立要件**や三者の区分基準が浮き彫りになる（次頁表参照）。

　民法上の組合と商法上の匿名組合とは，共同事業性の有無および組合財産が共有か否かが決定的に重要であり，その点にのみ両者の区別が存するというのが判例である[2]。

| 項　目 | 民法上の組合 | 匿　名　組　合 | 人格のない社団 |
|---|---|---|---|
| 1　性　格<br>（目　的） | 2以上の者が出資をして共同の事業を営むことを約する契約によって成立する一種の集合体である。 | 当事者の一方が相手方の営業のために出資をし、その営業より生じる利益を分配すべきことを約する契約によって成立する出資体である。 | 多数の者が一定の目的を達成するために結合した団体のうち人格を有しないもので、単なる個人の集合体ではなく、団体としての組織を有して統一された意思のもとに構成員の個性を超越して活動を行うものである。 |
| 2　内部規約 | 組合員間の契約形式により定められ、その加入、脱退は予定されていない。 | 当事者間の契約だけであり、他の者の加入はあり得ない。 | 構成員を特定しない定款や規約の形で定められ、その加入、脱退に備えている。 |
| 3　決議方法 | 全組合員の過半数により議決する。 | 2当事者だけであるから、議決といったことはない。 | 総会は構成員の過半数の出席で成立し、多数決により議決する。 |
| 4　業務執行 | 各組合員が直接的に業務を行い、代表者は必ずしも定まらない。 | 営業者が業務を執行し、出資者は表に名前を出さない。 | 総会で選任された機関（理事会等）が業務を行い、その長として代表者が定まる。 |
| 5　対外関係 | 組合員は無限責任である。 | 出資者は有限責任である。 | 構成員は有限責任である。 |
| 6　財産関係 | 財産は組合員の共有であり、持分権がある。 | 財産はすべて営業者に属し、出資者は共有持分を有しない。 | 財産は構成員の総有であり、持分権はない。 |
| 7　課税関係 | 組合自体は納税義務者にならず、組合の収益・費用、資産・負債はその分配割合に応じて、各組合員に帰属する。 | 組合自体は納税義務者にならず、組合の収益・費用、資産・負債は営業者に帰属する。出資者には分配利益または負担損失のみが帰属する。 | 人格のない社団自体が納税義務者になる。 |

〔最近の任意組合等の利用例〕

(5) 最近,任意組合や匿名組合を利用した各種の事例がみられる。訴訟になった例として,任意組合を利用した**映画フィルムのリース事件**がある。これは映画事業とは関係のない会社が,外国での映画フィルムへの投資を目的とした組合契約を締結のうえ,その組合が取得したとする映画フィルムを自己の出資割合に応じて資産として計上し,減価償却費を損金算入したものである。これに対し裁判所は,映画興行による利益と減価償却費の損金計上による課税上の利益を得ることを目的として,単に資金の提供のみを行う意思のもとに契約したものであり,映画フィルムの所有権を真実取得したものではなく,組合契約は租税負担を回避する目的で所有権を取得するとの形式,文言が用いられたにすぎないから,減価償却費の損金算入は相当でないと判示した[3]。

(6) またこれに類似する例として,任意組合を結成して**航空機のリース**をしているものがみられる[4]。すなわち,組合のアレンジャーが出資者を募って,その出資者を組合員とする任意組合を結成し,航空機を購入してそのリースを行うのである。そうすると,リース当初は航空機の減価償却費がリース料収入を上回り,組合に損失が生じる。その損失を各組合員が出資割合に応じて自己のものとして取り込み,組合員固有の給与所得等と通算すれば所得税の軽減が図られる。これも映画フィルムのリース事件と同じように,税のメリットを追求したものといえる。

さらに不良債権買取事業にあたり,オランダ法人等を利用して関連企業間で匿名組合契約を締結し,恣意的に利益や損失の分配をしているのではないか,と疑われる事例も散見される。マスコミでは,米国の証券大手会社グループが匿名組合契約を利用して,不良債権売買による利益をオランダのダミー会社に移し,課税逃れをしたと国税当局に認定された事例が報道されている[5]。

〔金融商品会計における処理〕

(7) 企業会計では,従来,任意組合やパートナーシップの出資について,組合の資産負債と費用収益をそれぞれ持分相当額だけ各出資者の貸借対照表および損益計算書に取り込む処理が行われていた。しかし新設された「金融商品会計」では,任意組合,匿名組合,**パートナーシップ,リミテッド・パートナーシップ**等に対する出資は,統一的に組合財産の持分相当額を出資金として処理する一方,組合損益の持分相当額を損益として認識する方法を原則とする[6]。貸借対照表および損益計算書の双方について持分相当額を純額で計上するのである。

　一般的に出資者は,任意組合等に対する出資を単なる資金運用の一手段と考えている場合が多く,また,有限責任の特約がつき出資額以上の責任を負わない場合もある。そうすると,任意組合等が有する資産負債をそのまま出資者の貸借対照表に取り込む処理は,経営者の意図を適切に反映したものとは言い難いことになる[7]。そこで,「金融商品会計」では持分相当額を純額で計上することとされたのである。

〔任意組合等に対する基本的視点〕

(8) 任意組合や匿名組合は,組織法上の組合と異なり,当事者がどのような形式のものであっても自由に契約し成立させることができる。そのため,税の観点からすれば,利益や損失を自由に付け替えているとみられるなど問題がある組合も少なくない。もちろん課税上問題があるといっても,形式的な組合の成立自体を否定するものではない。

　あくまでも税務は,契約書の有無,内容にかかわらず,その実態からみて当事者の真意,目的はどこにあるかの実質面が重要であり,その事実に則して課税関係を律していく。上記の「金融商品会計」における考え方も,同じであるといえよう。そこで,前述した組合の成立要件などを基礎に,それが実質的に担保されているかどうかを事実認定していき,組合員にどのような利益があるのか,金銭出資の性格を明らかにする。

(9) 特に任意組合にあっては、最終的に明らかにすべきは共同事業性の有無である。そのためには、組合員相互に意思の連絡があるのかどうか、組合員はその意思決定に主体的にかかわっているのかどうか、組合員各自がそれぞれ分担ないし役割をもちそれを果たしているのかどうか、そしてその結果として各組合員の持ち分が定められているかがポイントである[8]。そのような意味であらかじめ仕組まれている組合は問題が多く、その場合には個々の取引ごとではなく、一連の取引を総合して判断することが重要である。

　そのようにして、もし当事者の真意、目的は組合契約により共同の事業を営むことではないとすれば、単に組合形式を利用したにすぎず、投資目的の金銭出資ということになる。

〔事業体をめぐる最近の議論〕

(10) 上述したように、最近では任意組合や匿名組合を利用した各種の取引が国際間にまたがって活発に行われている。一部の外国投資家等の間では、任意組合や匿名組合は課税逃れのための恰好の事業形態だとの認識があるともいわれる[9]。このほか信託やパートナーシップなども使われている。このような状況は、最近の情報通信革命や金融革命、企業の国際化の進展を背景としており、今後ますます顕著になってくると思われる。

　そこで、法人税の課税対象となる事業体が法人格の有無によって決定されるというこれまでの取扱いは再検討する必要があり、経済的意義、法的性格などを踏まえて、今後その課税のあり方を検討すべきであるという指摘がされている[10]。現に信託については、平成12年の税制改正により投資信託（法法2二七）および特定目的信託（法法2二九の二）から生じる所得は法人税の課税対象とすることにされた（法法7の2）。

　たしかに従来のような法人格を有するものだけが法人税の納税義務者であるという考え方では、実体にそぐわず課税の隘路が生じている面がみられる。納税義務者のあり方という、法人税の根幹が問われているといえよう。

〔注〕
(1) 審判所裁決平成4．9．16裁決事例集No.44・217頁
(2) 名古屋地判昭和60．3．25税資144号741頁，名古屋高判昭和61．7．16税資153号119頁，最高判昭和63．10．13税資166号131頁
(3) 大阪地判平成10．10．16税資238号715頁，大阪高判平12．1．18
(4) 朝日新聞（平成14．7．23，朝刊）31面，産経新聞（平成14．8．20）10面
(5) 読売新聞（平成14．5．29，朝刊）1面
(6) 日本公認会計士協会「金融商品会計に関する実務指針」（平成12．1．31）132項
(7) 小林伸行・藤原　哲・市川克也著『図解　ひとめでわかる金融商品会計』（東洋経済新報社，2001）117頁，伊藤　眞・花田重典・荻原正佳編著『金融商品会計の完全解説』（財経詳報社，平成12）212頁
(8) 横浜地判平成3．3．20税資182号661頁参照
(9) 中里　実著『タックスシェルター』（有斐閣，平成14）29頁参照
(10) 税制調査会中期答申「わが国税制の現状と課題－21世紀に向けた国民の参加と選択－」（平成12．7．14）第二，二，1

# 二　米国のLLCのわが国租税法上の性格

## 1　事件の概要

　本件は、わが国の会社役員が出資して設立した米国のリミテッド・ライアビリティ・カンパニー（いわゆるLLC）に生じた賃貸ビルの運用損失が、そのLLC自体に帰属するのか、あるいはその出資をした会社役員に帰属するのかが争われた事件である（棄却・平成13.2.26裁決・裁決事例集No.61・102頁）。

　（注）　本件は所得税に関する事件であるが、LLCが外国法人に該当するかどうかが争点であり、わが国法人税の課税上も参考になるので取り上げた。

## 2　当事者の主張

### (1)　原処分庁の主張
イ　外国の事業体が損益の帰属主体となるか否かの判断基準

　外国の事業体については、以下のとおり、外国の法律によって設立が認められ、その事業体の成立時において権利・義務の主体となることができる特性を備えることにより、わが国の私法上、法人格を有すると判断されたものについては、わが国の租税法上も損益の帰属主体となる外国法人として取り扱うこととなる。

(イ) わが国租税法上の取扱い

　わが国租税法上の法人に関する定義については，法人税法第2条第3号において内国法人を「国内に本店又は主たる事務所を有する法人をいう。」と，同条第4号において外国法人を「内国法人以外の法人をいう。」と規定しているのみで，法人の概念について定義した規定は存在しない。

　したがって，わが国の租税法上の法人概念については，一般的に民法，商法といったわが国私法上の概念を借用してこれと同義に取り扱うこととなる。

(ロ) わが国私法上の法人概念

　わが国の私法上，法人とは「権利を有し義務を負う能力を法律上有しているもの」をいうと解されている。

　また，外国法人に関しては，民法第36条第1項において「外国法人ハ国，国ノ行政区画及ヒ商事会社ヲ除ク外其成立ヲ認許セス但法律又ハ条約ニ依リテ認許セラレタルモノハ此限ニ在ラス」と規定し，外国の法律によって設立されその外国の法律の下で法人格が付与された商事会社は，わが国の私法上，外国法人として認許されると規定されている。

　この場合の外国法人としての認許とは，外国の法律で認められた法人格をわが国においても承認し，法人として活動することを認めることと解されており，このことからわが国の私法上，法人格の認許に関しては，一般に設立準拠法主義がとられていると解されている。

ロ　本件LLCの損益の帰属

(イ)　本件LLCの概要

　① 本件LLCの定款および運用合意書によれば，次の事実が認められる。

　　A　本件LLCは，運用合意書の規定とニューヨーク州LLC法およびその措置法に従った設立手続きを経て，LLCとして設立された事業体であること。

　　B　本件LLCは，ニューヨーク市の特定の不動産の所有および運営を目的としてニューヨーク州LLC法に基づき設立され，その目的のた

めに同法で許されるすべての法律行為を行うこと。
② 公証人役場の登記および不動産売買契約書によれば，本件賃貸ビルは本件ＬＬＣの所有であると認められる。
③ 米国統一ＬＬＣ法およびニューヨーク州ＬＬＣ法において，「ＬＬＣは構成員とは別個の法的主体である。」と規定されている。
④ ＬＬＣの取扱いに関して，日米租税条約には，わが国の私法上の取扱いが是正されるような特段の定めはない。

(ロ) 本件ＬＬＣの損益の帰属

本件ＬＬＣは，設立準拠法であるニューヨーク州ＬＬＣ法上，法人格が付与された事業体であり，わが国の租税法上，損益の帰属主体となる外国法人と認められ，また，本件賃貸ビルの所有者であるから，その資産の運用損益はすべて本件ＬＬＣに帰属する。

したがって，審査請求人が青色申告決算書（不動産用）に計上している本件ＬＬＣの本件賃貸ビルにかかる損益は，審査請求人に帰属しない。

## (2) 審査請求人の主張

以下のことから，本件ＬＬＣ自体が損益の帰属主体であるとした原処分は，わが国の租税法に照らして誤りであり，審査請求人の確定申告のとおりパス・スルー課税が認められるべきである。

イ　わが国の租税法上は，法人格の有無が納税義務者となる法人の判定基準となるところ，ニューヨーク州ＬＬＣ法の解説マニュアルやニューヨーク州弁護士が書いた雑誌においては，ＬＬＣには法人格がないとされているとおり，ＬＬＣに法人格がないことは法律に携わっている者なら周知の事実（ないし常識）であるから，これについてわが国の行政府が異なる解釈をすることは，設立準拠法主義に違反する。

ロ　わたしは設立準拠法主義の意義は，「その事業体に法人格があるかどうかは，わが国の法律ではなく，その国または州の法律で法人格があるかどうかで判断する」ことであると理解する。

ところが原処分庁は，設立準拠法主義を「有限会社に有限会社法が，株式会社に商法があるように，ＬＬＣにＬＬＣ法があるから，ＬＬＣは法人である」と解釈しているように思われる。しかし，法人格のないわが国の投資事業有限責任組合にも準拠する法律はあるし，また，米国のパートナーシップにもパートナーシップ法はあるのであるから，原処分庁の主張には根拠がない。

ハ　原処分庁は，①本件賃貸ビルは，本件ＬＬＣの所有であると認められること，②米国統一ＬＬＣ法およびニューヨーク州ＬＬＣ法において，「ＬＬＣは，構成員とは別個の法的主体である。」と規定されていることをもってＬＬＣに法人格があることの根拠としているが，契約主体であることと法人格の有無とはまったく別のものである。

　つまり，法人格があれば当然に契約主体となり得るが，契約主体となり得るからといって法人格があるとは限らない。このことは，わが国の投資事業有限責任組合は，構成員とは別個の主体であるが法人格はなく，また，米国のパートナーシップは，パートナーシップの名前で法律行為を行うことができるが，法人格はないとされていることからも明らかである。

ニ　以上のとおり，本件ＬＬＣは法人ではないうえ，構成員の共同意思により業務執行を行い，その財産は共有であるから，人格のない社団等にも該当しない。そして本件ＬＬＣは，わが国の法制度上，民法上の組合または匿名組合に最も類似するところ，本件賃貸ビルの所有権の内容が管理・処分機能を包含することから，わが国租税法上も組合として取り扱うことが適当である。

　したがって，本件ＬＬＣに対する課税上の取扱いは，リミテッド・パートナーシップと同様，民法上の組合または匿名組合に準じたパス・スルー課税が最も適当である。

## 3　審判所の判断

(1)　わが国における所得課税の原則

　イ　わが国法人税法においては，内国法人を「国内に本店又は主たる事務所を有する法人」と，外国法人を「内国法人以外の法人」と，それぞれ定義しているのみで，「法人」そのものの定義付けがされていない。

　　　このため，わが国の租税法上の法人概念については，民法，商法といったわが国の私法上の概念を借用し，これと同義に取り扱うべきである。わが国の私法上，法人とは一般に「自然人以外のもので法律上，権利・義務の主体となることができるもの」，すなわち「権利を有し義務を負う能力を法律上有しているもの」をいうと解されており，この権利・義務の主体となることができる法律上の資格のことを法人格と称している。

　ロ　国際私法上，外国の法律によって設立された事業体について，その設立準拠法の下で与えられた法人格は，当然，わが国においても承認されると解されるところ，これに上記のわが国私法（租税法）上の法人概念を併せ考えれば，わが国私法（租税法）上の外国法人とは，「外国の法律によって設立され，その設立準拠法の下で法人格を与えられたもの」をいうと解される。

　　　したがって，外国の法律によって設立され，その設立準拠法の下で権利・義務の主体となることができる法律上の資格（法人格）が与えられた事業体は，わが国私法（租税法）上の外国法人に該当し，わが国の租税法上，損益の帰属主体となると解するのが相当である。

　ハ　以上のとおり，外国の法律によって設立された事業体がわが国の租税法上損益の帰属主体となるか否かは，その設立準拠法の下で権利・義務の主体となることができる法律上の資格（法人格）が与えられているか否かが判断基準になるところ，ニューヨーク州ＬＬＣ法には，わが国の商法第54条第１項に規定する「会社ハ之ヲ法人トス」といった法人格の存在を直接

規定した条項は存在しない。

このため，本件ＬＬＣが損益の帰属主体となるかどうかは，ニューヨーク州ＬＬＣ法の下で本件ＬＬＣに認められている権利・義務の内容から判断しなければならない。

ニ　米国内国歳入法における法人課税の対象は，設立準拠法の下で法人格が与えられているか否かでは決せられず，米国内国歳入法でその範囲や種類等を別途定める制度が採用されている。しかしわが国の租税法上，損益の帰属主体となるか否かは，設立準拠法の下で権利・義務の主体となることができる法律上の資格（法人格）が与えられているか否かが判断基準となるのであって，米国内国歳入法上，法人課税の対象とされているか否かが判断基準となるものではない。

(2)　本件ＬＬＣのわが国租税法上の取扱い

イ　本件ＬＬＣは，①商行為をなすを業とする目的でニューヨーク州ＬＬＣ法に従った設立手続きを経て設立された事業体であり，②設立準拠法であるニューヨーク州ＬＬＣ法の下で，契約，財産権の所有，裁判，登記等において当事者となることができる資格を与えられているうえ，③ニューヨーク州ＬＬＣ法では「ＬＬＣは（構成員とは別個の）独立した法的主体である。」と規定されているから，同法の下で権利・義務の主体となることができる資格を付与された事業体であると認められる。

ロ　本件ＬＬＣの事業活動の実態をみても，本件ＬＬＣ自身がその所有する賃貸ビルをみずからの名において不動産賃貸業の用に供し，その収益や資産を管理し，不動産税を納付するなど，構成員とは異なる権利・義務の主体として活動していることが認められ，事業活動の実態面においても，上記の判断を覆す点は認められない。

ハ　わが国と米国とでは税務上の法人概念のとらえ方が著しく異なるところ，米国の税務上パス・スルー課税が適用されているＬＬＣの場合，そのＬＬＣは設立準拠法の下で法人格が与えられているが，税務取扱い上は法人として認められた事業体ではないと解することができるし，「ＬＬＣには法

人格あり」とする見解も少なからず存在しており，米国の税務上，現に法人課税の対象とされているＬＬＣも存在するなど，「ＬＬＣに法人格がないことは米国では周知の事実」と判断することはできない。

ニ　本件ＬＬＣが「人格のない社団等」，「民法上の組合」または「匿名組合」に該当するか否かを検討するまでもなく，本件ＬＬＣはわが国の租税法上，法人格をもった外国法人であると認められ，本件ＬＬＣが行う事業から生じる損益は本件ＬＬＣ自体に帰属すると判断すべきである。

## 4　研　究

〔問題の所在〕

(1)　米国には，通称ＬＬＣ（Limited Liability Company），**有限責任会社**と訳される，米国各州のＬＬＣ法に基づいた事業体がある。このＬＬＣが稼得した所得について，米国の税務上は，ＬＬＣ自体が納税義務者になって課税されるか，または**パス・スルー**（pass through）**課税**，すなわちＬＬＣの段階では課税されず，その構成員が納税義務者になってその段階で課税されるか，いずれかの方式を選択することができる（内国歳入規則301.7701－3）。本件で問題となっているＬＬＣは，パス・スルー課税となっている。

　このＬＬＣの性格をわが国の課税体系からみると，ＬＬＣ自体が納税義務者になって課税を受ければ法人であるし，パス・スルー課税を受ければわが国の任意組合と同様のものといえる。そしてＬＬＣが法人であるとすれば，その所得はＬＬＣに帰属する。一方，任意組合と同様のものとみれば，そのＬＬＣに生じた所得は，その構成員である法人または個人に各自持ち分に応じて帰属するものとして課税関係を律することになる（「一　民法上の組合の成立要件と収益分配金の性格」参照）。

(2)　このようにＬＬＣを法人とみるか，わが国の任意組合と同様のものとみるかによって，課税関係が決定的に異なってくる。そこで，ＬＬＣのわが国租

税法上の性格が問題になる。この場合，ＬＬＣが米国の税務上いずれの課税方式を選択したかによって，その取扱いが異なるのかどうか。

これは，本件のようにＬＬＣに生じた不動産の運用損失がＬＬＣとその構成員とのいずれに帰属するかという問題のほか，たとえばＬＬＣとの取引について移転価格税制が適用されるかどうかという問題とも関連する。すなわち，移転価格税制は外国法人との間の取引に対して適用されるから（措法66の4），ＬＬＣを法人とみればその適用があるし，法人でないとすればその適用はないことになる。

〔ＬＬＣの意義と権能〕
(3)　ＬＬＣは，ニューヨーク州ＬＬＣ法によれば，この州の法律およびこの章の規定に基づいて設立された，契約上・事業上の有限責任を有する単数または複数の者が組織する会社形態でない組織体のうち，パートナーシップおよび信託でないものをいう（同法102）。このＬＬＣは，次のような権能（Powers）を有している（同法202）。
　イ　自己の名において，司法上または行政上の当事者になること。
　ロ　所在地を問わず，動産，不動産を取得，所有または使用すること。
　ハ　発行証券を取得，所有または処分すること。
　ニ　各種の契約を締結し，手形，債券または証券を発行すること。
　ホ　資金の貸付けまたは投資をすること。
(4)　そして，定款を州に提出することによりＬＬＣは設立される。この場合，「この章の規定により設立されたＬＬＣは独立した法的主体（a separate legal entity）であり，その存在は定款が無効になる時まで存続する。」と規定されている（ニューヨーク州ＬＬＣ法203）。

一方，利益・損失の配分に関して，ＬＬＣに生じた利益・損失は，執行に関する契約に従いそれぞれのメンバーに配分され，執行に関する契約にその配分に関する定めがない場合には，それぞれのメンバーの出資額に応じて配分される旨の規定がある（ニューヨーク州ＬＬＣ法503）。また，ＬＬＣの出資

持分は動産であり，メンバーはLLCの所有する特定の資産に対して何の持ち分も有しない，と定められている（同法601）。

以上のようなLLCの意義や実体を踏まえて，法人格があるとする説[1]と法人格はないとする説[2]とがある。しかしいずれの説も，結論を述べるだけで，その理由は必ずしも明確でない。

〔わが国租税法上の法人概念〕

(5)　わが国の所得税法や法人税法には，「内国法人」と「外国法人」の定義規定は存する（所法2①六，七，法法2三，四）。しかしそもそも「法人」とは何か，という法人そのものに関しての定義はない。このことは，わが国租税法上の法人の意義ないし概念は借用概念であり，私法上の概念と同義に解することを予定している。

　一般に**法人**とは，自然人たる人間以外の，法律上特に権利義務の主体となることを認められたものをいう[3]。つまり，その名において権利を取得し義務を負う資格を有すること，すなわち**法人格**を与えられたものが法人である。わが民法では，法人は法律の規定によらなければ成立することができない，とされている（民法33）。この点において，任意組合は，たとえば自己の名において不動産の登記や自動車の登録，特許の出願ができないから，法人とはいえないのである。

(6)　外国法人に関しては，わが民法に「外国法人ハ国，国ノ行政区画及ヒ商事会社ヲ除ク外其成立ヲ認許セス但法律又ハ条約ニ依リテ認許セラレタルモノハ此限ニ在ラス」と規定されている（民法36①）。ここに「認許」とは，外国法上認められた法人格をわが国においても承認し，法人としての活動を認めることをいう。それゆえ，ここにいう外国法人とは，外国法に従って成立した法人を意味するものと解されている。これは内外法人の区別の基準に関して**設立準拠法主義**を採用しているものといえる[4]。

　これらのことからすれば，外国の法律に基づき権利義務の主体たる地位，すなわち法人格を付与されたものは，わが国租税法上は法人として取り扱わ

れることになる。

〔本件ＬＬＣの検討〕
(7) 上述したＬＬＣの意義やわが国租税法上の法人概念からすれば，わが国の租税法上は，ＬＬＣは法人であるということになる。法律上，自己の名において各種の権利を取得し義務を負うことが認められており，このことは，「ＬＬＣは独立した法的主体である」という規定にも表れている。この場合，ＬＬＣが米国の課税上どのように取り扱われるかは，この判断を左右するものではない。仮に米国の課税上，パス・スルー課税を受けているとしても，それは米国では法人であってもパス・スルー課税があり得るという，米国独自の租税政策であるにすぎないからである。

わが国の課税にあたって，ある事業体が法人であるかどうかは，わが国の租税法に則して解釈すればよい。そうすると，わが国の租税法上は，権利義務の主体となり得るものは法人である，ということになるから，ＬＬＣは法人であるといわざるを得ない。審判所の判断は妥当なものといえる。

この裁決例を契機として，ＬＬＣはわが国の課税上，米国で法人課税またはパス・スルー課税のいずれを選択したかにかかわらず，原則として外国法人に該当するものとして取り扱われている[5]。ＬＬＣの性格については，課税実務上，懸案事項とされていたから，本件裁決例は実務に与えた影響は大きい。

──●──●──●──

〔注〕
(1) ケネス・Ｌ・ハリス，渡邉　肇稿「新しい出資対象としての米国有限責任会社（上）」商事法務No.1391（1995. 6. 15）7頁，中里　実著『金融取引と課税』（有斐閣，1998）432頁，渡辺淑夫稿「米国でＬＬＣ課税を受ける場合のわが国の課税関係」国際税務，Vol.17No.11（1997.11）63頁
(2) ジョセフＧ・ジアノラ，スコットＬ・ランズバウム稿「リミテッド・ライアビリティ・カンパニー」国際商事法務，Vol.22No.2（1994）123頁，桝田淳二稿「アメ

リカの Check-the-Box Regulations」国際商事法務, Vol.26No. 1 (1998) 11頁, 福島節子稿「LLCの概要と課税問題」税務弘報, Vol.45No.11 (平成9.10) 91頁
(3) 森泉　章著『法人法入門』(有斐閣, 昭和61) 19頁
(4) 溜池良夫稿「外国法人の認許及びその権利能力」(『新版注釈民法(2)』有斐閣, 平成3所収) 192頁
(5) 長谷部　啓・秋元秀仁稿「米国LLCに係る税務上の取扱い」週刊税務通信No. 2678 (平成13.6.25) 70頁

# 三　株主総会の開催がない場合の法人税法上の効果

## 1　事件の概要

　本件は，鍛造業を営む同族会社において株主が一堂に会しての株主総会が開催されていなくても，その会社の役員により作成された議事録は実質的に株主総会が開催され，決議が行われたうえで作成されたものとして，この議事録に基づき過大役員報酬の判定をすべきかどうかが争われた事件である（一部取消し・平成5．4．19裁決・裁決事例集No.45・213頁）。

## 2　当事者の主張

### (1)　審査請求人の主張

　当社が毎事業年度において作成する定時株主総会の議事録は，形式的に作成しているもので，実際には株主総会は開催されておらず，株主総会の決議も存在しない。したがって，役員報酬の額が相当な金額であるか否かは，形式的に作成された議事録の記載によるべきではなく，その役員の職務内容からみて判断すべきであり，これによれば役員報酬の額はいずれも相当な金額であるから，全額損金の額に算入すべきである。

### (2) 原処分庁の主張

審査請求人が支払った役員報酬の額は議事録に記載してある役員報酬の限度額を超えているから、その超えている部分は過大な役員報酬に該当する。したがって、役員報酬の額が役員の職務内容に照らして相当であるか否かを判断するまでもなく、議事録に記載してある役員報酬の限度額を超える部分の額は損金にならない。

## 3 審判所の判断

(1) 審査請求人は、A男を代表取締役とする同族会社であり、取締役等の役員の持株割合の合計は90％を超えていること、議事録の原案の作成を関与税理士に依頼していること、議事録の原案を受け取った代表者はこれに押印した後、他の役員にも回付し、他の役員も代表者と同様に押印して議事録を作成していること、代表者は一応今まで継続して議事録を作成してきたので、議事録の存在そのものを無視したり、これを否定するものではない旨答述していることなどの事実が認められる。

(2) 審査請求人のような同族会社にあっては、商法に規定する株主総会の開催が必ずしも明確でない場合が多いが、株主総会の決議の有無は株主総会が実質的に開催されたか否かにより判断すべきであると解される。上記のような事実から考えれば、本件においては、株主が一堂に会して株主総会が開催され決議がなされたと断定することはできないにしても、実質的に株主総会が開催され決議が行われたうえで議事録が作成されたと認めるのが相当である。

そうすると、審査請求人は株主総会の決議により役員報酬の支給限度額を定めた場合に該当するから、役員に支給した報酬の額がその限度額を超えるときは、その役員の職務内容に照らして相当であるか否かを判断するまでもなく、その超える部分は過大報酬として損金にならない。

## 4 研　　究

**〔問題の所在〕**

(1) 法人税の課税所得の計算にあたって，役員報酬は損金になるのが原則である。ただし，株主総会の決議による報酬の支給限度額を超える場合には，その超える部分の金額は過大役員報酬として損金算入は認められない（法法34①，法令69二）。

　また，たとえば減価償却費や引当金繰入額を損金とするためには，損金経理すなわち確定した決算において費用として経理する必要がある（法法2二五，31，52）。さらに法人税の**確定申告**は，確定した決算に基づいて行わなければならない（法法74）。ここに確定した決算とは，一般に株主総会の承認等を得た決算をいうと解されている。

　このように，法人税においては株主総会の決議の存否が課税所得の計算や確定申告に大きな影響を及ぼす。ところが，中小企業を中心として今日の株主総会は形骸化し，満足に株主総会を開いていないのではないかと疑われる会社もみられる。

　本件では過大役員報酬をめぐって株主総会の存否が争点となっているが，むしろ実務的に大きな問題は「確定した決算」の要件をクリアするかどうかということである。したがって，以下ではこの点を主としてみていく。

**〔株主総会の実態とその影響〕**

(2) わが国の会社のうち株式会社は41.7％でそのうち97％は資本金1億円未満の中小企業かつ同族会社である[1]。商法では，株式会社の**定時総会**は毎年1回一定の時期に開催しなければならず（商法234），その定時総会に取締役会で作成した計算書類を提出して承認を求めるべきこととされている（商法283①）。そして，株主総会での議事の経過や結果を記録した議事録は必ず作成して10年間保存し，株主や債権者の閲覧または謄写に応じる必要がある（商

法244)。

　数ある事業形態のうち株式会社を選択した以上，中小企業かつ同族会社といえども，必ず定時総会は開催しなければならない。しかるに，つとに問題点が指摘されているように[2]，中小企業における株主総会には，株主総会とは名ばかり議事録だけを整えている例やその議事録の作成さえない例がみられる。

(3)　上述したように，法人税の課税所得の計算や確定申告は株主総会の決議にかかわらしめている事項が少なくない。もし株主総会が存在しないとすれば，本件では株主総会の決議に基づく役員報酬の支給限度額の定めはないことになるから，いわゆる形式基準による過大役員報酬の判定は要しないことになる。

　しかし一方，損金経理や確定申告の要件を欠くことになる。そうすると，減価償却費や引当金繰入額の損金算入は否認され，あるいは確定申告は不適法なものとして無申告の状態にもなろう。判例では，無申告のため決定処分を受け（通法25），その異議申立て段階で減価償却費の損金算入を主張した事例につき，決定処分時まで株主総会の承認を得て確定した決算が存在しなかったからその損金算入はできないとしたものがある[3]。

〔商法上の株主総会の解釈〕

(4)　**株主総会**は，株主によって構成され株主の総意によって，株式会社の基本的事項について意思を決定する機関である。そして，商法上，株主総会は株主の確定に始まって，その招集の手続き，成立の要件，付議事項，決議の方法，議事録の作成などが詳細に法定されている（商法230ノ10〜244）。そのいずれかに瑕疵ないし違法があれば，株主総会の決議取消しや決議不存在，決議無効の訴えを提起することができる（商法247，252）。

　このように，商法上の株主総会の開催には一定の手続きが法定されている。そこで招集権者による招集手続きをとらずに，株主が勝手に株主総会と称して会議を開いても，法律的にそれは株主総会とは認められないのが原則であ

る。しかし往々小会社にみられるごとく、株主の全員が委任状によることなく現実に出席し、総会の開催に全員同意する**全員出席総会**で決議した場合、その決議が株主総会の決議として有効かどうかについて、学説、判例の対立があった。現在では有効と解するのが通説である。またいわゆる**一人会社**の場合には、その一人の株主が出席すれば株主総会は成立し、招集の手続きを要しないと解されている[4]。

**〔確定した決算の意義〕**

(5) 法人税における**確定した決算**とは、伝統的にその事業年度の決算につき株主総会の承認、総社員の同意その他の手続きによる承認があったその決算をいうものと解されてきた(旧基通三―四)。判例では、その事業年度終了の日から2か月以内(旧商法時)に開催された株主総会で承認決議があった決算をいうとし、定時総会での承認を予定しているものがある[5]。

会社の取締役は貸借対照表、損益計算書、営業報告書および利益処分案を定時総会に提出して、営業報告書についてはその内容を報告し、その他の計算書類は承認を得なければならない(商法283①)。法人税の確定した決算は、基本的にこのような商法における株主総会の存在を大前提とした決算確定の手続きを予定している。これは会社の最高の意思決定機関である株主総会の承認があって最終的に決算は確定するから、その決算の結果を課税所得計算の基礎にするのが最も適している、という考え方である。

**〔確定した決算をめぐる学説・判例〕**

(6) このような解釈に対しては、学説上異論が唱えられている。すなわち、法人税法の確定した決算とは、税務上の調整を加えることのみによって、直ちに確定申告の内容を形成しうる程度に確定性をもつものとして作成された決算という実体法的な概念であって、商法計算規定による実体的真実を表示する決算と同一のものであるという。つまり決して株主総会等の承認を得た決算、といった単なる形式上の手続法的な概念ではないとされる[6]。また、株

主総会などで正式に承認の手続きがとられていないときでも、法人が正規の決算と考えているものも確定した決算に含まれるという見解もある[7]。

　これらの考え方は、今日のように中小企業の株主総会が形骸化し、その開催が疑われるような状況のもとにおいては、その実態によく合致する。特に実務的には有効な解決策となろう。確定した決算を厳格に手続法的な概念であると解すると、実際的には多くの中小企業の確定申告は無効ということになりかねないからである。

(7)　しかしながら、確定した決算の意義は、このような実務的にはきわどい問題をかかえながらも、現行法を前提とする限り、理論的には上述のように解さざるを得ない。会計監査人の監査を受けなければならないこと、所定の時期までに定時総会が招集されないことなどにより決算が確定しない場合には、確定申告書の提出期限の延長が認められる等の規定が置かれているからである（法法75の2①）。

　また、「確定申告の内容を形成しうる程度に確定性をもつもの」や「法人が正規の決算と考えているもの」という抽象的、主観的な概念によるとすれば、実務的にはどの程度確定性があればよいのかといった点で混乱を招きかねない。このことは確定した決算の変更を容易にし、損金経理の要件を没却するということにもつながってくるおそれがある（「四　確定した決算の変更による引当金繰入れ等の可否」参照）。

(8)　一方判例には、決算書が株主総会の承認を得ていないから申告は不適法であるとの納税者の主張に対し、法人税法が納税申告につき確定した決算によるべきことを要求するのは、申告の正当性を確保するためであるが、課税庁はこれに拘束されるものではなく、独自に職権調査を行い正当な所得および税額を算定しうる、とするものがある[8]。この判例を基礎に、決算の確定には株主総会の決議が必要であるということではなく、どの段階において決算が確定したかという点が重要である。その意味で商法特例法上の大会社について、計算書類は株主総会でなく取締役会の承認を得ればよいとされたことはこれを裏付ける、という意見が存する[9]。

たしかに株主総会や取締役会の決議にかかわらず，課税庁が独自に正確な所得や税額を算定しうるというのはそのとおりである。ただ，損金経理の要件が付されている項目はその損金算入について制限を受けることになる。

〔本件株主総会の検討〕

(9)　そこで，株主総会の存否について理論と実務との調和をどう図っていくかという問題になる。

　上述したような商法上の解釈からすれば，審判所の株主総会の決議の有無は総会が実質的に開催されたか否かにより判断すべきであるというのは，総論としては相当であろう。審判所はそこをさらに進めて，株主が一堂に会していないとしても，株主総会が開催されたと解されうるとしている。そこまで解釈が広げられるかは，上述の全員出席総会でも株主の全員が集合することが要件となっていることからみて，議論のあるところであろう。また上記商法上の解釈は，株主全員の同意があるからお互い株主の利益を害さないという前提に立っていることからすると，会社は株主総会の成立はなかったといっているのに，第三者である原処分庁が株主総会の成立があったというような主張ができるのかは疑義が残る。

　そのような点で本件における審判所の判断は相当に踏み込んだものである。しかし，税はすぐれて法形式よりも実質が重要であるという観点からすれば，実態にはよくマッチしている。そして実務的対応への一つの道筋を示したという点で，示唆に富むものであると評価できる。

●　●　●

〔注〕
(1)　国税庁企画課編『平成12年分税務統計から見た法人企業の実態』(国税庁，平成13) 161頁
(2)　元木　伸著『中小会社の運営と会社法』(商事法務研究会，昭和55) 35頁，54頁参照
(3)　大阪地判昭和49．6．18税資75号919頁，大阪高判昭和50．6．13税資81号822頁，最高

判昭和50.12.16税資83号745頁
(4) 最高判昭和46.6.24民集25巻4号596頁，輪湖公寛稿「いわゆる一人会社と株主総会の成立」(『最高裁判所判例解説（民事編昭和46年度）』法曹会，昭和47所収）480頁
(5) 大阪地判昭和62.9.16税資159号638頁
(6) 新井隆一著『税法の原理と解釈』(早稲田大学出版部，昭和42）19頁，酒巻俊雄・新井隆一著『商法と税法』(中央経済社，昭和41）136頁
(7) 清永敬次著『税法（第五版）』(ミネルヴァ書房，1999）116頁
(8) 名古屋地判昭和40.2.27税資41号170頁
(9) 松沢　智稿「租税法研究の基本的視点」ＴＫＣNo.349（平成14.2）7頁

# 四 確定した決算の変更による
# 引当金繰入れ等の可否

## 1 事件の概要

　本件は、歯科用治療機器製造販売業を営む非同族会社が当初の決算を変更し、変更後の決算において新たに貸倒引当金の繰入損、債権の貸倒損および子会社株式の評価損を計上したことに伴う更正の請求が認められるか否かが争われた事件である（棄却・昭和59.7.4裁決・裁決事例集No.28・241頁）。

## 2 当事者の主張

### (1) 審査請求人の主張

　当社の定時株主総会において承認された貸借対照表、損益計算書、営業報告書および利益処分案（当初計算書類）は、実質的に債権が消滅しているにもかかわらず債権があるものとし、また株式の評価損を計上すべきものをそのまま計上したため、貸借対照表上の純資産が過大に表示されている。
　したがって、当社は臨時株主総会において当初決議を取り消し、貸倒引当金の繰入損、債権の貸倒損および子会社株式の評価損を計上した新計算書類が承認されたのであるから、新計算書類をもって確定した決算とみるのが妥当であり、そこに経理されている貸倒引当金の繰入損等の損金算入を認め減額更正す

べきである。

### (2) 原処分庁の主張

審査請求人が行った決算の変更は，商法の規定による決議無効もしくは決議取消しの訴えによる決算の変更または行政官庁の命令等特別な事由に基づく決算の変更等のいわば他律的に行われたものではなく，審査請求人が任意に行ったものであるから，税務上定時株主総会における決議により承認されている決算を覆してその変更を認める必要はないものであって，新計算書類をもって確定した決算と認めることはできない。

したがって，新計算書類に記載して損金算入すべきであるとする貸倒引当金の繰入損等は，確定した決算において損金経理がされたものとは認められず，損金の額に算入できるものに該当しない。

## 3 審判所の判断

(1) 所得計算にあたって，法律の規定により損金算入するためには確定した決算における損金経理を要するとされているものについて，その損金経理がなかったことを更正の請求という形で変更することは許されないと解される。
(2) 当初の決算を変更した場合，変更後の決算を確定した決算とみるかどうかは，法人税確定申告書を提出した後において，商法の規定による決議無効もしくは決議取消しの訴えに基づく決算の変更または行政官庁の命令等特別な事由に基づく決算の変更があった場合以外の理由によって決算の変更をしても，法人税法上の確定した決算は依然として当初の決算を指すものと解される。
(3) 新計算書類は商法の規定による決議無効等の訴えの手続きを踏んで作成したものではないことが認められ，法人税法上の確定した決算は，新計算書類によるものではなく当初計算書類によるものというべきである。

そうすると，いずれも損金経理を要件とする貸倒引当金の繰入損等は，確定した決算において損金経理がされていないことになり，更正の請求をすることはできない。

## 4 研　　究

〔問題の所在〕

(1) 法人税の課税所得の計算にあたって，資産の評価損や引当金の繰入損，貸倒損失は，損金経理をしなければ損金として認められない（法法33②，52，53，基通9－6－2，9－6－3）。ここに**損金経理**とは，法人がその確定した決算において費用または損失として経理することをいう（法法2二五）。そして**確定した決算**とは，その事業年度の決算につき株主総会の承認，総社員の同意その他の手続きによる承認があったその決算をいうものと解されている（「三　株主総会の開催がない場合の法人税法上の効果」参照）。

そこで，いったん定時総会の承認を得て確定した決算を変更することが認められるかどうかが問題になる。本件のように，臨時総会において当初決議を取り消し，新たに貸倒引当金の繰入損や債権の貸倒損，子会社株式の評価損を計上したことが損金経理をしたことになるのかどうかである。

中小企業における株主総会は有名無実と化し，ある意味でその開催や決議の取消し，変更などは自由自在であるから，本件のような事例はけっこう見受けられる。

〔損金経理要件の趣旨〕

(2) 法人税の課税所得計算における損金には，法人が損金経理をした場合に限って損金算入の認められるものが少なくない。本件で問題となっている資産の評価損や引当金の繰入損，貸倒損失のほか，減価償却費（法法31），繰延資産の償却費（法法32），圧縮記帳による圧縮損（法法50，措法65）などである。

法人が行う取引は外部取引と内部取引とに区分することができる。**外部取引**は売上げや仕入れ，経費の支払いといった，対外的に生じたいわば眼に見えるものである。仕入れや経費であれば，その生じた事実と金額を根拠に損金性が是認される。

　これに対し**内部取引**は，法人のなかだけで生じ客観的事実として存するものではない。まさに上記のような取引がそうであり，法人の意思決定があってはじめて取引として存在が認められる。そこで，会社の最高の意思決定機関である株主総会の承認を得る決算に組み込ませることにより，法人の意思決定を客観的存在として確認するため，損金経理が要件とされている。

〔商法上の決算変更の可否〕

(3)　確定した決算の意義については，学説上異論があるとはいえ，一般的には株主総会の承認を得た決算をいうものと解されている。そうすると，定時総会で承認を得た決算の取消しや変更が可能であるとすれば，自動的に法人税の確定した決算の変更も認められることになろう。

　そこでまず商法上，定時総会で適法に承認を得た決算の取消しや変更ができるかどうかである。これについては積極，消極の両説が唱えられている。積極説は，決算の確定を厳格に解する必要はなく，一度確定した決算に正当でない点が発見されたときは，株主総会は後において前の承認決議を撤回できるという[1]。一方，消極説は株主総会が前の定時総会で適法な手続き，方法により承認した決議を撤回することはできないと主張する[2]。

　法人税の観点だけからすれば，消極説が妥当であるといえよう。しかし，決算の取消しや変更の可否はもっぱら商法の解釈の問題であるから，法人税が消極説が妥当であるといっても，それはいわば期待にすぎない。現実にいったん確定した決算の取消しや変更があれば，法人税固有の立場・理論から対応を考える必要がある。

[税法上の決算変更の可否]

(4) そこで、実務では古くから会社の納税上の便宜などの内部的な事由によって任意に決算を変更し、または故意、過失により帳簿書類に誤謬や不合理な点があったことを理由として決算を変更しても、これを認めないという取扱いがされてきた[3]。具体的には、たとえば①商法の規定による決議無効や決議取消しの訴えに基づく決算の変更または②行政官庁の命令など特別の事由に基づく決算の変更に限って、これを認める[4]。「行政官庁の命令」というのは、かつて大蔵省の検査により粉飾決算が発覚し、決算の是正命令が出された例があるが、このような事例を予定している。法人の意思に基づかない外部的、客観的な事由による変更は認めるが、単なる内部的、主観的な変更は認めないとするものである。

このような考え方は、今日の会社における株主総会の実態をみれば合理性のあるものといえる。自由自在にいったん確定した決算の取消しや変更を認めることが適当でないことは異論がないところであろう。その取消しや変更を認めることは法的安定性を欠き、損金経理要件の趣旨を損なうことになるからである。これは判例の承認するところでもある。判例では、さらに確定申告書の記載内容について客観的に明白かつ重大な錯誤はないといっている[5]。

[本件決算変更の検討]

(5) 本件における原処分庁の主張と審判所の判断は、まさに上記のような現行の課税実務や判例の立場によっている。審査請求人の決算変更の理由は、債権が消滅しているにもかかわらず債権があるものとし、株式の評価損を計上すべきものをそのまま計上したため、貸借対照表上の純資産が過大に表示されていたというものである。

貸倒損失や評価損を損金経理するかどうかは、税務上、まったく会社の自由意思に任されているから、これの変更は会社の内部的、主観的な事情にすぎない。その点で本件における審判所の判断は妥当である。他の裁決例でも、

減価償却費や退職給与引当金の繰入損につき，決算を変更したとしても当初の決算に損金経理がないとしてその損金算入は認められていない[6]。

〔類似の裁決例〕

(6) 株主総会の決議をやり直しての決算の変更ではないが，登録免許税および不動産取得税を固定資産の取得価額に算入した会計処理の選択の誤りを理由として更正の請求ができるかどうかが争われた事件がある。これは実質的に確定した決算の変更を求めるものといえよう。

これに対して審判所は，審査請求人は登録免許税等を固定資産の取得価額に算入することを確定申告において選択しており，その会計処理に誤りはなかったといえ，審査請求人の主張する会計処理の選択誤りは，更正の請求が認められる場合（通法23①一）にあたらないので，更正の請求はできないと裁決した[7]。これはしごく妥当な判断である。

法人税においては，会計処理や所得計算につき2以上の方法のうちから法人の自由な選択を認めている事柄が少なくない。この場合には，法人の選択した方法が選択しなかった方法よりも不利になるとしても，いったん選択した以上なんら会計処理等に誤りはないことになる。したがって，会計処理の方法等を変更することはできないのである（「五　消費税等の経理処理方法の変更の可否」参照）。

● ● ●

〔注〕
(1) 服部栄三稿「計算書類の承認」（『注釈会社法(6)』有斐閣，昭和45所収）42頁
(2) 倉沢康一郎稿「計算書類の報告・承認」（『新版注釈会社法(8)』有斐閣，昭和62所収）82頁
(3) 片岡政一著『會社税法の詳解』（文精社，昭和18）314頁
(4) 国税庁通達「決算の修正について」（昭和37.11.30直審（法）120）
(5) 大阪地判昭和62．9．18税資159号638頁
(6) 審判所裁決昭和52.10.15裁決事例集No.15・55頁，審判所裁決平成元．4．28裁決事

例集No.37・165頁
(7) 審判所裁決平成12.12.4裁決事例集No.60・28頁

# 五 消費税等の経理処理方法の変更の可否

## 1 事件の概要

　本件は、冷凍設備工事業を営む同族会社の消費税の経理処理方法が期末一括税抜経理方式に該当するものとして、少額減価償却資産の取得価額を消費税抜きの金額で判定してよいかどうかが争われた事件である（棄却・平成4.3.31裁決・裁決事例集No.43・232頁）。

## 2 当事者の主張

### (1) 審査請求人の主張

イ　当社は、消費税の経理処理について期末一括税抜経理方式を採用しており、平成2年3月期に取得したオープンショーケースの1台当たりの消費税抜きの取得価額は20万円未満で、少額減価償却資産に該当するので、その取得価額の全額を損金算入した。

　これに対し、原処分庁は当社の消費税の経理処理は税込経理方式であるから、オープンショーケースの1台当たりの消費税込みの取得価額が20万円を超え、少額減価償却資産に該当しないとして、その30台分の減価償却限度額を超える部分の金額594万円の損金算入を認めなかったが、これは違法であ

る。
ロ　消費税の経理処理について，消費税の税込価額で記帳した帳簿によって消費税額を計算する事業者は，決算期末においてその課税期間分の課税売上高および課税仕入高を集計し，納付すべき消費税額を計算するのであるから，自動的に期末一括税抜経理方式を採用したことになると解すべきである。総勘定元帳の金額が税込価額で記帳されていることを理由に税込経理方式であるとする解釈は，税込価額で記帳する帳簿方式を前提とする期末一括税抜経理方式を否定するものである。
ハ　当社が確定申告書提出後に総勘定元帳および損益計算書を税抜表示に改めたのは，表示方法によって少額減価償却資産の取得価額から消費税額を控除できないとの指摘を受けたので，課税上の不利益を排除するために，事実に基づき正しい表示方法（税抜処理）にしたものである。
ニ　当社は固定資産の取得価額にかかる消費税は諸税公課として損金経理している。

### (2)　原処分庁の主張

イ　審査請求人の会計処理には，次の事実が認められる。
　(イ)　審査請求人が提出した法人税確定申告書，貸借対照表，損益計算書，剰余金処分計算書，営業成績報告書は，消費税の経理処理について，税込経理方式を採用した総勘定元帳の金額に基づいて作成されていること。
　(ロ)　消費税確定申告書における消費税についても，税込経理方式に基づく総勘定元帳の金額から消費税額を算出していること。
　(ハ)　法人税の調査において，審査請求人が平成2年10月15日および同月16日に提出した総勘定元帳には，消費税の経理処理について期末一括税抜経理方式を採用している事実は認められないこと。
　(ニ)　審査請求人は，すでに提出した営業成績報告書の差し替えを主張して，新たに期末一括税抜経理方式による営業成績報告書を提出したこと。
　(ホ)　審査請求人が平成2年11月15日に提出した総勘定元帳は，期末一括税抜

経理方式によるものであったが、この総勘定元帳は(イ)の総勘定元帳を書き替えたものであること。
ロ　以上の事実から、審査請求人の消費税の経理処理は、期末一括税抜経理方式を採用していたとは認められず、税込経理方式である。

したがって、オープンショーケースの取得価額は、税込経理方式によれば消費税込みの価額で算定することになり、1台当たりの取得価額は20万円以上と認められるので、少額減価償却資産に該当しない。

## 3　審判所の判断

(1)　消費税の経理処理については、一般に公正妥当と認められる会計処理の基準に従って処理されることになるが、その経理処理方法には、①売上げ等の収益にかかる取引につき税抜方式を適用している場合に限り適用することができる税抜経理方式と②税込経理方式とがある。

　法人がいずれの経理方式を選択するかは、法人の判断に任されているが、法人の選択した経理方式は、その法人の行うすべての取引に適用しなければならない。ただし、法人が売上げ等の収益にかかる取引につき税抜経理方式を適用している場合には、固定資産等の取得にかかる取引または経費等の支出にかかる取引のいずれかについて税込経理方式を選択適用できるほか、固定資産等のうち棚卸資産の取得にかかる取引は、継続適用を条件として固定資産および繰延資産と異なる方式を選択適用することができる。

(2)　消費税の経理方式によっては、課税所得金額に影響が生じることもあるので、法人税の課税所得金額の計算における消費税の取扱いについては、税抜経理方式と税込経理方式の損益額の一致を図るため、税抜経理を事業年度終了の時に一括して行う期末一括税抜経理方式も認められている。

(3)　審査請求人は、売上げ等の収益にかかる取引につき税込経理方式により処理していたこと、期末一括税抜経理を行うことなく平成2年3月期の決算を

確定していることから，審査請求人が税抜経理方式を適用していたとは認められず，さらに売上げ等の収益にかかる取引につき税込経理をしている以上，他の科目について税抜経理を行うことは認められない。

そうすると，少額減価償却資産の取得価額が20万円未満であるかどうかは，税込経理方式によって算定した取得価額により判断することとなる。

(4) 期末一括税抜経理方式とは，法人税の課税所得金額を計算する際，事業年度終了の時に期中において税込経理した消費税を一括して税抜処理する方式をいうのであって，納付すべき消費税額を算出したからといって，直ちに法人の消費税の経理処理が税抜経理方式となるものではない。

(5) 審査請求人の総勘定元帳および損益計算書は税込経理方式により経理処理されていたものであり，平成2年3月期の確定申告書を提出した後に期末一括税抜経理方式に改めたことが明らかである。

## 4 研　　究

〔問題の所在〕

(1) 法人税の課税所得の計算上，消費税および地方消費税の処理については，税抜経理方式と税込経理方式との二つの方法がある。さらに税抜経理方式にあっては，通常の方式のほか，期末一括税抜経理方式が認められている。

期末一括税抜経理方式は，期中の取引時には税込みで処理しておいて，期末にまとめて各取引金額の合計額を税抜きにする方法である。そこで本件のように，消費税等を期中および期末においてどのように処理していれば，期末一括税抜経理方式を採用したことになるのかが問題になる。

この問題とともに，本件では消費税等の経理方式の変更を主張しており，そもそもいったん採用した経理方式を変更できるかという点も論点である。法人税では会計処理や所得計算の方法について，法人の選択に任せている事項が少なくないから，本件はむしろその点に論ずべき一般性が認められる。

〔税抜経理方式と税込経理方式〕

(2) **税抜経理方式**は，消費税等相当額を売上げ，仕入れ，経費，その他の収益，費用等の金額や資産の取得価額から区分して経理する方法である。これは，消費税等の前段階控除ができるという性格からみて，売上げの際に受け取る消費税等は仮受金（仮受消費税等），仕入れの際に支払う消費税等は仮払金（仮払消費税等）であるという，消費税等は企業にとって単なる通過勘定にすぎないとの前提に立っている。消費税等が企業利益や課税所得の計算に影響を及ぼさず，中立的，理論的な方法といえる。

これを消費税等の側からみると，税抜経理方式の基本的な考え方は，仮受金たる「仮受消費税等」と仮払金たる「仮払消費税等」との差額が実際に納付すべき，または還付を受ける消費税等になるというものである。したがって，売上げの際に受け取る消費税等を仮払消費税等として税抜処理しない方法は，仕入れの際に支払う消費税等をいくら仮払消費税等として税抜処理をしても，その方法は税抜経理方式とはいえない（平成元.3.1直法2－1通達「3」）。

(3) これに対して，**税込経理方式**とは，消費税等の額を売上げ，仕入れ，経費，その他の収益，費用等の金額や資産の取得価額と区分せず，これら収益，費用等の金額や資産の取得価額に含めて経理する方法をいう。消費税等が企業利益や課税所得の計算に影響を与え，消費税等の性格からすると理論的な方法とはいえない。企業の事務手数の軽減を考慮した簡便法である。

このように，消費税等の処理方法には二つの方法があり，いずれも公正妥当な会計処理の方法として認められている。したがって，本件で問題になっている固定資産の取得価額の判定は，必然的に税抜経理方式であれば税抜きの価額で，税込経理方式であれば税込みの価額で，それぞれ判定することになる（平成元.3.1直法2－1通達「9」）。

〔期末一括税抜経理方式〕

(4) 企業は必要な帳簿書類を備え，すべての取引を整然と，かつ，明瞭に記帳しなければならない。この場合の記帳は，取引の発生するつどまたは日々行われることを予定している。しかし税抜経理方式にあって，取引のつど本体価額と消費税等とを区分するのも手数がかかる。

そこで，事務の簡素化を図るため，期中の取引時点では税込価額で処理しておいて，決算期末に一括して税抜価額に修正する，**期末一括税抜経理方式**が認められている。具体的には，計算期末において次のような仕訳を行う[1]。

イ　売上げにかかる消費税等
　　（借）売　　　　　上　×××　　（貸）仮受消費税等　×××
　　　　　雑　　収　　入　×××
　　　　　固定資産売却益　×××

ロ　仕入れにかかる消費税等
　　（借）仮払消費税等　×××　　（貸）仕　　　　　入　×××
　　　　　　　　　　　　　　　　　　　製　造　経　費　×××
　　　　　　　　　　　　　　　　　　　諸　　経　　費　×××
　　　　　　　　　　　　　　　　　　　固　定　資　産　×××

期中においては，収益，費用，資産の価額は税込みとなっているので，期末にそれぞれ反対仕訳を行って税抜きにするのである。

〔経理処理方法等の変更の可否〕

(5) 法人税にあっては，経理処理や所得計算につき2以上の方法のうちから法人の自由な選択を認めているものがある。そのうち，たとえば棚卸資産や有価証券の評価方法（法令29，119の5），固定資産の償却方法（法令51），外貨建債権債務の換算方法（法令122の5）などは，あらかじめよるべき方法を選定し税務署長に届け出ることになっている。したがって，その選定した方法で課税所得を計算し，いったん申告をした後，その変更を求めて修正申告や更正の請求をすることはできない。この点は問題がなく，実務でも争いになる

ことはほとんどない。

　これに対して，本件消費税等の処理方法をはじめとして，収益の認識基準（基通2－1－2）や固定資産の取得価額の会計処理（基通7－3－3の2），土地譲渡益重課税の譲渡経費の算定方法（措令38の4⑥⑧）などは，法人の選択に任されているが，あらかじめその選択した方法を届け出る必要はない。その事業年度の課税所得の計算の際，いずれかの方法を選択し，適用すればよいのである。そこで，これらの場合には事前に適用すべき方法が確定していないので，その選択の誤りを主張して，更正の請求を行い争いになることが少なくない。

(6)　そのなかで，登録免許税および不動産取得税を固定資産の取得価額に算入した会計処理の選択の誤りを理由として更正の請求ができるかどうかが争われた事件がある。この事件に対して審判所は，審査請求人は登録免許税等を固定資産の取得価額に算入することを確定申告において選択しており，その会計処理に誤りはなかったといえ，審査請求人の主張する会計処理の選択誤りは，更正の請求が認められる場合（通法23①一）にあたらないので，更正の請求はできないと裁決した[2]。

　また，土地譲渡益重課税の譲渡経費の算定方法について，確定申告において概算法を採用した後，後日，実額配賦法への変更を求めた事件がある。この事件に対しても，課税土地譲渡利益金額の計算上控除される譲渡経費の計算にあたって，概算法または実額配賦法のいずれの方法を用いて申告するかはもっぱら法人の自由な選択に委ねられており，法人が確定申告において概算法を選択した以上，仮に実額配賦法のほうが譲渡経費が多くなるとしても，更正の請求は認められないと判断した[3]。

　法人の選択した方法が選択しなかった方法よりも不利になるとしても，いったん選択した以上，課税所得や税額の計算にはなんら誤りはなかったことになる。したがって，会計処理や所得計算の方法の変更を求め，更正の請求をすることはできない。

(7)　以上のような，納税者の選択に任されている事柄の変更の可否についての

基本的な考え方は，判例の承認するところでもある[4]。一方，そもそもその方法の選択に錯誤があったという主張がみられる。しかし一般的には，その選択に重大かつ明白な瑕疵がない限り錯誤の主張は認められない。

ところが所得税の事例であるが，社会保険診療報酬の必要経費の特例（措法26）について，概算経費選択の意思表示は，診療経費総額の振り分けの計算に誤りがあり，錯誤に基づくものであるから，事業所得金額の計算上，必要経費の計算に誤りがあったとされた判例がある[5]。しかしこの事例も，概算経費選択の意思表示の前提となる診療経費総額の自由診療報酬分と社会診療報酬分との振り分けの過程に誤りがあったからであり，単純に真正面から錯誤の主張を認めたものではない。

〔**本件経理処理の検討**〕

(8)　本件で審査請求人は，決算期末においてその課税期間分の課税売上高および課税仕入高を集計し，納付すべき消費税額を計算するのであるから，自動的に期末一括税抜経理方式を採用したことになると解すべきである，と主張する。しかし，これは納付すべき消費税額の計算手続きであって，いずれの方式を採用しているかを問わず行われるものであるから，このような計算をしたからといって，自動的に期末一括税抜経理方式を採用したことにはならない。期末一括税抜経理方式を採用したというためには，各勘定科目の会計処理として，決算期末において上述したような税抜きのための仕訳をする必要がある。

また，売上げ等の収益にかかる取引につき税込経理方式により処理している点からも，そもそも税抜経理方式を適用することはできない。

(9)　審査請求人が確定申告書提出後に総勘定元帳や損益計算書を税抜表示に改めたことやすでに提出した営業成績報告書の差し替えを求めて，新たに期末一括税抜経理方式によるものを提出したことは，消費税の会計処理の変更を求めるものであろう。

しかしその変更が認められないことは，上述したところから明らかである。本件裁決の訴訟と認められる裁判所の判断も，消費税の会計処理を税込経理から税抜経理に変更することは，同一の会計処理方法の下における総勘定元帳や損益計算書の表示方法ないし記載方法を単に訂正したことにとどまらず，会計処理の方法を変更することにあたるとしたうえで，会計処理の方法を確定申告後に変更できるという規定はないし，確定申告後にその基礎とされた決算における会計処理の方法を変更するようなことは，そもそも確定申告制度と相容れないものである，といっている[6]。

――●―●―●――

〔注〕
(1) 日本公認会計士協会「消費税の会計処理について（中間報告）」（平成元.1.18）
(2) 審判所裁決平成12.12.4裁決事例集No.60・28頁
(3) 審判所裁決平成元.12.5裁決事例集No.38・1頁
(4) 最高判昭和62.11.10税資160号599頁
(5) 最高判平成2.6.5税資176号1237頁
(6) 静岡地判平成7.10.13税資214号27頁，東京高判平成8.10.30税資221号244頁

# 六 商品先物取引による損失の帰属者の判定

## 1 事件の概要

本件は、食品卸売業を営む同族会社の代表者名義で行われた商品先物取引による損失について、その代表者または会社のいずれに帰属するかが争われた事件である（棄却・昭和59.3.2裁決・裁決事例集No.27・133頁）。

## 2 当事者の主張

### (1) 審査請求人の主張

イ 原処分庁は、当社の商品先物取引による損失合計5,891万円（商品先物取引による損失5,647万円とその商品先物取引のための借入金の利息244万円）は当社に帰属するものではないとして、損金算入を認めなかった。

　なお、この損失のうち当社の確定決算に計上したものは3,201万円で、残額2,690万円は更正の請求をした。

ロ しかし、原処分庁の主張する理由は次のとおり誤りであり、その損失は当社に帰属するものであるから、損金算入すべきである。

　(イ) 当社とA商品取引所の取引員であるB社およびC社との間で取り交わした本件取引の書類が、当社の代表者であるD1またはその子供であるD2

名義で作成されているのは，当初当社名義で作成したものを，後日両取引員による名義差替え強要により差し替えたことによるものである。

本件取引は，当社が当社の利益増大を目的として行ったものであり，中途において名義が変わっても，当社の業務として行ったものであることに変わりはない。

(ロ) B社とC社に払い込んだ本件取引の証拠金は，E社からの借入金を原資として払い込んだものであって，D1名義の借入金をその資金としたものではない。

(ハ) 当社が本件取引を記帳していなかったのは，その記帳方法を知らなかったからであり，記帳がなくても本件取引は当社が行ったものであることに相違はない。

### (2) 原処分庁の主張

本件商品先物取引は，次の理由により審査請求人の代表者であるD1の個人的な行為であると認められる。したがって，本件取引により生じた損失は審査請求人に帰属するものではなく，また，本件取引のための借入金に対する支払利息も審査請求人の損金になるものではない。

イ 本件取引の承諾書，届出印鑑登録票，売買報告書およびその他の関係書類は，いずれもD1またはその子供であるD2の個人名義で作成されていること。

ロ B社とC社は，審査請求人の定款に商品先物取引を行う旨の定めがないので，審査請求人を相手として本件取引を開始することはできない旨D1に告げており，同人もこれを了承した事実があること。

ハ 審査請求人名義で作成された書類が，本件取引に行使された事実は認められないこと。

ニ 本件取引の証拠金の払込みについて，審査請求人はE社名義で借入れ審査請求人が又借りした金員を充てた旨主張するが，審査請求人の帳簿にはその借入事実の記載はなく，E社が借入名義人であることをもって，本件取引を

した者が審査請求人であるとする理由にはならないこと。
ホ 本件取引のための借入金の名義人は，D1または実際の借主が同人であると認められるG1またはG2であること。
ヘ B社とC社から受領した精算金は，H銀行のD1名義の普通預金口座に振り込まれていること。

## 3　審判所の判断

(1) 審判所の調査等によれば，次のような事実が認められる。
　イ　商品取引所の取引員であるB社とC社が保管している承諾書，届出印鑑登録票，委託証拠金預り証，委託者別委託先物取引勘定元帳，委託者別委託証拠金現在高帳，顧客名簿，その他本件取引に関連する帳票類は，その作成者，名宛人および被登載者の名義がすべて審査請求人の代表者であるD1またはその子供であるD2の個人名であること。
　ロ　D1は，L銀行からG1とG2名義で各300万円，合計600万円を借入れ，これを自己名義の本件取引の証拠金としてB社へ払い込んでいること。なお，その借入金の担保として，G1とD3名義の定期預金各300万円を差し入れている。
　ハ　D1は，L銀行から3回にわたりE社名義で4,700万円を借り入れ，これを自己名義の本件取引の証拠金としてB社またはC社へ払い込むとともに，端数金額は個人預金に預け入れていること。なお，その借入金の担保として，G4からG19までの名義の定期預金4,400万円を差し入れている。
　ニ　上記の借入金は，担保とした定期預金の解約金およびL銀行とH銀行の個人預金から引き出した金員を主たる資金として返済していること。
　ホ　L銀行とH銀行の個人預金から引き出した320万円をD1名義の本件取引の証拠金としてB社へ払い込んでいること。
　ヘ　B社とC社から返還されたD1名義の証拠金および利益金は，L銀行ま

たはＨ銀行の個人預金に入金されていること。
- ト　Ｌ銀行からの借入金の担保とした定期預金は、仮名預金等であるが、すべてＤ１に帰属するものであること。
- チ　Ｌ銀行からの借入れと返済、証拠金の払込みと返還、利益金の受取り、その他本件取引に関する事実については、審査請求人およびＥ社のいずれの会計帳簿にもその記録がないこと。
- リ　審査請求人の登記簿謄本によれば、商品先物取引は、その事業目的に掲げられていないこと。

(2) 以上の事実によれば、本件商品先物取引は、審査請求人のした行為とは認め難く、Ｄ１がＥ社名義の借入金を主たる資金として個人的に行った行為であると認定できる。

(3) 審査請求人は、審査請求人名義で作成されたＢ社とＣ社あての承諾書の写し、Ｃ社あての届出印鑑登録票やお届出印鑑控の写しを証拠として提出したうえ、本件取引の書類は、当初当社名義で作成されたが、後日取引員による名義差替え強要により差し替えたと主張する。しかし、Ｂ社とＣ社の役職員の答述や備付帳票類を調査したところによれば、その承諾書等は真実作成されたものとは認め難いが、仮に真実作成されたとしてもＤ１個人が本件取引をしたという判断を覆すことはできない。

## 4　研　　究

〔問題の所在〕

(1) 何の取引であれ、取引はその取引を行う者の名義で行われる。そして、その取引の名義人と法律的、経済的な効果の帰属する者とは一致するのが普通である。

　ところが、現実の経済取引にあっては、その取引の名義人と法律的あるいは経済的な効果の帰属する者とが一致しない例がみられる。本件もまさにそ

の事例の一つであり、審査請求人は本件商品先物取引の名義は代表者個人になっているが、実際は審査請求人である会社の取引であったと主張する。

　法人税は法人が稼得した所得に対して課するものである。したがって、取引の名義のいかんを問わず、その経済的利得や損失が法人に帰属している限り、法人のものとして課税対象になる。これが**所得の帰属**の問題であり、法人税の課税所得計算のそもそもの出発点になる。そこで、取引の名義人とその利益を享受する者とが異なる場合、どのような基準でもってその利益の帰属を判定したらよいのか、それがここでの問題である。

　実際の経済取引は複雑かつ千差万別であるから、実務的にはいろいろな事例が生じている。それだけに本件は、その典型的な事例として一般性がある。

〔実質所得者課税の原則〕

(2)　法人税法第11条には、「資産又は事業から生ずる収益の法律上帰属するとみられる者が単なる名義人であって、その収益を享受せず、その者以外の法人がその収益を享受する場合には、この収益は、これを享受する法人に帰属するものとして、この法律の規定を適用する。」と規定されている。これを**実質所得者課税の原則**という。法形式と実質とが一致しない場合に、法形式を重視するあまり所得のないところに課税したり、逆に実質的に所得がありながら課税を免れることのないようにするためである。

　法人税の課税所得は、経済的な利益の増加というすぐれて経済的な概念であるから、法律的側面よりは経済的側面から取引を観察する。たとえば価格統制違反の売買による利益[1]や利息制限法の制限利率を超える利息[2]のような**違法な所得**であっても、その利益を現に享受している限り、課税所得に含まれるというのはその典型例といえよう。

(3)　この実質所得者課税の原則の解釈については、法的帰属説と経済的帰属説とが対立している。**法的帰属説**は、資産や取引の名義人と私法上の真実の権利者とが異なる場合に、後者に対して課税する趣旨であるという。これに対して**経済的帰属説**は、資産や取引の私法上の権利者と経済的な享受者とが相

違する場合に，経済的な享受者に課税する趣旨であると主張する。

　二つの考え方の違いは，たとえば法人所有の建物の賃貸料を代表者が直接受領し費消している場合，法的帰属説によれば，その賃貸料はいったん法人に帰属し，その後代表者に処分されたとみることになる。これに対し経済的帰属説によれば，法人とは無関係に代表者に直接所得税を課すことになる。

　いずれの考え方も成り立ちうるが，法的帰属説が有力である。経済的帰属説をとると，納税者の立場からは法定安定性が阻害されるし，課税庁の立場からすれば，経済的に帰属を決定するのは実際上多くの困難を伴うという問題があるからである[3]。

〔経済的にみた帰属者の判定基準〕

(4)　それでは具体的に，どのような基準でもって所得の帰属者を判定したらよいのだろうか。判例では，所得税に関するものであるが，所得が何人の所得に帰するかは，何人が主としてそのために勤労したかの問題ではなく，何人の収支計算のもとにおいて行われ，何人の収入に属したかの問題であるという[4]。また名義株式の帰属について，他人名義が使用された経過その他諸般の事情を斟酌し，誰が資産財貨の取得のために出捐したのか，誰が資産財貨に対する管理処分を行い，誰が資産財貨から得られる利益を享受しているかという観点から判断すべきである，という判例がある[5]。

　後者の判例は，前者の判例の「何人の収支計算のもとにおいて行われた」かの具体的な判断基準といえよう。①資金の出捐者，②資産の管理者および③利益の享受者が誰であるかが，所得の帰属者を判定するポイントである。この場合，基本的には，資金の出捐者と資産の管理者が確定すれば，自ずから利益の享受者はその資金の出捐者等であるということになる。もし資金の出捐者等と利益の享受者とが異なるとすれば，それはいったん資金の出捐者等に帰属した所得が別の理由により利益の享受者へ処分されたという評価をすべきであろう。

〔法律的にみた帰属者の判定基準〕

(5) 法人税にあっては、会社の定款に定める事業目的いかんも所得の帰属者の判断基準の一つになる。本件において、審判所が商品先物取引は審査請求人の事業目的に掲げられていないと事実認定しているのも、そのことが背景にある。

しかし、定款の**目的外取引**であるというだけで決定的な基準というわけにはいかない。違法所得も課税所得に含まれるように、定款違反の事業であっても、その事業が実質的に会社の事業と認められる限り、法人の事業でないとはいえないからである[6]。

また、会社の役員が役員名義で会社の事業と同じような取引を行っている場合、その利益は役員個人、会社のいずれに帰属するかで争いになる事例がみられる。その場合、取締役の商法における**競業避止義務**違反を理由に会社に帰属するという意見がある。裁決例にも、代表者個人名義で取引を開始した動機およびその資金の出所からみて実質的にも個人の取引と認められるとともに、すでに1年を経過しているため、競業避止義務違反の行為として介入権を行使していないから、法人の所得と認定することは妥当でない、としたものがある[7]。

しかし、競業避止義務違反も会社の目的外取引と同じように、そのことだけで所得の帰属者を決定する基準とはならない。結局、所得の帰属者が誰であるかは、上述した資金の流れといった経済的観点と目的外取引か競業避止義務違反かどうかという、法律的観点とを総合勘案して決すべきことになる。

〔本件商品先物取引の検討〕

(5) そこで本件商品先物取引をみてみると、①資金の出捐者、②資産の管理者および③利益の享受者はいずれも審査請求人の代表者であるＤ１であるといわざるを得ない。そして、銀行借入れと返済、証拠金の払込みと返還、利益金の受取り等の本件商品取引に関する事実について、審査請求人の会計帳簿にその記録がないことや商品先物取引は審査請求人の事業目的にないこと等

をも総合勘案すれば,審判所の判断は妥当である。

　本件に類似する裁決例として,代表者名義で取得された株式とその購入資金である借入金について,審査請求人ではなく代表者個人に帰属するものであると認定し,その借入金の支払利息の損金算入はできない,としたものがある[8]。

―――●―●―●―●―――――

〔注〕
(1) 長野地判昭和26. 1. 25税資18号464頁,名古屋高判昭和26. 6. 14税資17号318頁
(2) 最高判昭和37. 8. 23税資34号259頁
(3) 金子　宏著『租税法(第八版増補版)』(弘文堂,平成14) 161頁
(4) 最高判昭和33. 7. 29税資26号759頁,最高判昭和37. 3. 16税資36号220頁
(5) 東京地判平成 5. 9. 6 税資198号738頁,東京高判平成 6. 6. 23税資201号534頁
(6) 津地判昭和25. 11. 15税資 8 号86頁,東京地判昭和41. 8. 11税資64号87頁
(7) 審判所裁決昭和46. 3. 2 裁決事例集No. 2 ・15頁
(8) 審判所裁決平成 6. 12. 16裁決事例集No. 48・167頁

# 七　船荷証券引渡基準の収益計上基準としての合理性

## 1　事件の概要

　本件は，貿易業を営む同族会社が採用した，船荷証券を銀行に引き渡した日を商品の引渡しの日とする，いわゆる船荷証券引渡基準（荷為替取組日基準）が公正妥当な収益計上基準として認められるかどうかが争われた事件である（棄却・昭和61.12.8裁決・裁決事例集No.32・170頁）。

## 2　当事者の主張

### (1)　審査請求人の主張

　次の理由から，船荷証券引渡基準も収益計上基準である引渡基準に該当する。
イ　貿易取引における引渡基準は，船積基準のみではなく，その他の基準も認められていること。
ロ　船荷証券は商品を表象する有価証券であって，その引渡しによって商品の所有権が移転するから，船荷証券の引渡しも商品の引渡しに当たること。
ハ　船荷証券引渡基準を継続して適用する限り，期間損益の調整とはならないこと。
ニ　荷為替手形の取組みや船荷証券の引渡しなどは，恣意的には行えないこと。

## (2) 原処分庁の主張

イ 貿易業を営む法人においては、船荷証券を受領と同時に銀行に持ち込むことは必ずしも行われず、資金繰りに応じてその時期が任意とされることから、船荷証券引渡基準は収益の計上基準として合理的とはいえない。

ロ そこで次のような理由から、本件においては船積基準により収益を計上すべきである。

(イ) 本件輸出取引の契約内容は、積地引渡基準となっていること。

(ロ) 商品に対する危険負担は、商品が港湾荷役業者の手で本船の舷側を通過した時に審査請求人から買主に移転すること。

(ハ) 売買代金の支払義務は、船積みによって買主が負担することが確定すること。

# 3 審判所の判断

(1) 法人税法や企業会計原則の定めおよび商取引の実態からすると、商品の販売による収益の認識基準は、原則として引渡しを基準とするのが相当である。この場合の引渡しの時期については、引渡しの概念自体が必ずしも明瞭でなく、また輸出取引はその内容が複雑かつ多様性に富んでいるので、取引形態、引渡手続、契約条件などの実態により判断すべきである。

(2) 当事者双方の主張する引渡基準について検討すると、まず船積基準は次のとおりである。

イ 審査請求人は、輸出取引にかかる貿易条件をF・O・B（本船渡）、C・I・F（運賃保険料込）およびC・＆・F（運賃込）として各々契約を締結しているところ、いずれの貿易条件にあっても、商品の滅失等の危険負担、所有権の移転時期、代金回収の危険負担などからみると、商品の本船積込時に引渡しがあったとみる船積基準は、商品の占有移転および収益実現の時期に関する損益計算原則の権利実現の観点からみても妥当な基準といえ

る。
- ロ　船積基準は，輸出取引の支払条件は契約書のうえで具体的に定められるから，船荷証券の日付等で表示される船積日が，取引当事者からみて客観性があり，かつ，重要であるという意味において，これを収益計上の基準日とすることに合理性がある。
- ハ　輸出取引における収益計上基準としては，出庫基準，通関基準など業種に適した方法が採用されているが，貿易業者においては，船積基準が輸出取引の収益計上基準の鉄則であるかのように，実務上広く採用されている。
- ニ　今日の輸出取引は，各種貿易条件の設定により代金回収の危険性は相当の確率をもって回避されているので，船積基準が実現主義に反するとはいえない。

(3) 一方，船荷証券引渡基準については，次のとおりである。
- イ　貿易条件いずれの場合にあっても，貿易慣習においては，商品の本船積込時を基準として買手側に所有権および危険負担が移るとされているから，船荷証券引渡基準は商品の所有権および危険負担の移転の時期のいずれにも合致しない基準である。
- ロ　船荷証券は，それ自体が有価証券として流通するものであるから，もはやそれは商品ではあり得ず，売主は海運会社に商品を引き渡すことにより商品に対する現実の所持，支配を失い，売主は荷為替手形を銀行に売り渡すことによりはじめて商品に対する所持，支配を失うものではない。
- ハ　輸出取引における売主の船荷証券を銀行に引き渡す行為は，売買契約における実際の商品の引渡しとは異なって，売主が引渡しの時期を比較的自由に決定できるものであるから，売主はこれを利用した期間損益の調整が可能であり，恣意的操作の入り込む余地のあることは否定できず，船荷証券引渡基準はこの点でも公正妥当な会計処理の基準とはいえない。

(4) 棚卸資産の引渡しの日に関する基準は必ずしも一つの方法に限定する必要はなく，棚卸資産の種類，性質，契約内容等に応じて合理的と認められる日であれば継続適用を前提として認められるべきであるが，船荷証券引渡基準

は輸出取引の実態，慣行，引渡手続，契約条件等からみて，公正妥当な会計処理の基準に該当しない。

# 4 研　　究

〔問題の所在〕

(1) 法人税の課税所得は，その事業年度の益金の額から損金の額を控除して計算される（法法22①）。これは所得金額は事業年度という一定期間を基礎として把握する，ということを意味している。このような**期間所得計算**においては，益金の中身である収益をいつの事業年度に属するものと認識するかという，収益の認識基準が決定的に重要である。

企業会計および法人税においては，商品の販売による収益は，商品の引渡しのときに計上するのが原則であり，これにより輸出取引による商品の販売収益は，多くの企業が船積基準により計上している。

そこで本件での問題は，輸出取引による商品の販売収益の計上基準は，船積基準に限られるのかどうか，仮に限られないとすれば，次に船荷証券引渡基準の収益計上基準としての合理性いかんということになる。

〔法人税の収益認識基準〕

(2) 法人税法上，**収益の認識基準**について一般的な明文の規定はない。わずかに延払基準および工事進行基準による収益（および費用）について計上時期の特例規定があるのみである（法法63, 64）。

しかし，法人税法第22条第 2 項の「当該事業年度の益金の額に算入すべき金額は，……当該事業年度の収益の額とする。」という規定における「の」の一字が収益の帰属ないし実現を表している[1]。また法人税における収益の額は，「一般に公正妥当な会計処理の基準」に従って計算される（法法22④）。したがって，法人税においても，収益は企業会計と同じく実現主義または発

生主義により認識する。ここで**実現主義**とは，財貨または役務を販売したとき，すなわち引き渡したときに収益を認識する基準をいう。これが収益の認識基準の原則である。

なお，商品の販売代金を現実に回収したときに収益を計上する，**現金主義**は原則として認められない。

〔引渡基準と船積基準の内容〕

(3) そこで，法人税において商品の販売による収益は，その引渡しのときに計上する（基通2－1－1）。実現といえば販売と解するのが普通であるし，販売というのは商品を引き渡すことであるからである。この場合，**商品の引渡**しがいつであるかについては，たとえば出荷した日，相手方が検収した日，相手方が使用収益できることとなった日，検針等により販売数量を確認した日など，その商品の種類，性質，販売契約の内容等に応じ引渡しの日として合理的な日による（基通2－1－2）。商品を引き渡すことにより，占有が相手方に移り，危険負担から解放されるからである。このように商品の販売収益を**引渡基準**により計上することは，多くの判例の承認するところでもある[2]。

**船積基準**は，輸出貨物を本船に積み込んだときに収益を認識する基準である。輸出取引にあっては，基本的に売主が貨物を本船に引き渡すまで，厳密には船べりを越えるまで責任をもち，これを越えれば買主のリスクとなり，その貨物の所有権は本船に引き渡されたときに移転するからである[3]。

ただ以上から明らかなように，商品の販売による収益の計上時期は，必ずしも一つのものに限定されるわけではない。その商品の特性や商慣習などに応じて，合理的なものを継続的に適用すればよいのである。期間所得計算のもとにおいては，継続性が担保される限り，ある程度弾力的に考えてよいであろう。

〔船荷証券引渡基準の合理性〕

(4) そこで，船荷証券引渡基準の合理性ということになる。輸出取引にあっては，一般的に商品を船積みした後，船会社から船荷証券の発行を受けて為替手形を振出したうえ，これに船荷証券を添付して荷為替手形とし，銀行に持ち込んで買い取ってもらうことにより代金の回収を行う。審査請求人は，この一連の取引のうち船荷証券を銀行に引渡し入金があった日が，商品の引渡しの日であるとして収益を計上している。これを**船荷証券引渡基準**（ないし**荷為替取組日基準**）と称する。

たしかに審査請求人が主張するように，船荷証券はその性質の一つとして商品を表象する証券であり，その裏書きおよび引渡しによって商品の所有権を譲渡でき，船荷証券を所持する者がその商品の所有者となる。この限りでは，船荷証券の引渡しが商品の引渡しの時期といえるかもしれない。

しかし，商品の売買の相手方は銀行ではなく，銀行に船荷証券を引き渡すのは，単に輸出者みずからが振出す荷為替手形の担保としての提供にすぎない。すなわち，この場合，銀行がその商品を買ったわけではなく，金融の一手段たるにすぎないのである。したがって，船荷証券引渡基準は代金の回収基準であって，いわば現金主義の一種といえる。

〔継続性担保の問題点〕

(5) 一方，商品の販売による収益の計上基準は，継続性が担保される限り，ある程度弾力的に取り扱ってよいかもしれない。継続的に適用されれば，恣意性が排除され課税上の弊害は少なくなるからである。

ところが，輸出取引のすべてにつき荷為替を取り組むことにより船荷証券を銀行に持ち込んでその代金回収を図るとは限らないし，その回収方法の採否，持込時期などにつき企業が単独で自由に決定しうる。ある条件がそろっても，一義的，客観的に引渡しの時期が定まらないのである。

これに対し，たとえば船積基準は，収益計上の基準となる船積みのときが輸出の相手方や船会社との契約や慣行により客観的，外部的に決定される。

このような意味で、船荷証券引渡基準はその基準自体が恣意性を排除できず、それゆえに継続性を担保しえない性質を内在しているといわざるを得ない。

〔最高裁の判断〕
(6) 本件の訴訟事件とみられる最高裁の判決[4]では、まず、取引の経済的実態からみて合理的なものと認められる収益計上の基準のなかから、その法人が特定の基準を選択し、継続してその基準によって収益を計上している場合には、正当なものとして是認すべきであるとしたうえで、船荷証券引渡基準につき次のように判示した。

すなわち、「船荷証券の交付は、商品の売買契約に基づく引渡義務の履行としてされるものではなく、為替手形を買い取ってもらうための担保として、これを取引銀行に提供するものであるから、船荷証券の交付の時点をもって売買契約上の商品の引渡しがあったとすることはできない。そうすると、上告人が採用している為替取組日基準は、商品の船積みによってすでに確定したものとみられる売買代金請求権を、為替手形を取引銀行に買い取ってもらうことにより現実に売買代金相当額を回収する時点まで待って収益を計上するものであって、その収益計上時期を人為的に操作する余地を生じさせる点において、一般に公正妥当と認められる会計処理の基準に適合するものとはいえない。」と。これは、審判所の判断とほぼ同様のものといってよい。

(7) ただこの最高裁判決には、2人の裁判官の反対意見が付されている。すなわち、1人は売主による取引銀行への船荷証券の交付は、買主への船荷証券の発送と類似するといい、また1人は、それは買主に対するその引渡義務を履行するために必要な行為であるという。

取引銀行における為替手形の取組みについて、多数意見が売買代金の回収手段であるとみるのに対し、反対意見は買主への商品の引渡義務の履行の一手段であるとみるのである。買主への商品の引渡義務の履行であるとみれば、まさに為替手形の取組みが商品の引渡しであるから、船荷証券引渡基準も引渡基準の一つということになる。

たしかに，どちらに力点を置くかという問題かもしれない。しかし経済的実体からすれば，為替手形の取組みは，輸出代金の回収の方法にすぎないというべきであろう。

———●　●　●———

〔注〕
(1)　小宮　保著『法人税の原理』(中央経済社，昭和43) 207頁，渡辺淑夫・山本守之共著『法人税法の考え方・読み方（四訂版）』(税務経理協会，平成9) 75頁
(2)　最高判平成5.11.25税資199号944頁，大阪高判平成7.9.21税資213号650頁
(3)　高木文雄監修『海外取引の会計と税務（改訂版）』(清文社，昭和54) 98頁
(4)　神戸地判昭和61.6.25税資152号428頁，大阪高判平成3.6.25税資187号419頁，最高判平成5.11.25税資199号944頁

# 八　貸家権利金収入の収益計上時期

## 1　事件の概要

　本件は，不動産業を営む同族会社がビル内店舗の賃貸にあたって収受した保証金のうち，賃貸借契約期間の満了時に返還を要しない，いわゆる保証金償却額（保証金の一定割合相当額）の収益計上時期が争われた事件である（棄却・平成元.9.12裁決・裁決事例集No.38・147頁）。

## 2　当事者の主張

### (1)　審査請求人の主張

　次に述べるとおり，店舗の賃借人から受け入れた保証金のうち返還を要しない保証金償却額は，賃貸借契約期間満了の日において確定する収益であるから，その契約期間満了の日において計上すべきである。
イ　本件保証金は，賃借人の賃貸料支払いの遅滞が生じた場合および賃借人の不慮の事故により建物に損害が与えられた場合の弁償金の担保として，また，賃貸料の安定確保の手段として預かっている仮受金であり，保証金償却額は保証金の一部であるから，契約期間満了までは仮受金であって，権利金の性格を有していない。
ロ　契約期間満了前に本件保証金償却額を権利金と認定した場合には，本件保

証金は譲渡性を有する財産権の性格をもつことになるが、当社はそのような譲渡を自由にできなくするために、契約期間満了の日まで保証金を預かっている。
ハ 当社は保証金償却額を契約期間満了の日に収益に計上する会計処理を継続して行っており、賃貸借契約の契約期間満了の日に保証金を償却する旨の約定からして、この会計処理は公正妥当なものである。本件保証金償却額を契約期間満了前の収益とすることは、法人税の先取り課税であり、収益は私法上の契約効力の発生および公正妥当な会計処理の基準に従って計算されるとする法人税法第22条の規定に反する。

### (2) 原処分庁の主張

本件保証金償却額は、賃借人と審査請求人との間で賃貸借契約を締結し、本件保証金の預託を受けた時点において、もはや返還を要しないものであり、その実質は権利金の一種と認められる。

そうすると、本件保証金償却額は、賃貸借契約を締結し本件保証金の預託を受けたときにその収益の確定があったと認められるから、契約期間満了の日をもって収益が確定するという審査請求人の主張は失当である。

## 3 審判所の判断

(1) 賃貸借契約の終了事由のいかんを問わず保証金の一定割合相当額を返還しない旨の約定がある場合には、特約があるときを除き、その返還を要しない金員の経済的実質は権利金であると解される。そして、その返還を要しない金員の収益計上時期は、その金員は返還を要しないことが確定した日において賃貸人が自由に収益処分しうるものであるから、その返還を要しないことが確定した事業年度である。

(2) 本件保証金償却額については、賃貸借契約書上、返還すべき旨の特約が一

切認められておらず，審査請求人は賃借人に返還する事由は一切生じないから，その経済的実質は権利金であり，その賃貸借契約が締結されたときに返還を要しないことが確定したと認められる。そうすると，本件保証金償却額の収益計上時期は，その返還を要しないことが確定した賃貸借契約が締結されたときとなる。

(3) 建物を賃借し使用収益する権利すなわち借家権の譲渡性は，その権利の設定にあたって権利金を支払うことにより当然に付与されるものではなく，賃借人が借家権の転貸や譲渡をする場合には，権利金の支払いとは別に賃貸人の承諾を要するものと解される。そうすると，本件保証金償却額を権利金と認定しても，借家権に譲渡性が付与されることにはならない。

(4) 賃貸借契約書の約定からみて本件保証金償却額の経済的実質が権利金である以上，その契約締結日の収益として計上するのが一般に公正妥当な会計処理の基準であるというべきであるから，本件保証金償却額が仮受金であることを前提とする審査請求人の主張は採用できない。

## 4 研 究

〔問題の所在〕

(1) 法人税においては，将来返還する必要のないことが確定した収益を，一般に**確定収益**（ないし**確定収入**）という。たとえば，収用事業に伴う営業補償金収入，建物の賃貸による権利金収入である。これらの確定収益は，課税所得の計算上，その受け取ったときに一時の収益として計上しなければならない（基通2－1－40，2－1－41参照）。その収入の計算の基礎になった期間の経過に応じ分割して収益計上するようなことは認められないのである。この点は，現在の企業会計の実務でもまったく同様に取り扱われている。

本件の保証金償却額については，保証金は敷金の別称であり，敷金は返還されるのが原則であるから，まず権利金と同視しうるかどうかという問題が

ある。そして次に、仮に権利金であるとして、その権利金はいつ収益として計上すべきかという問題が出てくる。そもそも権利金収入は確定収益の名のもとに、その収受したときの一時の収益に計上する現行の取扱いは、まったく疑問の余地がないのかどうか。これが本件の核心の問題である。

〔敷金と権利金の経済的性格〕

(2) 建物の賃貸借にあたっては、その契約時に敷金および権利金を授受することが慣行化している。実務上では、敷金は**保証金**と、権利金は**礼金**や償却と、それぞれ呼ばれることがある。

　まず**敷金**とは、建物の賃貸借契約に際し、賃借人の賃料債務その他の債務を担保する目的で、賃借人から賃貸人に対して交付される金銭であって、契約終了の際に賃借人に債務不履行があれば当然その額が減額され、債務不履行がなければ全額賃借人に返還されるべきものをいう[1]。

　一方、**権利金**は、定期的に支払われる賃料以外に、入居時（または契約更新時、賃借人交代時等）に一括して支払われる対価である。その経済的性格については、いろいろな種類のものが唱えられている。いわく①営業ないし営業上の対価、②賃料の一部の一括前払い、③借家権そのものの対価、④場所的利益の対価、⑤賃借権に譲渡性を付与した対価など[2]。権利金の性格は、個々の実態に応じ一義的には割り切れないということであろう。

　敷金と権利金とが決定的に異なるのは、前者が賃借人に対して返還されるのに対して、後者はその返還がされない、という点である。実務上、敷金という用語が用いられていても、賃借人に返還されない趣旨のものは敷金とはいえない。それは実質的には権利金ということになる。判例でも、保証金のうち賃貸借終了の時に返還を要しないと定められたものは、一種の権利金であるといっている[3]。

〔法人税における収益の認識基準〕

(3) 法人税の課税所得は，その事業年度の益金の額から損金の額を控除して計算される（法法22①）。この場合の益金の額は，一般に公正妥当な会計処理の基準により計算される（法法22④）。したがって，各事業年度の益金の額に算入される収益の額は，企業会計と同じく実現主義または発生主義により認識する。

ここで**実現主義**とは，財貨または役務を販売したとき，すなわちこれを引き渡したときに収益を認識する基準をいう。これが収益の認識基準の原則である。

他方，**発生主義**は，収益が発生したときに収益を認識する基準である。引渡しの概念で仕切ることができず，実現主義が妥当しない場合に適用される。たとえば，受取利息，受取地代，受取家賃などのように，時間の経過に伴って収益が発生する継続的な役務の提供による収益である。それゆえ，特に**時間基準**とも呼ばれる。

〔権利金収入の計上時期〕

(4) 権利金収入は，その返還を要しないことが確定した事業年度において計上する（基通2－1－41）。したがって，賃貸借契約の解約時期や解約事由のいかんを問わず，一切返還しないことになっている場合には，その契約時に一時の収益として計上しなければならない。また，たとえば貸付けの一定期間が経過するごとにその一定金額を返還しない特約がある場合には，その一定期間が経過するつど収益に計上する。これは本件保証金償却額のように，権利金の名称はもっていないが，当初から返還しないことが確定しているものも同様である。上述したように，返還不要なことが確定しているものは，その実質は権利金であるとみられるからである。

このように権利金収入が，その契約成立時または所定期間の経過時の一時の収益に計上すべきとされているのは，いかなる場合にもその返還を要しないということが確定し，賃貸人が自由に使用収益することができるからであ

〔確定収入の計上時期の問題点〕

(5) しかし、このような権利金収入に対する解釈や取扱いは、まったく疑問や検討の余地がないのであろうか。

たしかに、将来とも返還する必要がないという点では、まさに実現し確定した収入であることは疑いない。しかし、建物の賃貸にあたって権利金を収受するというのは、賃貸期間中は建物を貸すという義務を負うことである。その間には各種の費用が発生する。また前述したように、建物の賃貸に伴う権利金は賃貸期間中における家賃の一括前払い、すなわち将来における家賃の調整金としての性格を有している。なかば慣行化している権利金を授受しないとすれば、その分、定期的な家賃は高くなると考えられる。

このような権利金の性格や費用収益の対応という観点からすると、権利金を受け取ったときの一時の収益に計上するのが妥当かどうか。このような問題点は、権利金収入のほか、営業補償金や社債のプレミアムによる収入などにもあてはまる。

〔繰延収益の概念〕

(6) そこで、企業会計では権利金や**社債のプレミアム**による収入について繰延収益の概念を確立すべきである、という議論が存する。**繰延収益**とは、収益は実現しているが期間損益の計算上、その全額を受け取ったときの収益とするのは正しくないので次期に繰り延べるべきものをいう。そのため、繰延費用に繰延資産という概念があるように、繰延収益に**繰延負債**という概念を確立すべきであるというのである[5]。この主張によれば、権利金は全額受け取ったときの収益とみるのは妥当でなく、繰延負債として計上しておきその賃貸期間に割り振って収益にすべきであるということになる。

たしかに建物の賃貸にあたり収受する権利金は、賃貸期間中はその建物を貸すということを前提に受け取ったものであるから、その受け取ったときに

一時の収益にするのは，期間損益計算を阻害する。税務上においても，商法や企業会計の動向等をみながら今後留意すべき問題であろう。

なお，社債のプレミアム収入については，平成10年の法人税制改革により，社債の償還期間にわたって均等額ずつを益金算入することとされた（法令136の2）。これは，いってみれば繰延収益の概念で処理するということであり，法人税は立法的解決を図った。

**〔税制改革論議との関連〕**

(7) ただ，最近では適正な課税の実現という税法固有の考え方から，税法は商法や企業会計とは距離を保つべきだという意見が強い。

たとえば，税制調査会の「法人課税小委員会報告」においては，現行法人税法が商法・企業会計原則における会計処理の保守主義や選択制を容認している結果，企業間の税負担の格差や課税所得計算の歪みがもたらされている面があることも否定できない，と指摘している。そして，法人税の課税所得は，今後とも商法・企業会計原則に則った会計処理に基づいて算定することを基本としつつも，適正な課税を行う観点から，必要に応じ，商法・企業会計原則における会計処理と異なった取扱いとすることが適切であるという[6]。このような指摘を受けて，平成10年の法人税制改革においては，引当金制度の大幅な縮減や減価償却の方法の制限等がされた。

このような考え方からすれば，権利金が返還する必要がなく収入として確定している以上，一時の収益として計上すべきである，という論調が強まってくるかもしれない。

———●—●—●———

〔注〕
(1) 星野英一著『借地・借家法』（有斐閣，昭和44）256頁
(2) 星野英一著，前掲書，270頁
(3) 最高判昭和61.9.25税資153号824頁

(4) 最高判昭和56.1.22税資116号4頁，最高判昭和61.9.25税資153号824頁
(5) 中村　忠著『新版財務諸表論セミナー』（白桃書房，平成3）74頁
(6) 税制調査会報告『法人課税小委員会報告』（平成8.11）

# 九　一括収受した保守管理料収入の収益計上時期

## 1　事件の概要

　本件は，テレビ共同聴視工事業を営む同族会社が，一括して収受した20年間分のテレビ共同聴視受信設備の保守管理料収入について，維持管理費用の支出のつどその費用相当額を収益に計上すべきか，それとも各年度に20分の1相当額ずつを収益に計上すべきかが争われた事件である（棄却・昭和63.6.22裁決・裁決事例集No.35・93頁）。

## 2　当事者の主張

### (1)　審査請求人の主張

イ　当社は収受したテレビ共聴設備の保守管理料収入を預り金に計上し，現実に保守および事故による工事をするつど，これに要した費用を預り金から取り崩しているから，その時点でその費用相当額を収益に計上すべきである。そして，維持管理委託契約の終了時点において，保守管理料収入と現実に要した維持管理費用との差額を収益または損失に計上すればよい。

ロ　20分の1相当額は，資材の耐久や将来の経済指標を無視し，とりあえず平均的な費用を想定して算出したものであり，また，委託契約を20年間とした

のも保守管理料の額を算出するための暫定的なものにすぎないから、これらを確定的な基準として所得金額を計算するのは著しく合理性を欠く。

### (2) 原処分庁の主張

イ　一括収受した保守管理料収入は、委託契約の内容からみて当初から返還を要しないものであるから、費用収益対応の観点から売上原価を見積もったうえで、その収入すべき権利が確定したとき、すなわち委託契約時の収益に計上すべきである。しかし、本件のように役務提供が後発的に行われ、また、その時期、程度が不明の場合には、売上原価の見積りが困難であるから、権利確定という面のみをとらえてその全額を収益に計上させることは、費用収益対応の観点からしてむずかしい。

ロ　そこで次の2点を考慮して、一括収受した保守管理料収入の額を契約期間の20年で除して得た金額を1年当たりの収益としたものであり、これは公正妥当な会計処理に合致する。

(イ)　テレビ共聴設備を正常に作動させ、テレビ電波の受信障害を発生させないという役務の内容からみると、役務提供は日々完了するものといえるから、期間の経過に応じて収益が発生するとも考えられること。

(ロ)　原価および一般管理費が後発的に生ずることからすると、費用収益対応の観点から収益を期間の経過に応じて計上することに相当な理由があると考えられること。

## 3　審判所の判断

(1)　一括収受した保守管理料収入は、維持管理委託契約に基づきテレビ共聴設備の維持管理業務という一種の役務提供の対価として支払われたものであり、かつ、その返還を予定していないことからすると、その全額をその収受したときに収益に計上するのが公正妥当な会計処理の基準に合致するとも考えら

(2) しかし，①委託契約は向こう20年間という長期にわたる継続的な役務提供契約であり，②保守管理料を一括収受した時点ではその役務提供をなんら行っておらず，将来の不測の事態の発生により役務提供が不可能になったときは，保守管理料の一部返還義務を負うこともあり得るという点を考慮すると，一括収受した保守管理料収入が直ちに確定的な収益として実現したとみるのは困難である。

(3) また，テレビ共聴設備の維持管理業務に関連して日々発生する原価および一般管理費を合理的に見積もることは事実上不可能であり，一方，このような事態に対処するための引当金制度も認められていないことからすると，一括収受した保守管理料収入を一時の収益に計上する会計処理は，理論的にも実務的にも必ずしも公正妥当な会計処理の基準に従ったものとはいえない。

(4) そこで，本件役務提供は日々完了し，その完了するつどこれに対応する収益が実現すると解するのが相当であり，期間の経過に応じてその一部ずつを収益に計上するのが公正妥当な会計処理であるといえる。そして，保守管理料の総額1,300万円は1年間に要すると見込まれる維持管理費用を65万円と見積り，これに契約期間である20年を乗じて算出されていること，20年を通じてテレビ共聴設備の維持管理という役務の内容にさほどの変動があるとは考えられず，これによる収益もほぼ均等に生ずると推測されることから，20分の1相当額ずつを収益に計上する会計処理は不合理とはいえない。

## 4　研　究

〔問題の所在〕

(1) 法人税においては，将来返還する必要のないことが確定した収益を，一般に**確定収益**という。たとえば，収用事業に伴う営業補償金，貸家権利金の収入などである。これら確定収益は，法人税の課税所得の計算上，その受け

取ったときに一時の収益として計上しなければならない（基通2－1－34，2－1－35参照）。収入の基礎になった期間の経過に応じて分割して収益計上するようなことは認められないのである。この点は，現在の企業会計の実務でもまったく同様に取り扱われている。

　本件で問題となっている一括収受した保守管理料収入についても，将来返還する必要がないという点からすれば，確定収益ということができよう。そうすると，20年間分として一括収受した保守管理料収入は，その収受したときに一時の収益として計上しなければならないのか。それとも20年間にわたって分割して計上することができるのであろうか。期間が20年と長期であるだけに，問題は深刻である。

〔確定収益に対する考え方〕
(2)　上述したような確定収益の取扱いの理由は，すでに収益として実現しているということはもちろんであるが，税の観点からすれば，実際に現金が入ってくるので，担税力を有しているという事情も見逃せない。

　しかし，貸家権利金収入，社債のプレミアム収入などについて，企業会計では繰延収益＝繰延負債という概念を確立し，次期以降に繰り延べるべきであるという指摘がされている（「八　貸家権利金収入の収益計上時期」参照）。今日の期間損益の計算原理である費用収益対応の原則からすれば，これら確定収益はその全額を受け取ったときの収益とするのは正しくないという。この考え方によれば，たとえば貸家権利金収入は，賃貸期間の経過に応じて収益計上すべきことになる。

　なお，社債のプレミアム収入については，法人税は平成10年の税制改革により，社債の償還期間にわたって均等額ずつを益金算入すればよいこととされた（法令136の2）。これは繰延収益＝繰延負債の概念が実現したものといえよう。

〔本件保守管理料収入に対する考え方〕

(3) 本件の保守管理料収入は、審査請求人が向こう20年間にわたってテレビ共聴設備の維持管理の委託を受けたことに伴い、20年間分をまとめて一括受領したものである。この保守管理料は、契約期間満了時において返還し、または清算する旨の合意はない。そのため、維持管理の委託者であるA社は、前払費用等として処理することなく建設したマンションの工事原価に算入する会計処理をしており、返還請求権はないと考えている。

このような点からみれば、本件の保守管理料収入は、将来とも返還する必要のないものであるから、まさに確定した収益であろう。そうすると、税務上は保守管理料を受け取ったときにその全額を収益に計上すべきである、ということになる。審判所の判断においても、この点が指摘されている。すなわち、「本件金員をA社に返還することを予定しないものとして収受したと認められるから、かかる点のみを考慮すると、本件金員をその収受の日の属する事業年度すなわち昭和58年11月期においてその全額を収益に計上するのが公正妥当な会計処理の基準に合致するものとも考えられないではない。」という。そして、むしろこの審判所の指摘を支持する意見もみられる[1]。

(4) しかし確定した収益とはいえ、20年間分の保守管理料収入の全額をその受け取ったときに一時の収益に計上すべきであるというのは、いかにも常識的でない。今後20年の間には維持管理のための費用がかかるであろうから、一時の収益に計上すると費用と収益とが対応しないことになるからである。

このような費用と収益との対応をきわめて厳格に考えるのが審査請求人の主張である。すなわち、本件保守管理料収入は預り金に計上しておいて、現実に保守、事故等による費用を支出するつど、その費用相当額を預り金から取り崩して収益に計上すべきであるという。

しかし、**費用収益対応の原則**というのは、費用に対応して収益を計上するというのではなく、収益に対応していかに費用を計上するか、という基準である。審査請求人の主張は、いわば費用に対応して収益を計上するというもので、賛成できない。本件保守管理料収入はまさに確定した収益であるから、

その収益をいつ計上するかという問題を先に考えるべきであろう。

**〔維持管理費用の見積計上の可否〕**

(5) そこで、原処分庁は本件保守管理料収入を20分の1ずつ20年間にわたって計上すべきであるとの更正処分を行った。これは、結果的に企業会計でいう繰延収益＝繰延負債の概念で解決を図ったものといえる。

しかし、本件保守管理料収入は確定した収益であるという点を強調すれば、その全額を受け取ったときに一時の収益に計上すべきである。その結果、費用と収益とが対応しないというのであれば、それはあくまでも費用の計上のあり方の問題として考えるべきであろう。すなわち、20年間に要する費用を未払金あるいは引当金として計上することの可否の問題としてとらえるのである。

(6) ところが、現行法人税法上は20年間に要する費用を未払金に計上することはむずかしい。法人税の課税所得の計算にあたっては、**債務確定基準**があり、当期末までに債務が確定していない費用は、損金にできないからである（法法22③）。売上原価としてとらえるにしても、その費用が発生する蓋然性が予測できず、合理的な見積りは困難であろう。

また、引当金や準備金に計上することもできない。債務確定基準の例外として、当期末までに債務が確定していない費用や損失であっても、引当金や準備金に繰り入れることにより損金算入が認められている（法法52～54、措法55～57の8）。しかし、税務上の引当金や準備金は種類が限定され、むしろ最近では縮減される傾向にあり、本件維持管理費用のような引当金や準備金の設定は認められていない。

このような点を総合すれば、本件維持管理料収入はその全額を受け取ったときに一時の収益に計上すべきである。そして、あとは維持管理費用の計上の問題になってくるが、現行法ではその見積計上はできないから、収益だけが先行的に課税対象になってもやむを得ない。このような理論構成は十分あり得るのである。

(7) このような問題は，本件に限らず実際には種々生じている。たとえば，売上げた商品について何年間か無償で補修を約するような場合である。しかし税務上，製品保証等引当金は平成15年3月をもって廃止されたし，すべての法人や商品について引当金が認められていたわけでもなかった。このような場合にも，課税が先行するという問題が内在している。税制調査会の法人課税小委員会の議論などでは，むしろそれでよいといった傾向が強いようにみえる[2]。

もっとも，多くの場合には費用発生の蓋然性が低いか，費用と収益とが対応しない期間が短いということもあって，それほど問題が顕在化しないのが実情である。ところが，本件の場合には，20年間と長期であり，それだけに費用発生の蓋然性が高い。費用と収益との対応の不均衡が顕著である。このような点からすれば，現行法上は費用計上の問題として解決すべきであろうが，次善の策として原処分庁のような解決もあながち不合理とはいい切れない。むしろ実情に即したものといえよう。

なお，本件にはテレビ共聴設備が20年間も使用に耐えうるのか，20年間の保守管理というのは不自然ではないか，という事実認定の問題がある。この点は，あえて議論しなかった。

———●———●———●———

〔注〕
(1) 松沢　智編著『租税実体法の解釈と適用』（中央経済社，平成5）112頁
(2) 税制調査会「法人課税小委員会報告」（平成8.11）

# 一〇　取引相場のない株式の適正な譲渡価額の算定方法

## 1　事件の概要

本件は，取引相場のない子会社株式をその子会社の代表者に対して額面金額で譲渡した場合，その譲渡価額は通常の取引価額に比べて低額であるかどうかが争われた事件である（棄却・平成11.2.8裁決・裁決事例集No.57・342頁）。

## 2　当事者の主張

(1)　審査請求人の主張

イ　当社は子会社であるG社の株式3,000株を，G社の代表者であるJに1株当たり500円（額面）で譲渡した。

ロ　原処分は次の理由により不合理であるから，その一部の取消しを求める。

　(イ)　G社は当社の子会社であり，当社とG社は実質的にW会社の企業グループの一員であるから，その企業グループの末端の一株主たるJは，株主権行使の権能が大幅に制限されており，G社は世間一般の個人的同族会社と大きく相違する。

　　　また，G社の経営の実権は当社の代表者が握っており，Jの発言権は皆無に近いのが実情である。

さらに、本件譲渡によりJのG社の持株割合は40％に増加したが、当社のG社の持株割合からみて当社はG社に対する支配権を依然留保しており、Jの持株割合の増加は配当金の受領権の増加にすぎない。
(ロ)　譲渡した株式の客観的価値については、売主と買主の共通認識を尊重すべきであり、本件株式の譲受人であるJは「売買価額が3,000万円を超えるような高額であれば、買取りの意思はなかった」と明言している。
　また、本件株式のように市場流通性のない株式については、流通性の阻害要因をある程度ディスカウントして価額を求めるのはしごく当然の理である。
(ハ)　取引相場のない株式の評価について定めた法人税基本通達9－1－14は、純資産価額その他を参考にして客観的な交換価値により評価する旨定められており、画一的評価を排除している。
　また、法人税基本通達9－1－15は、課税上弊害がない場合において純資産価額方式による評価を認めているのであって、本件株式を純資産価額方式のみの評価とすることは、当社にいわれなき多額の税負担を課すもので課税上弊害がある。
(ニ)　本件株式の評価額は、末端株主の買取価額であることから、企業清算的な正味分配価値のみを基礎とするよりも、配当還元方式による評価額にウエイトを置き、市場流通性の欠如を考慮した純資産価額方式との併用により算出するのが合理的である。
　そこで、これにより本件株式を評価すると、次のとおり1株当たり3,219円となり、これを上回る原処分の一部の取消しを求める。

① 配当還元価額　　　　　　　　　　657円……A
② 純資産価額　　　　　　　　　　10,088円……B
③ 市場流通性欠如による減額後の割合　0.7……C
④ 本件株式の1株当たりの価額
　　A×0.6＋（B×C）×0.4＝3,219円

## (2) 原処分庁の主張

イ 取引相場のない株式の通常取引価額については，法人税法上，具体的な規定がないが，資産の評価損を計上する場合の期末時価については法人税基本通達に取扱いが定められており，取引相場のない株式の時価の算定についての一つの具体的な基準を示したものである。法人税基本通達9－1－15は評価損を計上する場合のものではあるが，関係会社間等において取引相場のない株式の売買を行うに際し他に適当な時価の算定方法がないような場合には，この通達を準用することが合理的と解される。

ロ 株式の所有者たる株主は，法律により付与されたさまざまな権利を行使することができるとともに，その行使につきなんら制限を受けることはなく，さらにJの持株割合40％の株主権は株主総会の特別決議等に大きな影響力をもつものである。そして，JはG社の業務執行において代表者として影響力をもつ株主で，G社の一切の業務についてみずから決定し執行する権限を有している。

ハ 純然たる第三者間において種々の経済性を考慮して定められた取引価額であれば，一般には合理的なものとして是認されるが，本件譲渡のように親会社と子会社の代表者との取引で，その合意金額が合理的に算定されていないと認められる場合には，当事者間の合意があったとしても，その価額は客観的交換価値を示すものとはいえない。

ニ 本件株式は，Jは評価通達にいう中心的な同族株主に該当すること，JはG社に対して大きな影響力をもつこと等から，法人税基本通達9－1－15に定める純資産価額方式により通常取引価額を算定することが最も妥当と判断したものであり，画一的・単純に純資産価額方式を適用したものではない。

## 3 審判所の判断

(1) 株式の時価とは，正常な取引において形成された価格，すなわち客観的な交換価値をいうところ，本件株式のように取引相場のない株式にあっては，市場価格が形成されていないから，その時価を容易に把握することは困難である。したがって，合理的と考えられる評価方法によってその時価を評価するほかはなく，評価方法が合理性を有する限り，それによって得られた評価額をもって時価とすることを妨げない。

　この場合，株式が会社資産に対する持ち分の性質を有することからすると，純資産価額方式が株式評価に関する基本的方式であると位置づけることができ，配当還元方式は評価額が実態よりも低く算出される結果を招きやすく，少なくとも支配株主の保有する株式の評価方法としては妥当でない。

(2) 本件株式は，Jの経営責任をより明確にするため譲渡されたものであり，JはG社の持株割合40％の同族株主となっているから，いわゆる従業員株主のような零細株主とは異なり，責任と権限を有する株主である。このことから，配当還元方式は少なくとも責任と権限を有する株主の保有する株式の評価方法としては妥当でない。

　また，審査請求人の主張する，市場流通性のない株式についてはディスカウントすべきであるというのは，具体的，合理的な根拠がない。

　したがって，審査請求人の主張する算定方法には合理性がないから，採用できない。

(3) 本件株式は，その時価が明らかでないため客観的な通常取引価額を算定する方法がほかにないことから，法人税基本通達9－1－15を援用して純資産価額方式により算定したことは，法人税基本通達の定めが合理性を有すると認められる以上，不相当とする理由はない。

## 4 研　　究

〔問題の所在〕

(1) 法人がその有する株式の譲渡をした場合の譲渡利益は、益金の額に算入され法人税の課税対象になる（*法法22②，61の2*）。この場合の株式の譲渡価額は、基本的に時価でなければならない。もし時価よりも低い価額で譲渡した場合には、実際の譲渡価額と時価との差額は、譲渡の相手方に対する寄附金（*法法37⑦*）あるいは給与となる（*法法34③，35④，36の2*）。

　このように株式を譲渡する場合には、時価を基準として課税関係を律していく。そこで、その時価とは何か、その時価をいかに算定するかという問題が生じる。もっとも、上場株式や店頭登録株式については、取引相場があるから時価をいかに算定するかという問題はほとんどない。

　これに対して、取引相場のない株式については、取引がほとんどないこともあり、上場株式や店頭登録株式のような客観的な取引価額がないのが普通である。そのため、取引相場のない株式については、その時価をどのように算定するかという、きわめて困難な問題に直面する。取引相場のない株式について、事実認識としての客観的交換価値の把握には自ずから限界があり、自然科学の分野におけるような正確性をもった評価は求め得べくもないからである[1]。それだけに、その時価の算定方法には理論的に各種のものが考えられる。そのことが、この問題をいっそう複雑にしている。

〔第三者との取引価額の是非〕

(3) **時価**とは、資産の譲渡時や取得時などのある特定のときにおける価額をいう。資産の具体的、実際的な取引価額をいうのではなく、取引価額として通常成立するであろう客観的な価額である。

　その時価も、資産の種類や取引の態様によりいろいろ考えられる。資産を取得するとした場合の**取得時価**、資産を処分するとした場合の**処分時価**、資

産を保有し使用収益するとした場合の**保有時価**などである。その適用場面によって時価は異なってくる。そのような意味では，時価といえども絶対的なものではなく相対的なものであるということができる。

　株式の譲渡または取得にあたって，その相手方が第三者である場合には，その取引価額が問題になることはほとんどない。利害が相対立する第三者との間における取引にあっては，自ずからお互いの合理的な経済行動に基づき取引価額が成立すると考えられるからである。その成立した価額は，まさに通常成立するであろう客観的な価額であるといって差し支えない。したがって，第三者との取引に関しては，原則としてその取引価額は適正なものと考えてよい。

　もっとも，第三者との取引であっても，今後における取引の拡大を目指して相手方の歓心を買うため時価よりも低い価格で売り，または高い価額で買うといった，特別な目論見をもって意図的な価格を設定するような場合は別である。その場合の時価と譲渡価額または購入価額との差額は，交際費等ないし寄附金ということになる（措法61の4③，法法37⑥⑦）。

〔取引相場のない株式の時価の算定方法〕

(4)　そこで，取引相場のない株式の取引価額が問題になるのは，多くの場合，関係会社や自社の役員といった，利害を共通にする者との間における取引においてである。利害を共通にするがゆえに，往々にして時価とかけ離れた価額による取引が行われる。本件もまさにこの点が争われている。

　ところが，取引相場のない株式を譲渡または取得する場合のあるべき時価の算定方法に関して，法人税には法令，通達ともに規定は存しない。ただ，株式に評価損を計上する場合の期末時価に関する定めが法人税基本通達にある。すなわち，**評価損**を計上しようとする事業年度末の株式の価額は次による（基通9－1－13）。

　イ　売買実例のある株式　その事業年度末前6月間において売買が行われたもののうち適正と認められる価額

ロ 公開途上にある株式で，その上場または登録に際して公募等の行われるもの　証券取引所または日本証券業協会の内規によって行われる入札により決定される入札後の公募等の価額等を参酌して通常取引されると認められる価額

ハ 売買実例のない株式で，その株式を発行する法人と事業の種類，規模，収益の状況等が類似する他の法人の株式の価額があるもの　その価額に比準して推定した価額

ニ イからハまでに該当しない株式　その事業年度終了の日または同日に最も近い日におけるその株式発行法人の事業年度終了の時における1株当たりの純資産価額等を参酌して通常取引されると認められる価額

(5) しかしながら実務上，上記ハ，ニの株式について，その定めにより価額を算定するのは困難である。そこで，相続税の財産評価基本通達の178から189－7まで《取引相場のない株式の評価》の例によって算定した価額を時価としてよいことになっている（基通9－1－14）。ただし，①株式を所有する者が「中心的な同族株主」に該当するときは，その株式の発行会社は常に「小会社」であるものとして評価し，また，②その株式発行会社が土地や上場有価証券を有しているときは，「1株当たりの純資産価額」の計算にあたり，これらの資産は時価によらなければならない。さらに，③「1株当たりの純資産価額」の計算にあたり，評価差額に対する法人税額等相当額は控除しない。

①の「中心的な同族株主」とは持株割合が25％以上の株主をいうから，できるだけ純資産価額方式で評価し，②はできるだけ資産の評価を実勢価額に近づけようとするものである。また③は，会社が継続的に事業活動を行うことを前提に，期末時点の正味資産の価額を参酌した通常の取引価額を算定し，時価法における有価証券の時価と権衡を図るため，法人税額等相当額の控除はできないというものである。

これらの取扱いは，取引相場のない株式に評価損を計上する場合のものである。しかし，株式の譲渡や取得の場合にも適用してよい，と解されてい

る[2]。そのため,実務的には相続税の財産評価通達に準じて時価を算定している例が多い(基通2－3－3参照)。

**〔各評価方法の内容と特性〕**

(6) そこで相続税の財産評価通達の評価方法であるが,同通達は取引相場のない株式の評価方法として四つの方法を定めている。①類似業種比準方式,②純資産価額方式,③①と②の併用方式および④配当還元方式である。

　**類似業種比準方式**とは,評価会社と類似する事業を営む上場会社の株式の取引価額に比準して評価する方法をいう。具体的には,上場会社の株価を基準に,その上場会社と評価会社との1株当たりの配当金額,年利益金額および純資産価額の3要素を比べて株価を算定するものである。この方法は,上場会社に匹敵する程度の,たとえば従業員数が100人以上あるいは総資産価額が20億円以上などの「大会社」に適用される。

　次に**純資産価額方式**は,評価会社の資産と負債を相続税の評価基準によって評価し,その純資産価額をもとに株価を算定する。ここでは資産と負債を相続税の評価通達ベースで評価するから,法人税では土地と上場有価証券だけは取引を前提とした時価に引き直すこととしているのである。この方法は,株主が株式の所有を通じて実質的に会社財産を所有しているとみられるような場合に適するから,「小会社」に適用される。

(7) また類似業種比準方式と純資産価額方式との**併用方式**は,類似業種比準価額と純資産価額とを併用して株価を評価するもので,業種と規模に応じてそれぞれの価額にウエイトを置いて算定する。この方法は,大会社と小会社の中間に位置する「中会社」に適用され,大会社に近い会社は類似業種比準価額に,小会社に近い会社は純資産価額に,それぞれウエイトを置いて評価を行う。

　さらに**配当還元方式**とは,過去2年間の平均配当金額を3％の利率で還元して,その元本である株式を評価する方法をいう。上記三つの方法は,基本的に「同族株主」に対して,その評価会社の規模に応じて適用される原則的

な評価方法である。これに対して配当還元方式は，同族株主以外の株主つまり「零細株主」について特例的に適用される。零細株主は会社の支配権をもたず，その配当だけしか期待できないから，評価会社が大会社，中会社または小会社かに関係なく，すべて配当還元方式による。

〔実務上の評価作業の仕方〕

(8) 取引相場のない株式の譲渡価額は，常に以上述べた相続税の財産評価通達によらなければならないわけではない。相続税の株式評価にあっては，人の死亡といういわば偶然性を前提に，大量，回帰的に発生する事案の課税の公平を図るため，簡便性，統一性，安定性のある方法が求められる。

これに対し，私人間の自由な意思決定による株式売買の場合には，第一義的には当事者の主観が尊重されるべきであり，画一的な評価方法はなじまない。他の方法であっても一向に差し支えない。現に相続税の財産評価通達による評価方法のほか，利益（収益）還元法や類似会社比準法，超過収益法もある[3]。要は実際の取引に即したその評価方法の合理性に尽きる。他に特段の不合理性が認められない以上，法人の採用した評価方法により算定された価額は一応合理的なものとして是認されよう。

(9) 判例には次のように説くものがみられる。すなわち，各評価方式に長所，短所がある以上は，そのうち一方式のみを選んで評価を行うことには疑問がある。したがって，各方式のうち本件株式の評価に最も合理性があると認められる収益還元価額，純資産処分価額方式により評価を行い，次いである程度合理性が認められる純資産時価方式，類似業種比準方式と純資産時価方式との併用方式により評価を行ったうえ，それらの平均値（単純平均および加重平均）をもって適正な時価とするのが妥当である，と[4]。

最終的に「平均値」を適正な時価とするのが妥当かどうかの問題はあるが，実務的にはこのような一連の評価作業を行うべきであろう。客観的交換価値の把握には自ずから限界がある以上，一つの方式だけでなく，いろいろな方式で評価をしてみて，あるべき時価を模索し，その時価の合理性を相互に検

証することが，適正な時価を担保することになるからである。

**〔本件譲渡価額の検討〕**

(10) 本件株式の譲渡をみると，審査請求人は株式の客観的価値はその売主と買主の共通認識を尊重すべきであると主張する。基本的にはそのとおりである。しかし，本件株式の譲渡の相手方は審査請求人の子会社のその代表者であり，まったくの第三者ではない。どのような経緯，折衝により譲渡価額が額面金額の500円になったかは定かでないが，少なくとも第三者との取引のような厳しい交渉が行われたとは思えない。

たしかに審査請求人が主張するように，G社はグループ企業の一つで一般の個人的同族会社と異なり，しかもG社の代表者であるJはいわゆるサラリーマン社長のような感がある。しかし，Jの持株割合は40％であることからすれば，単純に配当還元方式での評価でよいというわけにはいかない。仮にJがサラリーマン社長であったとしても，あえて審査請求人がG社の株式を譲渡し，Jの持株割合を40％にした重みを無視することはできないからである。

(11) また審査請求人は，市場流通性のない株式についてはディスカウントすべきであると主張する。これは一般論としては，そのとおりであろう。しかし，相続税の財産評価通達の評価方法自体，このような取引相場のない株式の特性を見込んで，保守的なものになっている。たとえば，類似業種比準方式にあっては，上場会社の株価の取引価額に比準して算定された価額にさらに「0.7」を乗じて評価額を計算する。この0.7はまさに上場会社と非上場会社との流通性に配慮したものである。株式の評価が曖昧かつ不確実であることからくる不利益を国家が負担するという，課税の安全性が取り込まれている[5]。

審査請求人が主張する評価方法もそれなりに理解できる。そこで審判所が指摘するように，審査請求人はもう少し計数的にも具体的，合理的な根拠を主張すべきであったように思われる。

〔注〕
(1) 名古屋地判平成元.3.22税資169号939頁，名古屋高判平成4.2.27税資188号431頁
(2) 谷口勝司編著『法人税基本通達逐条解説（2訂版）』（税務研究会出版局，平成14）530頁
(3) 関　俊彦著『株式評価論』（商事法務研究会，昭和58）214頁以下
(4) 大阪地判昭和53.5.11税資101号333頁
(5) 関　俊彦著，前掲書，135頁

# 一一 借地権課税における
経済的利益の評価

## 1 事件の概要

　本件は、不動産売買仲介業を営む同族会社がその有する借地権を転貸したことに伴い、保証金名目の金員を30年間無利息の条件で受け入れた場合、「特に有利な条件による金銭の貸付けを受けるとき」に該当し、借地権課税があるかどうかが争われた事件である（棄却・昭和47.11.9裁決・裁決事例集No.6・26頁）。

## 2 当事者の主張

### (1) 審査請求人の主張

イ　原処分庁は、当社が借地権の転貸に伴い収受した保証金につき、これを法人税法施行令第138条第2項《借地権の設定等により地価が著しく低下する場合の土地等の帳簿価額の一部の損金算入》に規定する「特に有利な条件による金銭の貸付けを受ける場合」に該当するとして、その一部4,344万円を借地権の設定の対価として所得金額に加算するとともに、それに対応する借地権の帳簿価額785万円を損金に算入した。

ロ　しかし、次の理由により納得できないので、原処分の全部の取消しを求める。

(イ) 本件保証金は，当社が「D財産区」との地上権設定契約に基づき借地権を取得したB県C町所在の原野131万㎡に，所要の造成を加えたうえ，これを別荘地として一般に分割転貸したことに伴うものである。この保証金は，次の事情等により収受したものであるから，これに原処分庁が認定したような経済的利益があるとするのは失当である。

① 本件保証金は，賃借権設定契約証書に明記されているとおり，契約終了時には賃借人に返還するものであり，その金額も保証金として通常収受される程度のものであるから，「特に有利な条件による金銭の貸付け」には該当しない。

② 本件保証金は，賃貸料の滞納や契約違反が生じた場合に，滞納賃貸料または損害の補塡に充てるため受け入れたものである。

③ 本件保証金を収受したのは，同地域において先に開業している同業他社の取引にならったものであり，これは業界の慣例といえるものである。

(ロ) 原処分庁が本件保証金の一部を借地権の設定の対価と認定したことに伴い，審査請求人の有する借地権の帳簿価額の一部を損金算入したのは相当でない。

## (2) 原処分庁の主張

イ 「特に有利な条件による金銭の貸付け」と認定したことは，次の理由により相当である。

(イ) 本件保証金は，契約書で明らかなとおり，契約期間の30年間，審査請求人が賃借人から無利息で預かっているものである。

(ロ) 本件の物件所在地域には土地等の賃貸借を行う際に保証金等を授受する慣行はなく，本件のような保証金の収受は，一部の不動産業者においてのみ行われている特殊な取引である。

(ハ) 本件保証金の額は，1㎡当たり平均718円40銭となっており，地代月額1㎡当たり2円35銭に比べ多額で，本件保証金を通常収受される保証金とみることはできない。

ロ 審査請求人の有する借地権については，その転貸の直後における借地権の価額が10分の5以下に下落しているので，借地権の帳簿価額の一部を損金算入したものである。

## 3　審判所の判断

(1) 本件保証金の一部が借地権の設定の対価に当たるかどうかについては，次のとおりである。

イ　法人が借地権割合が10分の5以上となる借地権の設定に伴い，通常の金銭の貸付けの条件に比し特に有利な条件による金銭の貸付けその他特別の経済的な利益を受ける場合には，そのことにより受ける利益の額を借地権の設定の対価の額に加算することになっている。

ロ　「特に有利な条件による金銭の貸付け」に該当するかどうかの判定にあたっては，その金額が借地権設定の対象となった土地の地域において通常収受される程度の保証金であるかどうかが重要な基準になる。

　本件の場合，借地権設定の対象となった土地は山間の別荘地であり，借地権の転貸である特殊事情から，通常収受される保証金等の額をにわかに判定し難い。しかし，審査請求人の収受している保証金の平均額は，1㎡当たりの地代月額2円35銭の300倍余の718円40銭で，年額地代の25年分余の多額の金額であり，また審査請求人が30年間無利息で使用しうることからすると，「特に有利な条件による金銭の貸付け」に該当すると認められる。したがって，本件保証金について審査請求人が得た経済的利益の額を認定し，借地権の転貸の対価に加算した原処分は相当である。

ハ　本件保証金は，費用等の補塡に充てられることが条件になっているが，発生するかもしれない費用に充てられるまでまたは契約終了の際に返還するまでは，審査請求人が自由に運用できるものであるから，審査請求人は経済的な利益を享受することになる。また，本件保証金の収受が業界の慣

例であるとしても、「特に有利な条件による金銭の貸付け」に該当するかどうかの認定を左右するものではない。

(2) 借地権の帳簿価額の一部を損金算入したことについては、次のとおりである。

イ 法人が借地権を転貸した場合において、その転貸後における借地権の価額が10分の5以上下落したときは、その借地権の帳簿価額に転貸直前の借地権の価額のうちに占める権利金の価額の割合を乗じて計算した金額を損金の額に算入することになっている。

ロ 借地権の転貸前の価額は、その借地権を取得するために支払った権利金1億594万円（転貸可能予定面積は106万㎡で1㎡当たり平均99円75銭）と見積総造成原価7億8,190万円（1㎡当たり平均736円22銭）の合計額8億8,784万円とするのが相当と認められ、1㎡当たり平均価額は835円97銭となる。

ハ 一方、転貸に伴い支払いを受けた対価の額は、現実に収入した権利金の額1億1,299万円（転貸面積は8万㎡で1㎡当たり平均1,434円88銭）と受入保証金5,657万円にかかる経済的利益の額4,344万円（1㎡当たり平均551円73銭）の合計額1億5,644万円と認められ、1㎡当たり平均価額は1,986円61銭となる。したがって、借地権の価額の下落割合は10分の10となり、借地権の帳簿価額を損金算入すべき場合に該当する。

# 4 研 究

〔問題の所在〕

(1) 都会地では借地権の設定または転貸により、他人に土地を使用させた場合には、権利金を収受することが慣行化している。その収受した権利金は、もちろん収益に計上しなければならない。一方、借地権の設定等の対象になった土地または借地権の帳簿価額のうちその収受した権利金額に対応する部分の金額は、損金の額に算入される（法令138）。この借地権課税は、実務的に

はけっこうやっかいな問題であるが，それでも権利金として金銭を収受した場合の取扱いは理解しやすい。

ところが，権利金としての金銭の収受がなくても，「特に有利な条件による金銭の貸付けを受けるとき」には，それにより受ける経済的利益を権利金に加算して課税することになっている（法令138②③）。本件はまさにこの点が争われた事件である。その経済的利益に対する課税の法理とともに，経済的利益の額をいかに算定するかが問題である。

これは相続税の課税にあたって，被相続人が有利な条件による借入れをしていた場合，相続財産から控除する債務の額をどう評価するかということと裏腹の問題といえる。また，「金融商品会計」では預り預託保証金は，現在価値に割り引いて計算した時価により計上する。これらの取扱いをみておくことも，借地権課税の理解と解決に役立つであろう。

〔**借地権課税の概要と趣旨**〕
(2) 法人税における**借地権課税**の概要は，次のとおりである。

イ 土地または借地権の使用の対価として**権利金**を収受した場合には，その権利金は益金に計上する。

ロ 権利金を収受する取引慣行があるにもかかわらず，その収受をしなかった場合には，通常収受すべき権利金を借地人からいったん収受して益金に計上したうえ，その借地人に贈与したものとする（基通13－1－3参照）。これを**権利金の認定課税**という。

ハ しかし，権利金を収受する取引慣行がある場合であっても，その権利金の収受に代えて**相当の地代**を収受しているときは，その取引は正常なものとして権利金の認定課税は行わない（法令137）。

ニ このようにして，権利金を収受し，あるいは権利金の認定課税が行われた場合において，その土地または借地権の価額が2分の1以上下落したときは，その権利金額に対応する土地または借地権の帳簿価額は損金算入する（法令138①）。

借地権の設定により土地の上に強固な建物や構築物が建設されると，半永久的にその土地の利用は制限され，その土地は地代を収受する底地の価値しかなくなる。そこで都会地を中心に，その土地の価額の下落の対価として権利金を授受する慣行が確立してきた。そして，権利金の収受は土地または借地権の部分譲渡であると観念されるので，その譲渡に対応する原価として土地または借地権の帳簿価額を損金にするのである。

〔経済的利益課税の趣旨と意義〕

(3) 以上述べた取扱いに加えて，本件で問題となっている「特に有利な条件による金銭の貸付けを受ける場合」の取扱いがある。すなわち，借地権の設定または転貸により，その土地または借地権の価額が2分の1以上下落した場合において，通常の金銭の貸付けの条件に比し特に有利な条件による金銭の貸付けその他特別の経済的な利益を受けるときは，その経済的な利益の額を借地権の設定等の対価に加算して支払いを受けたものとする（法令138②）。

　形式的に権利金としての金銭の収受はなくても，たとえば無利息で長期間の金銭の借入れをすれば，その期間の運用益を全部得ることができる。これは実質的には借地権の設定等の対価であるとみることができ，もしこれに課税しないとすれば，実質的な権利金課税を免れることになる。借地権の設定等に伴う経済的利益に対する課税は，このような脱法行為を防止する趣旨のものである。

(4) そこで，まず「特に有利な条件による金銭の貸付け」とは，どのような場合をいうのかが問題になる。典型的には，その借地権の存続期間中無利息での金銭の貸付けを受けたような場合をいう。具体的には，その貸付金額，利率，期間を総合して判定せざるを得ないが，実務的には，保証金，敷金等の名義による金銭を受け入れても，それがその地域において通常収受される程度の額である場合には，その受け入れた金額は，「特に有利な条件による金銭の貸付け」には該当しない，と解されている。ここで「通常収受される程度の額」が明らかでないときは，借地権の設定契約による地代の3月分相当

額とする(基通13－1－10)。これは要するに、地代の収受を担保し、あるいは発生経費の支払いに充てる程度の金銭の受入れであれば、「特に有利な条件による金銭の貸付け」ではないということである。

〔経済的利益の算定方法〕
(5) 次に、経済的利益の額の具体的な算定方法が問題になる。その算定については、貸付けを受けた金額からその金額に通常の利率(有利息の場合にはその利率を控除した利率)の10分の5に相当する利率による**複利現価率**を乗じて計算した**現在価値額**を控除して行う(法令138③)。この場合の「通常の利率」は年3％、「貸付けを受ける期間」は1年を単位として計算した期間、「複利現価率」は小数点以下3位まで計算した率による(基通13－1－11)。

ここで通常の利率は、一般的な資産運用の利回りを予定しているが、現在の金利水準を勘案して年3％とされている。なお、「通常の利率の10分の5に相当する利率」というのは、借入時には経済的な利益に、将来的には運用益に、それぞれ課税が行われることを考慮し、税引利回りになるよう措置したものである[1]。

〔相続税の債務控除の取扱い〕
(6) そこで、相続税の課税における債務控除の取扱いをみてみよう。相続税の課税にあたって、被相続人の債務で相続開始の際現に存するものがある場合には、相続した財産の価額からその債務の額を控除する(相法13①)。この場合の控除すべき債務は確実と認められるものに限られ(相法14①)、また、控除すべき債務の金額は、そのときの現況による(相法22)。これを**債務控除**という。

この債務控除について、最高裁は次のように判示している[2]。すなわち、弁済すべき金額が確定し、かつ、相続開始の当時まだ弁済期の到来しない金銭債務の評価については、その債務につき通常の利率が付されているときは、その相続人は、弁済期が到来するまでの間、通常の利率による利息相当の経

済的利益を享受する反面，これと同額の利息を支払わなければならず，結局これが相殺されることになるから，利息の点を度外視して，債務の元本金額をそのまま債務控除の額と評価して妨げない。

(7) これに対し，約定利率が通常の利率より低い場合には，相続人において，通常の利率による利息と約定利率による利息との差額相当の経済的利益を弁済期が到来するまで毎年留保しうることになるから，その債務は毎年の経済的利益の現在価値の総額だけ減少している。したがって，このような債務を評価するときは，留保される毎年の経済的利益について通常の利率により弁済期までの中間利息を控除して得られたその現在価値額を元本金額から差し引いた金額をもって債務控除の額とするのが相当である。

これはまさに，上記の借地権の設定等に伴う経済的利益の算定の考え方と同じであり，この論理で借地権課税の場合も説明ができる。この場合，相続税でも「通常の利率」を3％としている（財産評価通達4－4）。この利率は最近の金利水準を勘案したものであり，実勢に近いといえよう。

〔金融商品会計の取扱い〕

(8) 大型店舗などの開設にあたっては，地主が建設する建物を賃借するために，その建物の建設費に充てるため**建設協力金**等の名目で金銭を預託することがある。その将来返還される建設協力金等の**差入預託保証金**の時価は，返済期日までのキャッシュ・フローを割り引いた現在価値である。そこで「金融商品会計」では，差入預託保証金の時価と支払額との差額は，長期前払家賃として計上し，契約期間にわたって各期の損益に合理的に配分するものとしている[3]。

一方，預託保証金を受け入れた側の**預り預託保証金**は，差入預託保証金と裏腹の関係にあるから，差入預託保証金と同様に処理すべきものと解されている。したがって，受入側も預り預託保証金をみずからの信用リスク，差入担保等に基づく利率で割り引くことになる[4]。

このように，企業会計にあっても，割引現在価値で資産や負債を評価する

ことが行われている。

〔本件保証金の検討〕

(9) 本件においては，まずB県C町所在の原野に借地権の取引慣行があるかどうかである。借地権課税は，そもそも権利金を収受する取引上の慣行があることが大前提になるからである。原野の賃貸借にあっては，一般的には権利金を収受する慣行はないであろう。しかし本件の場合には，もともとD財産区から地上権設定契約に基づき取得した借地権を転貸するものであるから，借地権課税の対象になる。

次に本件保証金の受入れが「特に有利な条件による金銭の貸付け」に該当するかどうかである。受け入れた保証金は年額地代の25年分であり，また30年間無利息で使用できることからすると，単なる滞納賃貸料または損害の補塡に充てるためのものとはいえない。結論的には「特に有利な条件による金銭の貸付け」に該当するといえよう。審判所の判断は妥当である。

なお，受入保証金5,657万円にかかる経済的利益の額4,344万円が，どのような利率を用いて計算されたのかその算出過程が明らかでなく，その適否の検討がされていない。これは審査請求人の主張がそもそも経済的利益はない，ということによるものであろうが，その算定額の合理性いかんにも言及すべきであったと思われる。

---

〔注〕
(1) 白石満彦著『借地権課税百年史』(清文社，1992) 76頁
(2) 最高判昭和49．9．20税資76号762頁
(3) 日本公認会計士協会「金融商品会計に関する実務指針」(平成12．1．31) 133項
(4) 伊藤　眞・花田重典・荻原正佳編著『金融商品会計の完全解説』(財経詳報社，平成12) 215頁

## 一二 砂利採取跡地に対する埋戻費用の計上時期

### 1 事件の概要

本件は，土木工事業を営む法人が山砂採取後その採取跡地を埋め戻す旨の山砂売買契約に基づき，その年度の山砂採取量に対応する採取跡地の埋戻費用の見積額を原価として損金算入したことの是非が争われた事件である（一部取消し・昭和61.10.23裁決・裁決事例集No.32・195頁）。

### 2 当事者の主張

#### (1) 審査請求人の主張

イ　審査請求人は，地主との間で山砂採取後その採取跡地を原状に埋め戻す旨約して山砂の売買契約を締結し，これに基づき山砂を採取したものであり，埋戻し義務が現存しているから，審査請求人が負担すべき埋戻費用は，当期の損金の額に算入すべきである。

ロ　審査請求人が当期末までに採取した山砂の合計数量は10万732㎥で，当期末における残土による埋戻費用の1㎥当たりの単価は780円であるから，埋戻費用の見積額は7,857万円となる。

## (2) 原処分庁の主張

イ　山砂売買契約証書中には埋戻しに関する条項が記載されているが，これは地主との合意に基づくものではなく，審査請求人の税務対策等のため一方的に付されたにすぎないから，採取跡地の埋戻しをする義務はないというべきである。

ロ　仮にそうでないとしても，次のとおり採取跡地の埋戻しをする義務は，当期末までに債務として確定しているとは言い難い。

(イ)　契約上，埋戻し期限の定めはなく，また，地主から埋戻しの催促も一切されていない。

(ロ)　原処分庁の調査時，山砂の採取が終了してからすでに2年10か月が経過していたにもかかわらず，採取跡地の埋戻しはまったく行われていなかったばかりでなく，その採取跡地は平面積が8,394.4㎡にも達する断崖絶壁の池状になっており，この埋戻しをするには綿密な計画を必要とするのに，まだその具体的計画も立てられていない状況にある。

(ハ)　審査請求人は地主との間で，採取跡地の埋戻しをするのを4年半後まで見合わせるとともに，地主が産業廃棄物による埋戻しのための所轄庁の許可を得られなかった場合には，契約どおり審査請求人に埋戻しをする義務があることを確認する，という確認書を取り交わしている。

## 3　審判所の判断

(1)　各事業年度の所得金額の計算上，山砂採取跡地の埋戻費用は，その埋戻しをする義務が当期末までに対外的債務として確定している限り，当期の収益に対応する原価として損金の額に算入することができる。ここにいう対外的債務の確定とは，埋戻工事をする業者との間の具体的契約によって発生する債務に限定されるものではなく，地主等との間で埋戻しを約束したことによって生じた債務も含むから，地主等との間で締結した契約上の業務内容が

客観的,一義的に明白であり,費用を見積もることができる程度に特定している場合には,債務の確定があるとしなければならない。

　本件の場合,審査請求人は山砂売買契約に基づき採取跡地の埋戻しをする義務を負担することになったものであり,この埋戻義務は当期末当時において対外的債務として確定していたと認めて妨げない。

(2)　したがって,採取跡地の埋戻費用を適正に見積もり,その見積額を当期の損金の額に算入するのが相当である。その埋戻費用の見積額の計算にあたって,審査請求人は当期末における残土による埋戻費用を1㎥当たり780円と算定し,このなかには残土購入費用として180円が含まれているが,審査請求人は土木工事の施工過程で排出される不要な残土を埋戻しに利用することを予定していたから,この180円を埋戻費用の見積額の算定の基礎に含めることは相当でない。

# 4　研　　究

〔問題の所在〕

(1)　法人税の課税所得は,その事業年度の益金の額から損金の額を控除して計算される(法法22①)。これは,課税所得を事業年度を単位とした期間所得として把握することを意味する。この期間所得計算のもとにおいては,損金をいずれの事業年度に属するものと認識するかが重要である。

　損金の額には売上原価等,費用および損失が含まれる(法法22③)。これら損金の額がいずれの事業年度に属するものかは,企業会計と同じように発生主義ないし費用収益対応の原則に基づき判定する。

　ところが,税務上は販売費,一般管理費その他の費用については,債務確定基準の要件が付されている(法法22③二)。現に債務として確定している費用だけが当期の損金となり,単なる見積りにすぎない費用は計上できないのが原則である。しかし,この債務確定基準の要件は,売上原価等の原価には

付されていない。

そこで，本件の山砂採取跡地に対する埋戻費用の性格と，それに伴って見積計上ができるかどうかが問題となる。この問題は，法人税における損金の認識基準を考えるうえでの恰好の題材である。費用の見積計上と引当金の設定との異同という問題をも内在している。

**〔損金の認識基準〕**

(2) 法人税の課税所得計算上の原価，費用および損失の額は，一般に公正妥当な会計処理の基準により計算される（法法22④）。したがって，その期間帰属は企業会計と同じように発生主義ないし費用収益対応の原則に基づき判定する。

費用の認識基準としての**発生主義**とは，財貨または役務を消費したときに費用を認識する考え方をいう。当期中に消費した財貨または役務は，たとえ現実には支払いがされていなくても費用として認識する。この発生主義により把握された費用が**発生費用**である。

しかし，この発生費用がそのまま当期の費用となるわけではない。発生費用のうちどの部分が当期の費用となるかは，その次に費用収益対応の原則により決定される。

その**費用収益対応の原則**は，当期の収益に対応する費用を当期の費用とする考え方である。実現主義で認識された収益と発生主義で認識された費用とをつなぐのが，この原則である。

**〔債務確定基準とその趣旨〕**

(3) ところが，税務上は販売費，一般管理費その他の費用については，償却費を除き，期末までに債務が確定していなければ，当期の損金とならない（法法22③二）。これを**債務確定基準**という。税務上は，費用については，発生主義と費用収益対応の原則のほか，さらに債務確定基準のテストをクリアしなければ，「当期の損金の額」とはならないのである。

法人税が債務確定基準を採用しているのは、費用の見越計上ないし引当金の設定に制限を設け、債務性の高い支払確実な費用に限って損金とする趣旨である。それは費用の計上につきできるだけ企業の恣意を排除し、課税の公平を図ることを目的とする。債務確定基準は、企業会計における発生主義ないし費用収益対応の原則を制限するものといえよう。

〔売上原価等の債務確定の要否〕

(4) この債務確定基準は、販売費、一般管理費等の費用についてだけ付され、売上原価や完成工事原価等には付されていない（法法22③二）。このことは、債務確定基準は売上原価等には適用がないことを意味する。その理由は、売上原価等は外部との債務確定の問題ではなく、企業内部における原価配分の問題であるからである、といわれる[1]。たしかに、売上原価等は原価配分の問題として、費用収益対応の原則に基づき、棚卸計算を通じて売上げとの個別対応により当期の原価となるものを把握する。

しかし、売上原価等と債務確定とがまったく無関係であるかといえば、必ずしもそうではない。すなわち、売上原価等に費用収益対応の原則を適用する前に、そもそもその売上原価等が発生費用であることの確定が必要である。それが上述した発生主義のテストであるが、そのテストをクリアするためには、原価といえどもその基礎になる費用は債務が確定している必要があろう。債務発生の原因たる事実は確定していることが必要である[2]。

このような意味で、売上原価等と債務確定とは無関係ではない。現に昭和55年改正前の法人税基本通達には、売上原価等の計算の基礎となる費用は、当期末までに債務が確定しているものに限る旨の定めがあった（旧基通2－1－4）。もっとも、売上原価等と販売費、一般管理費等の費用とでは、その債務確定の程度に強弱があるのはいうまでもない。

〔債務の確定の判定〕

(5) そうすると、債務確定基準における**債務の確定**とは、費用がどのような状態にあればよいのかが問題になる。この点について、債務が確定している費用とは、次の要件のすべてを満たしているものをいう（基通2－2－12）。これは、判例でも承認された考え方といってよい[3]。

イ　期末までにその費用にかかる債務が成立していること。

ロ　期末までにその債務に基づいて具体的な給付をすべき原因となる事実が発生していること。

ハ　期末までにその金額を合理的に算定することができるものであること。

法人税のこの債務確定の三要件に類似するものに、企業会計における引当金設定の三要件がある。すなわち、企業会計では、①当期以前の事象に起因して、②まだ実際には発生していないが、将来発生する可能性が高く、③その金額を合理的に見積もることができる費用（または損失）は、これを見越して引当金として計上するのが公正妥当な慣行である（注解18）。

しかし法人税の債務確定の三要件は、引当金を設定するための基準ではない。あくまでも、当期に発生した費用かどうかの判断基準である。まさに現に発生した費用であるが、単に未払いになっているにすぎない、といった費用を予定している。引当金の設定対象となるような、単に将来発生する蓋然性が高いといった費用のことではない。

〔砂利採取跡地の埋戻費用の取扱い〕

(6) 以上に述べたような考え方からすると、まず**砂利採取跡地の埋戻費用**は、そもそも原価なのか費用なのかという点が重要である。課税実務の取扱いでは、砂利採取跡地の埋戻費用は見積計上が認められている。すなわち、他人の土地から砂利等を採取して販売する場合において、契約によりその採取後の跡地を埋め戻して原状に復することを約しているときは、その採取開始年度から埋戻年度の直前年度までの各事業年度において、埋戻しに要する費用の見積額を砂利等の全体の採取予定数量に対する当期の採取数量の割合に応

じて未払金に計上してよい。ただ、その未払金に計上する金額は、採取した砂利等の取得原価に算入しなければならない（基通2－2－4）。

(7) 債務確定基準における「債務の確定」の原則からみれば、砂利採取跡地の埋戻費用は債務が確定しているとはいえない。埋戻事業年度の直前事業年度までには、まだ実際の埋戻しは行われていないし、それゆえその埋戻費用を合理的に見積もることも困難である、と考えられるからである。

そこで、この取扱いでは、砂利採取跡地の埋戻費用を原価としてとらえている。埋戻費用を原価としてとらえれば、上述のような厳密な債務確定は要しない、というのが課税実務の流れである。たとえば、売上原価等となるべき費用の全部または一部が事業年度末までに確定していない場合には、その事業年度末の現況によって適正に見積もることになっている（基通2－2－1）。そして、その見積額と実際額との差額は、その確定したときに益金または損金の額に算入して精算する。また、法人が一団の宅地を造成して造成が完了したものから分譲する場合には、全体の原価を見積もり分譲した土地に対応する原価の損金算入ができる（基通2－2－2）。

もちろん、砂利採取跡地の埋戻費用を原価としてとらえたからといって、まったく埋戻義務がない場合についてまで見積計上ができるわけではない。少なくとも、埋戻しをするという債務は負っている必要がある。そのような意味で、原価も債務確定とは無関係ではないのである。判例でも、当該事業年度末までに対外的債務として確定していることが必要である、といっている[4]。

〔本件埋戻費用の検討〕

(8) 本件において、原処分庁は、契約上、埋戻し期限の定めがなく、かつ、埋戻しはまったくなされていないことから、埋戻義務は債務として確定していないので、埋戻費用を本件事業年度の損金の額に算入することはできない、と主張する。

これに対し、審判所では次のような判断を下した。すなわち、山砂採取跡

地の埋戻費用は、この埋戻しをする義務が期末までに対外的債務として確定している限り、その事業年度の収益に対応する原価として、その事業年度の損金の額に算入することができる。そして、ここでいう対外的債務の確定とは、埋戻工事をする業者との間の具体的契約によって発生する債務に限定されるものではなく、土地所有者と締結した契約上の業務内容が客観的、一義的に明白であり、費用を見積もることができる程度に特定されている場合には、債務の確定があるとしなければならない、といっている。これは、債務確定基準における「債務の確定」ではない。あくまでも原価としての確定である。そのため、収益と原価との対応を重視した相当に柔軟性のある判断といってよい。本件と同様の事例が争われた大阪地裁の判決においても、同じような判断を示している[5]。

なお、原価や費用の見積計上の是非が争われた裁決例では、工事終了後に発生する残土、廃材等の処理費用は、収益に対応する原価とは認められないから、その見積計上はできないとしたものがある[6]。また判例では、建設工事等に関するクレーム請求の賠償金は見積計上は認められないとしている[7]。

●　●　●

〔注〕
(1)　吉牟田　勲著『法人税法詳説』(中央経済社、昭和59) 52頁
(2)　大阪地判昭和57.11.17税資128号410頁
(3)　千葉地判平成3．7.31税資186号392頁、東京高判平成4．3.26税資188号958頁
(4)　大阪地判、前掲判決
(5)　大阪地判、前掲判決
(6)　審判所裁決平成6．6.27裁決事例集No.47・239頁
(7)　東京高判昭和47.10.27税資66号768頁

## 一三　過年度に発生した支払利息の計上時期

### 1　事件の概要

　本件は、電気部品製造業を営む同族会社が、経営不振のため支払債務の発生した事業年度で損金算入しなかった借入金の利息について、その後経営が好転し実際に支払った事業年度において損金算入ができるかどうかが争われた事件である（棄却・昭和62.12.24裁決・裁決事例集No.32・204頁）。

### 2　当事者の主張

(1)　審査請求人の主張

イ　倒産の危機を免れるため関係会社であるＡ社から資金の借入れを受けたが、この借入金は、借入期間、利率、返済方法等について文書による契約はない。この借入金に対する利息の請求書は各月分が計算されＡ社から一方的に送付されてきたが、事業資金を借入金に頼り倒産を免れている状況にあっては、とても利息を払える経営状態ではなかった。

ロ　その後、経営状態に立ち直りがみえてきたので、Ａ社と借入金および利息の支払方法について交渉した結果、昭和58年6月1日に、昭和48年12月1日から昭和53年5月31日までの期間の利息で、Ａ社が未収利息として計上して

いたものを昭和60年5月31日までに支払う旨の覚書を取り交わした。この覚書に基づき昭和59年5月期および昭和60年5月期において利息を支払い、その支払時に損金算入した。
ハ　事業資金を借入金に頼り倒産を免れているような非常事態にある会社にとっては、支払不可能な利息を発生主義に基づき会計処理しなくても、公正妥当な会計処理の基準に反するものではなく、むしろ支払時の費用として処理するのが妥当な会計処理である。
ニ　仮に本件支払利息が支払時の損金算入ができないとしても、A社と昭和58年6月1日に取り交わした覚書は、実質的には当社が従来未払利息として確認していなかった借入金利息についての更改契約（民法513）とみるべきであるから、本件支払利息の支払義務はこの契約によって新たに発生したといえる。

### (2) 原処分庁の主張

イ　本件支払利息についてA社は各月末に各月分の金額を計算し請求していること、A社はこの請求した金額を各月末において収益に計上していることなどから、本件支払利息は昭和48年12月1日から昭和53年5月31日までの期間の借入金について発生したものである。そして、その債務はこの期間の各月末においてA社が各月分の金額を請求したつどそれぞれ確定したものと認められる。
ロ　したがって、本件支払利息は、債務として確定した発生年度の損金とすべきであり、支払った日の損金にすることはできない。借入金利息のような費用については、債務として確定したときに費用計上するのが公正妥当な会計処理の基準である。
ハ　本件覚書は、単に本件支払利息の支払時期等を取り決めたものにすぎず、更改契約と認めることはできない。

## 3　審判所の判断

(1)　法人税法上，損金の額に算入すべき金額は公正妥当と認められる会計処理の基準に従って計算されることになるが，このうち費用については，債務として確定した事業年度の費用として処理する，いわゆる債務確定基準が公正妥当と認められる会計処理の基準であると解される。そうすると，財務費用である本件支払利息を損金算入すべき時期は，会社の業績等の諸条件を理由に会社の任意に委ねられているものではなく，債務として確定した事業年度となる。

(2)　A社は各月末に各月分の支払利息の額を計算し請求するとともに収益に計上していること，審査請求人はこれになんら不服の意思表示をしていないことからすれば，その借入れは当初から利率の定めがあったものであり，本件支払利息は，昭和48年12月1日から昭和53年5月31日までの期間に応じて発生し，債務として確定したと認められる。したがって，本件支払利息は支払った年度である昭和59年5月期および昭和60年5月期の損金にすることはできない。

(3)　借入金利息のような財務費用は，会社の業績等にかかわらず債務として確定したときに費用として処理するのが公正妥当な会計処理の基準であり，非常時にある会社の支払不可能な利息は支払時の費用にするような会計処理は，会計慣行として確立しているとは認め難い。

(4)　本件覚書は単に本件支払利息の支払期日を当事者間で確認したにすぎないと認められるから，これによってA社に負っていた債務の要素（債権者，債務者，債務の目的等）に変更があったと解することはできない。したがって，本件覚書は更改契約とみることはできず，新たに発生した費用であるとはいえない。

## 4 研　究

〔問題の所在〕

(1) 法人税の各事業年度の課税所得は、その事業年度の益金の額から損金の額を控除した金額である（法法22①）。この「損金の額」に算入される原価、費用および損失の額は、一般に公正妥当と認められる会計処理の基準に従って計算する（法法22④）。

　企業会計における原価や費用の認識基準には、①発生主義と②現金主義とがあり、発生主義が原則である。その**発生主義**では、財貨または役務を消費したときに費用として認識する。当期中に消費した財貨または役務はたとえ実際には支払いがなくても費用として計上しなければならない。

　このような損金の計算構造のもとにおいて、本件では過年度に生じた借入金利息について、その後の現に支払った事業年度において損金算入ができるかどうかが争点である。これは、費用の損金算入時期は絶対的、一義的に定まり、一度損金算入のチャンスを逸すると、その後の救済はできないのかどうかという問題を内在している。

　このような問題は、役員報酬などにもみられる。たとえば、会社の創業当初は赤字経営を余儀なくされ、役員報酬を少ししか支払えなかったので、経営が軌道に乗ってきた今、過去の報酬分を支払って損金にすることはできないか、というのである。このような問題をも併せみれば、本件は先例性と一般性がある。

〔支払利息の損金算入時期〕

(2) まず、**支払利息の損金算入時期**についてみると、利息は時間の経過に伴って発生するから、借入期間の経過に応じ当期中に発生したものが、当期の損金の額に算入される。発生した利息が未払いであれば未払費用として当期の損金の額に算入し、逆に前払いであれば前払費用として当期の損金の額から

除かなければならない。このように，支払利息は費用の認識基準としての発生主義が適用される典型例である。

　ただし，この支払利息の損金算入時期の原則に対して特例が認められている。すなわち，その支払った日から1年以内の借入期間分の利息を一括して支払った場合には，継続適用を条件として，その支払った日に支払った利息の全額を損金の額に算入してよい（基通2－2－14）。仮にその支払った利息のなかに前払費用となるものが含まれていても，前払費用としての繰延処理は要しないのである。この取扱いは法人の事務の手数軽減と課税所得の計算に与える影響が小さいことを考慮した，**重要性の原則**に支えられている。これを一般に**短期前払費用の特例**と呼ぶ。費用の認識基準としての現金主義の適用例といえよう。しかしこれはあくまでも特例で，費用の認識基準として現金主義は適用されないのが原則である。

〔過年度の発生利息の計上時期〕

(3)　本件で問題となっているのは，過年度において生じた利息について，現に支払ったその後の事業年度において損金の額に算入することができるかどうかである。

　請求人は，昭和48年12月1日から昭和53年5月31日までの期間を含む各事業年度に生じた利息について，この頃は倒産寸前にまで追い込まれていたから，とても利息を払えるような状況にはなく，その利息は当然免除されるであろうと考え，昭和48年6月1日から昭和53年5月31日までの間に終了する各事業年度においてはその利息を損金とせず申告した。その後，経営状態が立ち直ってきたことから，債権者であるA社が未収利息として計上していた本件支払利息を昭和60年5月31日までに支払う旨の覚書を取り交わし，昭和59年5月期および昭和60年5月期において支払った。そこで審査請求人は，現に支払った昭和59年5月期および昭和60年5月期の損金にすべきである，と主張する。

(4)　まず，本件支払利息がいつ債務として確定したか，すなわちいつ発生した

とみるかという事実認定の問題がある。これは，債権者であるA社からずっと利息の請求書が送付されていたこと，A社は未収利息として計上していたことなどからすれば，昭和48年6月1日から昭和53年5月31日までの間に終了する各事業年度において発生していたとみるのが妥当であろう。覚書は，単に過去の溜まった利息をいつまでに支払うかを確認したにすぎない。仮に昭和59年5月期および昭和60年5月期に発生したものとすれば，1事業年度の利息としてはきわめて高額になり不自然である。

したがって，本件支払利息は昭和48年6月1日から昭和53年5月31日までの間に終了する各事業年度においてすでに発生していたといわざるを得ない。そうであるとすれば，本件支払利息は昭和59年5月期および昭和60年5月期において損金とする余地はない。上述したように，支払利息はその発生した事業年度において損金とすべきであり，現金主義は適用されないからである。本件支払利息は昭和48年6月1日から昭和53年5月31日までの間に終了する各事業年度において，そのつど未払利息として計上しておくべきだった，ということになる。

**〔前期損益修正損との関係〕**

(5) ところが，企業会計では過年度における損益計算に過不足額があった場合には，その誤りは「前期損益修正」として，当期において修正するのが実務である。これは公正妥当な企業会計の慣行として認められている（注解12，財規95の2，95の3）。本件支払利息についても，公正妥当な企業会計の処理としては，営業外費用としての支払利息ではなく，特別損益の「前期損益修正損」とすべきであろう。

そうすると，昭和59年5月期および昭和60年5月期の支払利息としては認められないとしても，前期損益修正損として損金にすることができるのではないか，という疑義が生じる。特に支払利息の損金算入は損金経理が要件ではない。

(6) しかし，法人税の各事業年度の所得金額は，その事業年度に属する益金と

損金の差額として把握される。そして，法人税は各事業年度に生じた課税所得を各事業年度ごとに独立して課税の対象としている。したがって，前期以前の益金や損金は当期の課税所得の計算には影響させないのが原則である。これを**事業年度独立の原則**という。

この点からみても，本件支払利息は昭和59年5月期および昭和60年5月期の損金となる余地はない。支払利息の損金算入時期は一義的に定まり，その発生のときにしか損金算入の時期はないのである。もしそのように解さないと，いくらでも損金算入時期を操作することができ，欠損金の繰越控除（法法57）やそもそも租税の納税義務に関して除斥期間（通法70，71）を規定している意味がなくなる。また，これを収益の観点からみれば脱税犯は成立しなくなる。したがって，企業会計において「前期損益修正損」として修正したとしても，税務上はあくまでも過年度の損益として認識するのである。

判例でも同様の事件につき，現に支払ったときに損金算入することはできないとしたものがある[1]。

〔計上漏れの過年度利息の救済策〕

(7) それでは，本件のような支払利息については損金算入のチャンスがどこにもなく，まったく救済が図れないのかどうか。

この点については，**更正の請求**制度によればよい。すなわち，法人が提出した申告書に記載した課税所得および税額の計算が法令の規定に従っていなかったことまたはその計算に誤りがあったことにより，納付すべき税額が過大であるときまたは繰越欠損金が過少であるときは，減額更正をすべき旨の請求をすることができる（通法23①）。これが更正の請求である。

本件支払利息は，昭和48年6月1日から昭和53年5月31日までの間に終了する各事業年度において損金算入すべきものであった。それを損金算入していなかったのであるから，課税所得等の計算が法令の規定に従っていなかったことになり，これら各事業年度につき更正の請求ができる。ただ，更正の請求の期限は，法定申告期限から1年以内に限られているから，この期限を

超えると更正の請求はできない。

　もっとも更正の請求はできなくても，減額更正の除斥期間は法定申告期限から5年を経過する日までとされているから（通法70②），その期限内であれば税務署長の職権による減額更正を期待することはできる。

――●　●　●――――

〔注〕
(1)　秋田地判昭和61.5.23税資152号169頁

## 一四　過年度に過大に支払っていた電気料金の修正時期

### 1　事件の概要

　本件は，自動車部品製造業を営む同族会社が，電力会社の電気使用量の計量誤りにより過大に支払っていた電気料金の返還を受けた場合，過年度にさかのぼって電気料金が過大であったとして損金を修正すべきか，それともその返還を受けた年度においてその返還金を益金に計上すべきかが争われた事件である（棄却・昭和62.12.6裁決・裁決事例集No.34・43頁）。

### 2　当事者の主張

#### (1)　審査請求人の主張

イ　A電力会社の調査により，12年あまりの長期にわたって電気料金等を過大に請求され支払っていたことが判明したので，昭和60年3月1日に，A電力会社との間で確認書を取り交わし，昭和47年4月分から昭和59年10月分までに過大に支払っていた電気料金等の合計額2億円を受領した。

ロ　A電力会社から受領した①電気料金，②契約超過違約金および③電気税の合計1億5,000万円のうち，昭和55年1月1日から昭和59年12月31日までの間に終了する各事業年度に対応する部分の金額9,000万円については，それ

それの事業年度の損金の額を修正して修正申告をした。なお，利息5,000万円については，昭和60年12月期の益金として申告した。
ハ　電力需給契約がある場合，錯誤により過大に支払った電気料金等は，返還を受けた事業年度の収益とすべきではなく，昭和47年1月1日から昭和59年12月31日までの間に終了する事業年度（以下「前各事業年度」という）の損金が過大になっているから，前各事業年度の損金を修正すべきである。
ニ　仮にそうでないとしても，本件返還金は民法第703条に規定する不当利得の返還金であり，当社は過大な電気料金等の支払いをするつど，その過大分は不当利得として返還を求める権利を取得し，かつ，過払額は客観的に確定していたから，前各事業年度の益金とすべきである。原処分庁が根拠としている法人税基本通達2-2-16《前期損益修正》は，契約の解除等発生してみなければ分からない取引行為が生じた場合に適用されるのであって，本件のように錯誤により過大に請求され，支払いがされた場合は，当初から正当額に正すべきことが確定しているから，この通達の適用はない。また，不当利得の返還金は，法人税基本通達2-1-37《損害賠償金等の帰属の時期》に定める損害賠償金等には該当しないから，この通達の適用もない。

### (2)　原処分庁の主張
イ　法人税の所得金額の計算にあたっては，いわゆる確定決算基準がとられているが，この基準は，法人の内部的な意思決定のみによって発生する取引は法人の決算額を限度として所得金額を計算し，外部的取引については，客観的事実に基づいて所得金額を計算するものである。
ロ　本件については，次の理由から，事実上電気料金等としては過大に請求され支払った額で前各事業年度の債務の額が確定していたのであるから，その過払額を債務不存在として損金の額に算入しないのは相当でない。
　(イ)　前各事業年度においては，A電力会社から送付された請求書に基づき，その請求額どおり支払いがされ，かつ，正当に会計処理されており，その支払金額等になんら誤りはないこと。

(ロ)　両当事者が相当の注意を払っても，その電気料金等が過大であるか否かは分からなかったこと。
　(ハ)　その過払いの状態が長期間にわたっており，その法的安定が保たれていたこと。
ハ　企業会計が継続企業を前提として期間損益を計算する場合，たとえ法令の適用上，不適法，無効なものであったとしても，事実上正当な支払いとされていたものは，その支払うべきときの費用とし，後発的事由（過払の判明）による修正経理は，その後発的事由に基づく請求権等が確定したときに前期損益修正として会計処理するのが通常の処理である。税務の取扱いにおいても，前期損益修正の考え方が維持され（基通2－2－16），また，損害賠償請求権に基づいて支払いを受ける金額は，その確定時または実際の収受時に収益に計上する取扱いをしている（基通2－1－37）。
ニ　電力の需給契約において，契約違背による過大な支払いがあったとしても，その事実は税務当局はもとより，契約当事者にあっても分からなかったものであって，その結果，現に支払われた電気料金等は，約12年の長期にわたり事実上正当な支払いとして企業会計上，税務上とも取り扱われていたものである。それが昭和59年11月に過払いであることが判明し，契約当事者間で昭和60年3月1日に確認書のとおり確認されたことにより，A電力会社の不当利得の状態が顕在化し，不当利得を原因とする損害賠償請求権が確定したと考えるべきである。

## 3　審判所の判断

(1)　税法の適用にあたっては，課税の原因となった行為が関係当事者間において有効で，現実に課税要件事実が満たされている場合には，その行為が客観的評価において不適法，無効であるか否かにかかわらず，その行為が有効であることを前提とした租税の賦課徴収はなんら妨げられないと解される。後

日，その行為の無効が判明し，その経済的成果が行為の無効に起因して失われたときは，その後発的事由の生じた事業年度に「前期損益修正」として会計処理すべきことが，公正妥当な会計処理の基準として定着していると認められる。したがって，後発的事由により生じた損益を過年度にさかのぼって修正すべきではない，と解される。

(2) 電気料金等の過払いの事実が発見されるまでは，両者の間では有効な取引として取り扱われていたから，前各事業年度に支払った電気料金等を損金にした会計処理は相当であったと認められる。後日において，過年度に損金とした電気料金等に過払いのあることが判明し，その返還を受けることが確定した場合には，後発的事由が生じたものとして，その返還を受けることが確定した事業年度の特別損益として会計処理すべきであって，前各事業年度の損金を修正すべきではない。

## 4 研　　究

〔問題の所在〕

(1) 法人が各事業年度の所得金額と法人税額を計算し申告した後，その計算の基礎とした取引金額が過大または過少であったことが判明するという事態は往々にして生じる。この場合，その過大額または過少額をいつの事業年度で，いかに是正すべきか。

本件のように当事者間において公然かつ平穏に支払いを行い，損金に計上していた電気料金等が後日過大であることが判明した場合，その是正は過年度にさかのぼって損金の修正を行うのか，現にその過払料金の返還を受けた年度で益金に計上すればよいのかが問題である。年度の相違はあれ，損金を減額修正するか，新たに益金を計上するか，結果的に大した違いはないようにみえる。

しかし，本件で審査請求人が過年度の損金を修正すべきことを主張してい

るのは，次のような理由による。すなわち，みずから修正申告をした事業年度前の事業年度については，更正決定の**除斥期間**（通法70）や**徴収権の消滅時効**（通法72）の規定が働き，もはや新たな課税はできないからである。また，仮に除斥期間や消滅時効の規定が働かない場合であっても，過年度が赤字であるようなときは，実際に納付すべき税額が生じないこともあり得る。このような意味で，本件過大に支払った電気料金等をいつの年度で修正するかを争う実益があるのである。

〔過年度損益の態様別の修正方法〕

(2) 法人が申告を済ませた過年度の所得金額または法人税額が過大または過少になるのは以下の二つのケースが考えられる。そして，その修正もその過大額または過少額の発生の態様に応じて行うことになる。

　第一に，当初から誤って，あるいは故意に取引金額を過大または過少に計上した場合である。この場合には，申告税額が過少であるときは修正申告を行うか（通法19），逆にその申告税額が過大であるときは，税務署長に対して更正の請求をする（通法23）。電気料金でいえば，電力会社からの請求額は10,000であるのに，12,000や8,000を計上したような場合である。これらは，いずれも事実ありのままに計上すべきであるから，その計上した事業年度にさかのぼって，その事業年度の所得金額を修正する。この点はほとんど問題がない。

　第二は，当初の処理は正当ないし正当とみられた取引が，その後生じた事情や原因により修正を余儀なくされる場合である。本件はこの態様に属するものと思われ，これをいつの事業年度で修正すべきであろうか。

〔期間所得の計算原理〕

(3) 法人税の課税所得は，当該事業年度の益金の額から損金の額を控除して計算される（法法22②）。これは，事業年度という期間を単位として課税所得を計算するということを意味する。このような期間所得計算においては，その

事業年度に属する益金および損金の額をいかに認識し計算するかが重要である。

　企業会計においては，期間利益計算と**継続企業の原則**（going concern）を前提に当期に生じた収益・費用は，その発生原因を問わずすべて当期の損益に計上するのが健全な会計慣行とされている（注解12参照）。これは法人税においてもまったく同様である。すなわち，過年度に計上した収益・費用が契約の解除等により当期に取り消された場合であっても，過年度にさかのぼって収益・費用を修正するのではなく，当期の収益・費用として処理すると解されている（基通 2 - 2 - 16）。これは判例でも確立された解釈といってよい[1]。益金および損金の年度帰属とその金額は，基本的には取引時における契約関係や法律関係，また確定していた事実関係を前提に判断し計算を行うということである。そうでなければ，その事業年度の所得金額を計算することができない。

〔**損害賠償金の収益計上時期**〕

(4)　他の者から支払いを受ける**損害賠償金**は，その支払いを受けるべきことが確定した事業年度において収益に計上する。ただし，法人が実際に支払いを受けた事業年度において計上してもよい（基通 2 - 1 - 37）。

　損害賠償金の収益計上時期については，二つの考え方が存する。その一は，法的には損害を受けた時点で自動的に損害賠償請求権を取得するから，その時点で収益を計上すべきであるというものである。他の一つは，上記現行の取扱いのように，その受取りの確定時または実際の受取時に計上すればよいという考え方である。現行の取扱いは，損害賠償金の確定に至るまでの紆余曲折，回収の可能性などの実態を考慮したものといえる（「一六　従業員による横領金の損金計上時期」参照）。

〔本件過大電気料金の検討〕

(5)　本件が一般的な売買契約成立後の契約解除などと異なるのは，電気料金等の支払時にすでに瑕疵が内在し，厳格な法解釈によれば有効に契約が成立していなかったとみられる点である。審査請求人もこの点を主張し，過大な電気料金等の支払いをするつど，その過大分は不当利得として返還を求める権利を取得していたという。本件のポイントは，この点をどのように評価すべきかである。

　　しかし，前述したように益金および損金の年度帰属とその金額は，基本的には取引時における契約関係や法律関係，また確定していた事実関係を前提に判断し計算を行う。そうでなければ，その事業年度の所得金額を計算することはできない。もちろん，取引時に瑕疵が客観的に明白であれば，その瑕疵の内容，法的効果等に応じて課税関係を律することは当然である。

(6)　本件は，審査請求人，電力会社の両当事者が相当の注意を払っても，電気料金等が過大であるか否かは分からなかったこと，その過払いの状態が12年間の長期にわたっており，法的安定が保たれていたこと等の事情が認められる。瑕疵が内在していたといっても，それは後からみればのことであって，電気料金等の支払時には，一応有効な取引として存在していたといえる。有効な取引を前提として，事実ありのままに処理していたのであるから，その支払時の処理はなんら誤ったものとはいえない。本件返還金の受領はまさに後発的な事由にすぎないから，期間所得の計算原理からすれば，本件返還金はその受領した昭和60年12月期の益金として計上することにより，過年度の過大電気料金等の修正を行うべきであるということになる。

〔裁判所の判断〕

(7)　本件の裁判事例と思われる事例で，最高裁は次のように判示している。すなわち，過年度の電気料金等の支払いは会計事実としてはすでに認定されていたというべきものであり，また，本件返還金の額は客観的に存在する過年度の過大徴収額の実額ではなく，当事者の合意という新たな会計事実によっ

て認定された金額であるから，本件過収電気料金等の精算を過年度の損金が事実をありのままに表現していなかったような単なる損益計算の誤りの修正の場合と同視して，これを過年度の損金額の修正によって処理すべきではない，と。ただし，最高裁判決には電気料金等の支払いは過大であったのであるから，過収電気料金等相当額は損金の過大計上という違法があり，過年度の所得を修正ないし更正すべきである，という少数意見が付されている[2]。

　本件が同じ過年度の損金を問題にしながら，前述の「一三　過年度に発生した支払利息の計上時期」の支払利息の例と異なるのは，その支払利息は過年度に事実をありのままに表現しておくべきものだった点である。それゆえに，支払利息は本件の電気料金等と異なり，上記(2)の第一の態様のもので過年度にさかのぼって損金を修正すべきであるということになる。

――●―●―●――

〔注〕
(1)　福岡高判昭和60.4.24税資145号193頁，最高判昭和61.10.9税資154号8頁
(2)　新潟地判平成2.7.5税資180号1頁，東京高判平成3.5.29税資183号856頁，最高判平成4.10.29税資193号397頁

## 一五　土地売買契約の解除を理由とする更正の請求の可否

### 1　事件の概要

　本件は，建売・土地売買業を営む同族会社が行った土地売買の契約が解除されたことを理由として，その土地売買をした事業年度の法人税額の減額を求める更正の請求が認められるか否かが争われた事件である（棄却・平成5.12.10裁決・裁決事例集No.46・6頁）。

### 2　当事者の主張

#### (1)　審査請求人の主張

イ　当社は，昭和48年10月5日に，C社との間で山林・田26万㎡を38億円で売却する契約を締結した。しかし，昭和53年9月28日に，この売買契約をした土地のうち25万㎡について売買契約の合意解除をし，同日付けでこの土地を15億円で売却する契約を再度C社と結んだ。

ロ　そこで当社は，本件契約解除により昭和48年10月5日に遡及して本件土地の売買契約の効力が消滅し損失が生じたとして，昭和49年4月期の法人税等を遡及して修正すべきである旨の更正の請求をした。

ハ　これに対し，原処分庁は更正すべき理由がないとして，この更正の請求を

認めなかったが，これは次の理由により違法である。

(イ) 昭和53年9月28日の本件契約解除の結果，本件土地の売買契約が遡及して効力を失い20億円の損失を被った。この事実は，国税通則法第23条第2項第3号および同法施行令第6条第1項第2号にいう「当該契約の成立後生じたやむを得ない事情によって解除され，又は取り消されたこと。」に該当するから，本件損失額については，この規定による更正の請求が認められるべきである。

(ロ) 法人税法が継続企業の原則を前提とし，後発的事由が生じても既往事業年度に遡及して課税を修正しないのは，継続企業の経常的損益の範囲内のものは減額更正を認めない趣旨と解され，継続企業でない場合で通年の経営損失の状況に比して異常に多額な損失まで更正の請求が適用できないとしたものではない。上記のように異常な状態にある場合，更正の請求を認めたとしても，納税者の担税力，所得の適正課税の実現に反するものではない。

また，法人税法において，継続企業の原則に従い後発的事由による損失のすべてが既往事業年度に遡及して減額更正が認められないとすれば，通則法第23条第2項第3号および同法施行令第6条第1項第2号の規定が意味をなさない。

さらに，所得税においても，事業所得者の所得であっても棚卸資産以外の資産にかかる譲渡所得について，収入金額の全部または一部の回収ができない場合には，更正の請求を認めている。

(ハ) 本件損失額は当社の通年の経常損失に比して異常に多額で，昭和50年以降当社は宅建業・建設業の業者登録を返上させられ，事業の継続が実質上断たれた状態にあり，本件契約解除のあった昭和54年4月期ではまったく収益がないことから，本件損失額を収益から控除する余地はなく，また，欠損金の繰戻しによる還付（法法81），青色欠損金の繰越控除（法法57）によっても救済を受けることができない。

## (2) 原処分庁の主張

イ　国税通則法第23条の規定は、もともと国税一般についての更正の請求の手続きを包括的に定めたにすぎず、所得金額の計算の基礎となった事実に同条第2項各号に規定する事実の発生があった場合でも、この規定によってただちに減額更正するわけではなく、課税の実体的要件は各税法が定めているので、更正の請求に理由があるかどうかは、各税法の規定ないし解釈によるのである。

ロ　法人税法における所得金額の計算は、継続企業の原則に従い期間損益課税を建前として、その事業年度において生じた収益と費用・損失とを対応させて行い、その収益と費用・損失については、その発生原因を問わず、すべてその事業年度に属する損益として認識するものと解されている。

　　したがって、所得金額の計算の基礎となった事実に後発的事由に基づき変更が生じたとしても、既往事業年度に遡及して会計処理を変更すべきではなく、その事由の生じた事業年度で処理すべきである。

ハ　審査請求人は、本件損失額が異常に多額であり、欠損金の繰戻しによる還付（法法81）および青色欠損金の繰越控除（法法57）によっても救済を受けることができないと主張するが、法人税法は権利確定主義をとっており、他に別段の定めがない以上、救済されない結果となってもやむを得ない。

ニ　したがって、本件損失額は本件契約解除があった昭和54年4月期における損失として処理されるべきである。

# 3　審判所の判断

(1)　国税通則法第23条第2項の規定は、国税一般についての更正の請求の手続きを包括的に規定したものである。したがって、同条第2項各号に該当する後発的事由が発生しても、個々の税法の課税要件の実体規定に基づき、課税標準等の変動をどう処理すべきかその内容を検討して判断すべきであり、後

発的事由が同条第2項各号に該当することのみをもって当然に更正の請求ができると解すべきではない。

(2) 法人の所得については，法人自体が継続企業であることから，継続性の原則に従い一定の期間を単位としてその期間内に生じた収益と費用・損失とを対応させて算定し，税法上，別段の定めがあるものを除き，収益と費用・損失の額は私法上の法律効果によることなく経済的に発生した時点で認識すべきものと解され，当期に生じた損失は，その発生事由が既往事業年度に対応するものであっても，当期に生じた益金と対応させて会計処理することになる。

このような会計処理を前提とする法人税においては，後発的事由によって損失が生じたからといって既往事業年度に遡及してこれを修正すべきではない。

(3) 所得税法第152条，同法施行令第274条，同法第51条第2項，同法施行令第141条第3号の規定によれば，事業所得については，後発的事由に基づく更正の請求は認めておらず，後発的事由に基づく損失はその発生した年分の必要経費に算入することとされている。

これらの規定の趣旨は，事業所得が継続的に発生するという点にあることから，期間損益課税を前提としたものと解され，事業所得における後発的事由による更正の請求については，法人税と同様に取り扱われる。

(4) 本件損失額は非経常的で多額なものであるが，昭和54年4月期において審査請求人の事業の継続性が実質上失われた状態とはいえず，かつ，これが期間損益計算になじまないとする特段の根拠も認められないことから，更正の請求の余地があるとする主張は当たらない。

(5) 以上を総合して判断すると，本件損失額は，一般に公正妥当と認められる会計処理の基準に従い，本件契約解除があった昭和54年4月期において損金の額に算入すべきである。

## 4 研　　究

〔問題の所在〕

(1) 法人税の課税上，棚卸資産の販売および固定資産の譲渡による収益は，その引渡しがあった事業年度の益金として計上する（基通2－1－1，2－1－14）。一方，その後その販売または譲渡にかかる契約の解除があった場合には，その契約解除に伴う損失は契約解除があった事業年度の損金として計上する（基通2－2－16）。仮に契約の解除があっても，収益を計上した事業年度にさかのぼって益金を修正することはしないのである。

ところが国税通則法によれば，契約が解除された場合には，税務署長に対してすでに申告した所得金額または税額を減額するよう更正の請求ができることになっている（通法23②三，通令6①二）。

これらの取扱いを一見すると，法人税法と国税通則法とで矛盾しているように思える。そこで契約解除があった場合の法人税の考え方と更正の請求との関係をどのように理解すべきか，という問題が生じる。特に本件のように損失額が非経常的かつ多額で，事業の継続性が失われているといった場合，別途の考慮を要するかという点も問題になる。

〔前期損益修正の取扱い〕

(2) 前期以前に益金に計上した資産の販売または譲渡，役務の提供その他の取引について当期にその契約の解除または取消し，値引き，返品等があり，損失が生じた場合，その損失の額は当期の損金の額に算入する（基通2－2－16）。

企業会計においても，前期以前の売上げにかかる値引き，返品等で当期に生じたものは，当期の費用として処理する。実際には値引きや返品は当期の売上高から控除し，固定資産の譲渡契約の解除による損失は，特別損益の部の**前期損益修正損**に計上することになる（財規95の2，95の3）。

このように法人税，企業会計とも，**前期以前の損益の修正**は，その損益を計上した事業年度にさかのぼって行うことはしないのである。これはいずれも**継続企業の原則**を前提にしている。すなわち，今日の企業は永遠に継続することを前提に，人為的に区切った事業年度または会計年度を単位に独立して課税所得や企業利益を計算する。そこで，前期以前の損益の修正であっても，当期に生じたものであればその発生原因を問わず当期の損益に計上すれば，事業年度を通じた損益の是正が図られ，それが今日の健全な企業会計の慣行となっている。

〔後発的事由による更正の請求〕

(3)　一方，納税申告書を提出した者は，申告した所得金額または税額の計算の基礎となった事実にかかる契約が，解除権の行使もしくはその契約の成立後生じたやむを得ない事情によって解除され，または取り消された場合には，その理由が生じた日の翌日から2か月以内に，税務署長に対しその申告した所得金額または税額につき減額更正をするよう請求することができる（通法23②三，通令6①二）。

　納税申告の基礎になった取引の契約が解除されると，経済的成果が消滅しすでに申告した所得が失われ納付税額が過大になる。これを放置することは帰責事由のない納税者に酷な結果が生じる場合があるので，上記更正の請求はこれを救済する趣旨の制度である[1]。納税申告時には予想できなかった事由が後発的に生じた場合に請求ができることから，一般に**後発的事由による更正の請求**と呼ぶ。

〔法人税における更正の請求の可否〕

(4)　そこで，法人税の取扱いと後発的事由による更正の請求との関係をどのように理解するかである。審査請求人が主張するように，継続企業の原則に従い後発的事由による損失のすべてが既往事業年度に遡及しての減額更正が認められないとすれば，更正の請求制度は意味をなさないこととともなろう。

しかし法人税に関しては，後発的事由による更正の請求は適用されないと解されている。すなわち，法人の所得計算においては，当期に生じた損失はその発生事由を問わず当期に生じた益金と対応させて当期において経理処理すべきものであって，その発生事由が既往の事業年度の益金に対応するものであっても，その事業年度にさかのぼって損金として処理はしないというのが，一般的な会計処理であるということができる。したがって，後の事業年度において売買契約が解除されたことを理由とする後発的事由による更正の請求は実体的要件を欠くことになる[2]。

(5) **国税通則法**は国税についての基本的，共通的な事項を定めたものであるから（通法1），同法第23条第2項や同法施行令第6条は，法人税に限らず国税一般についての後発的事由による更正の請求ができる場合を規定した単なる手続規定にすぎない。この手続規定に基づき更正の請求があったとしても，その請求の内容が認められるかどうかは，別問題である。つまりその内容に立ち入って請求を容認するか否かは，それぞれの税法の実体判断によるのである[3]。

そこで法人税の解釈によれば，売買契約の解除があってもその事業年度にさかのぼって損益の修正は行わないというのが確立された考え方であるから，結果として更正の請求は認められないことになる。法人税の取扱いと後発的事由による更正の請求とは，このような関係にある。

〔本件更正の請求の検討〕

(6) そのような意味で，本件更正の請求は認められないという審判所の判断は相当であろう。ほかにも，じ後に生じた不動産売買契約の和解に伴う損失や確定した代金の返還による損失につき，更正の請求は認められないとした裁決例がある[4]。また，調停により制限超過利息を残存元本に充当したことに伴い受取利息を減額したことは，更正の請求の後発的事由に該当しないとした事例もみられる[5]。

ただ一般論として，審査請求人が主張する既往事業年度に遡及しないのは

継続企業の経常的損益の範囲内のものに限って減額更正を認めない趣旨と解され，継続企業性が失われ，かつ通年の経営損失に比して異常に多額な損失が生じた場合まで更正の請求が適用できないものではない，という点をどう考えるか。何か救済策はないのかという疑問は残る。

この点に関し審判所は，「本件損失額は非経常的で多額なものであるが，昭和54年4月期において審査請求人の事業の継続性が実質上失われた状態とはいえず」，と事実認定の問題として決着を図った。これは逆にみれば，事業の継続性が実質上失われた状態にあれば更正の請求も認められる，という余地を残しているといえよう。

**〔継続性が遮断された場合の更正の請求の可否〕**

(7) たしかに現行法やその解釈を前提とする限り，原処分庁がいうように，法人税法は権利確定主義をとっており，他に別段の定めがない以上，救済されない結果となってもやむを得ない，ということになる。しかし，たとえば審査請求人が主張するように，個人の譲渡所得については，収入金額の全部または一部の回収ができない場合や無効または取消し等の後発的事由により所得が失われた場合には，更正の請求をし遡及して課税を是正できるようになっている（所法64，152，所令274）。また，事業所得であっても，所得を生ずべき継続的な事業を廃止した後になって，その事業にかかる費用や損失が生じた場合には，遡及して課税の是正を求めることができる（所法63，152）。

(8) 法人税においても，**欠損金の繰戻還付**制度においては，解散，営業の全部の譲渡，営業の全部の相当期間の休止または重要部分の譲渡等があった場合には，これらの事実が生じた日以後1年以内に欠損金の繰戻しによる還付の請求ができることになっている（法法81④，法令156）。これは法人にこれらの事実が生じた場合には，青色欠損金を翌期以降に繰り越しても控除できる機会はないので，通常の欠損金の繰戻還付請求の期限は過ぎているが，特例的にその請求を認めようとする救済策である。

また，土地譲渡益重課税制度においては，重課税の対象とされた土地等の

譲渡がその後契約解除された場合には，実質的に再売買したと認められる場合を除き，遡及して課税を訂正する（措通63(6)-5）。

　もちろんこれらの特例は所得税法や法人税法にはっきりと規定があるから認められるのであって，本件のような事例と同一には論じられない。しかし，逆に法人税には後発的事由による更正の請求は認められない，という明文の規定があるわけではないから，これらの特例の趣旨をも踏まえて弾力的な解釈があってよいように思われる。

〔やむを得ない事情による契約解除〕

(9)　なお，以上のような実質的な議論のほか，本件の売買契約の合意解除が「その契約の成立後生じたやむを得ない事情によって解除された場合」に該当するかどうかという入口論の問題がある。この点に関し，C社との当初の契約を解除し再度C社と契約を締結したというのは解せない。後発的事由による更正の請求を意識してのことかとも想像される。

　本件裁決ではどのような事情で解除されたのか明らかではないが，一般論として判例では次のようにいう。すなわち，その合意解除が法定の解除事由がある場合，事情の変更により契約の効力を維持するのが不当な場合，その他これに類する客観的理由に基づいてされた場合にのみ更正の請求が認められ，納税者の主観的事実のみでは「やむを得ない事情」があったとはいえない，と[6]。

——●—●—●——

〔注〕
(1)　名古屋地判平成2．2．28税資175号921頁参照
(2)　志場喜徳郎・荒井　勇・山下元利・茂串　俊共編『国税通則法精解』（大蔵財務協会，平成12）307頁，最高判昭和62．7．10税資159号65頁
(3)　横浜地判昭和60．7．3税資146号12頁，東京高判昭和61．11．11税資154号524頁
(4)　審判所裁決平成9．11．6裁決事例集No.54・46頁，審判所裁決平成11．2．26裁決事例集No.57・1頁

(5) 審判所裁決昭和56．4．17裁決事例集No.22・1頁
(6) 東京地判昭和60.10.23税資147号63頁，東京高判昭和61．7．3税資153号9頁

# 一六 従業員による横領金の損金計上時期

## 1 事件の概要

　本件は、プレス加工業を営む同族会社が従業員等により外注加工費として横領された金員について、その横領された年度にそのまま損金算入が認められるか、あるいは損金算入は認められず従業員等に対する仮払金とすべきかが争われた事件である（棄却・昭和54.12.12裁決・裁決事例集No.19・99頁）。

## 2 当事者の主張

### (1) 審査請求人の主張

　昭和51年3月期、昭和52年3月期および昭和53年3月期において、外注加工の発注担当者Aらに詐取された外注加工費は架空外注費であるとして否認されたが、次のとおり違法である。

イ　当社は、これら各事業年度の確定決算当時、Aと下請加工業者Dが共謀して外注加工費を詐取した事実を知らず、各事業年度の外注加工費が過大であったとしてもこれを修正することは不可能であったから、これはいったん損金としたうえで、Aらに対する損害賠償請求権が確定した昭和54年3月期において一括雑収入に計上すべきである。

ロ 所得税の取扱いにおいては，詐欺により詐取した財貨はその所有権が一応詐取者に移転するから，その財貨が裁判等によって被詐取者に復帰するまでは，詐欺による所得に課税することにされていると認められ，財貨の所有権が詐取者に移転してその所得を構成することが明白である以上，詐取された財貨は被詐取者の損金に認められるべきである。

ハ 詐欺による意思表示は瑕疵あるものであっても一応有効とされ，民法第120条《法律行為の取消権》の取消権を有する者以外の者はその取消しはできないとされているから，取消権を有しない原処分庁が詐欺の存在を理由にその意思表示を取り消した更正処分は権限外行為である。

### (2) 原処分庁の主張

Aらに詐取された外注加工費は，法人税法第22条第3項に規定する費用または損失に該当しないものであり，次の理由によってAらに対する仮払金として所得金額に加算すべきである。隠ぺい，仮装の計算をしたゆえをもって過年度にさかのぼって更正したものではなく，まして審査請求人の管理責任を追及したものではない。

イ 法人はAらに外注加工費を詐取されたときに，同額の損害賠償請求権を取得していること。

ロ 法人はAらから被詐取金額の回収を図る意思が明らかであり，Aらも詐取金額を法人に返済するとしていること。

## 3 審判所の判断

(1) Aは，審査請求人の取締役工場長と管理部長の地位にあり，事実上，本社工場の経営に従事する立場にあり，外注先Dと共謀しDに水増し請求させるなどして架空外注費を計上し，その85％を受領した。そしてこれが発覚した後，Aらは法人に対して昭和54年1月に損害賠償額は必ず弁済する旨，誓約

した上申書を提出しており，法人は昭和54年3月期においてその債権を雑収入に計上している。

(2) これらの事実により本件不法行為は横領と認められる。原処分庁が横領金をAらに対する仮払金として損金算入しなかったのは，これを損金算入するとすれば法人はAらに対して同額の損害賠償請求権を有するのであるから，それを益金にすべきであって，結果として法人の所得金額は変わらないことになるから，原処分は相当である。横領金が損金として認められるためには，一般の債権と同様，その損害賠償請求権の実現が不可能になるような特段の事情が客観的に認められることを要する。

(3) 審査請求人がAらの不法行為の事実を知らず，同人らに現実に請求した昭和54年3月期において一括して雑収入に計上するほかないといっても，法人税の所得金額の計算においては，法人税法第22条の損益配分の趣旨によりその帰属時期を判断し，修正申告（通法19），更正（通法24）等の規定に基づいてそれぞれの確定決算を税務調整するのが相当である。

(4) 仮にAらに課税するとしても，同人らは横領した金額を審査請求人に返還することを約しているから，同人らに課税することは適当でない。

(5) 原処分庁は，法令の規定に基づき所得金額を計算して更正したまでであり，ことさらその意思表示を取り消したものではない。

## 4 研　　究

〔問題の所在〕

(1) 法人が事業を行っていれば，第三者や自社の役員，使用人などによる詐欺や横領により損害を受けることがまま起こる。その加えられた損害について，法人は損害賠償請求権をもつことになる（民法415，709）。

この場合，その生じた行為を二つに分け税務上の処理を考えてみると，まずその損害を受けた額が損金になることは疑いがない（法法22②三）。一方，

その損害賠償請求権に基づき弁済を受ける額が益金になることもほとんど問題がない。

そこで問題は，本件で審査請求人が主張するように，損害額は現にその損害を受けたときに，損害賠償請求権による弁済額は具体的にその額が確定したときに，それぞれ別個に計上すべきか，それとも原処分庁が主張するように，その損害額と弁済額とは同時に認識すべきか，ということになる。

また，加害者が第三者と自社の従業員，従業員のうちでも役員と一般使用人とで，それぞれ考え方を異にするのか，という点も検討すべき問題である。

**〔損害賠償金の収益・費用の計上時期〕**

(2) 一般に他人の不法行為により生じた損害の額とその損害に基因して支払いを受ける**損害賠償金**とを，どのようなタイミングで計上すべきかについては，二つの考え方が存する。両者は別々に計上してよいとする考え方と，同時に計上すべきであるとする考え方とである。

前者の考え方は，法律的には損害の発生と同時に損害賠償請求権が生じるとしても，それは観念的，抽象的なものであって，いくたの当事者間の折衝や裁判を経なければ，実際の損害賠償責任の有無や損害賠償金の額は確定しない，という実体論である。これに対して，後者の考え方は，損害の発生と同時に同額の損害賠償請求権が生じるとする法律論である。

この点に関し現行法人税の実務においては，他の者から支払いを受ける損害賠償金は，原則としてその支払いを受けるべきことが確定したときに益金に計上する。一方，その損害賠償金の請求の基因となった損害の額は，その損害の発生したときに損金に計上してよい，とされている（基通2－1－37）。これは前者の考え方によるものであり，不法行為の発生からその決着までの紆余曲折や時間の経過を考えれば，現実に即したものといえる。判例でも，収益および費用はそれが同一原因によって生ずるものであっても，各個独立に確定すべきことを原則とし，収益，費用のそれぞれにつきその事業年度中の確定の有無が問われれば足りる，とするものがある[1]。

〔現行取扱いの射程範囲〕

(3)　上記通達（基通2－1－37）は昭和55年5月に新設されたものであり，本件はそれ以前の事業年度に生じたものである。しかし，この通達が制定された後も本件と同じ問題を争点とする事件は発生しており，現に最近にも判決が出されている[2]。

　　それはこの通達が「他の者から支払いを受ける損害賠償金」と，社外の者の不法行為による損害賠償金を射程範囲にし，自社の役員や使用人の不法行為はその埒外としているからである。そこで，自社の役員や使用人の横領による損害の額とその損害賠償金とは，同時に認識すべきであるとする事例が少なくない。この場合，その生じた損害の額を損害賠償金が確定するまでは損金にせず仮勘定としておくか，損害額を損金にする一方，同額の損害賠償額を債権として益金にする，という処理が行われている。そして，その損害賠償金の債権が回収不能になれば，そのときに損金として処理するのである。

(4)　これは，自社の役員や使用人，特に役員の場合には，その地位や法人との関係からみて，はたして本当に法人が被害者なのか，法人自身の脱税行為ではないか，また，損害賠償責任も違法配当に対する取締役の賠償責任もあるなど一様でないところから，ケース・バイ・ケースで判断しようとするものである[3]。たしかに，役員は経営に携わっている者であり，たとえば本件のように役員が架空外注費を計上して個人的に費消したような場合，単に役員賞与になるときや会社の裏金を捻出するため，といったことがあり得る。第三者による被害の場合とは同列には論じられないであろう。このような事情もあってか，多くの判例でも，法人の従業員の横領による損害額と損害賠償金とは同時に認識すべきであるとされている[4]。このような点では，本件に対する審判所の判断は妥当である。

(5)　もっとも，使用人については，本人に弁償させることが困難であることが客観的に明白であり，しかも解雇または刑事告発をしているような場合には，直ちに損金に処理することも認められてよいとの主張がされている[5]。判例でも使用人でなく第三者であるが，加害者はいずれも無資産，無資力である

として，同じような考え方のものがある⁽⁶⁾。これはいってみれば，その損害賠償金たる債権が回収不能であるのであるから，むしろ当然の取扱いであるといえよう。

本質的には，役員，使用人を問わず，そもそも法人がその不法行為につき損害賠償責任を追及するといった場合には，もはや役員賞与であるとか，会社のためであるとかいう問題ではなくなる。このような場合，第三者と法人の役員，使用人とを分けて別異に取り扱う必要があるのかは検討の余地があろう。

**〔詐欺と横領による所得課税〕**

(6)　なお，審査請求人は本件不法行為は詐欺だと主張し，詐取された金銭はAらに移転しているから，損害が確定しているという。これに対し審判所は横領であると認定した。これは，両者とも次のような解釈を念頭に置いているものと考えられる。すなわち，犯罪による不法原因により生ずる所得の課否について，窃盗，強盗，横領の各犯罪行為による利得は犯罪者にその所有権が移転していないので課税対象にならないが，詐欺，恐喝の各犯罪行為については，利得の移転が瑕疵あるものとして取消しの意思表示がされるまでは一応所有権が移転しているから，その利得は課税対象になると解される⁽⁷⁾と。

このような考え方は，かつては所得税基本通達にも明文で定められていた（旧所基通148）。しかし，現行所得税基本通達ではこの定めは削除され，所有権の移転の有無ではなく，その財物が現実に支配管理されているかどうかに応じて，個別，具体的に判断することになっている。そしていったん課税した後，その利得を返還すれば，その返還をしたときに課税関係を修正すればよいということである。

〔注〕
(1) 東京高判昭和54.10.30税資109号127頁，最高判昭和60.3.14税資144号546頁
(2) 大阪高判平成13.7.26判例タイムズ1072号136頁
(3) 渡辺淑夫著『法人税解釈の実際－重要項目と基本通達－』（中央経済社，平成元）180頁，大阪高判，前掲判決
(4) 最高判昭和43.10.17税資53号659頁，東京高判昭和58.5.31税資130号645頁
(5) 渡辺淑夫著，前掲書，181頁
(6) 最高判昭和60.3.14税資144号546頁
(7) 長野地判昭和27.10.21税資11号458頁

# 一七　外国のオークションで取得した資産の償却資産性

## 1　事件の概要

　本件は，不動産賃貸業および美術品販売業を営む同族会社が外国のオークションを通じて購入したテーブル3脚および電気スタンド8台について，経済的価値が減少するものとして減価償却ができるかどうかが争われた事件である（全部取消し・平成3.12.18裁決・裁決事例集No.42・102頁）。

## 2　当事者の主張

### (1)　審査請求人の主張

　当社はA社に依頼して米国B社および英国B社が主催するオークションで，テーブル3脚および電気スタンド8台を総額7,223万円で取得し，什器備品に計上するとともに，減価償却を行ったが，本件資産は次に述べるとおり減価償却資産に該当する。

イ　本件資産は，フランス人C男のデザインをもとにその弟D男が製作したもので，本来のD男が製作したものではなく，C男の複製であるから，法人税基本通達7－1－1に定める複製品であり，書画骨とうには該当しない。

ロ　新潮社出版世界美術辞典，東京堂出版西洋美術辞典および美術出版社出版

西洋美術辞典の3冊の辞典には，C男は登載されているが，D男は登載されていない。

ハ　本件資産は，当社の画廊においてインテリアオブジェ，事務用照明器具として，また，来客接待用のテーブルとして現実に使用している。

ニ　A社が本件資産を輸入する際にブロンズとして申請したが，税関長は美術，工芸品とは認めず，単なる家具として物品税20％を課した。同じ国税である法人税も物品税の見解に従って，単なる家具として認めるべきである。

### (2)　原処分庁の主張

イ　本件資産は，次の事実からみて法人税基本通達7－1－1に定める複製品のようなものではなく，それぞれ芸術性および希少価値のきわめて高い工芸品であって，時の経過により価値が減少しないものである。

(イ)　本件資産は，審査請求人がA社に輸入を依頼し，同社において美術品の専門業者で美術品競売業者である米国B社および英国B社から輸入したものであること。

(ロ)　米国B社からの送り状によれば，9点の資産すべてにC男の名が冠され，そのうち8点については，C男によってデザインされ，その後D男によって鋳造されたものであることが明記されていること。また，英国B社からの送り状によれば，2点の資産にD男の名が冠されていること。

(ハ)　D男は，兄C男とともに1940年代以降において室内装飾品の制作を行っており，D男の作品は，R装飾美術館長によって作品集の形で紹介され，D男の職業は工芸家として紹介されていること。

(ニ)　本件資産の購入価額をたとえば電気スタンドでみると，一般の同種資産の最高級価額が7万円程度であるのに比べて160万円と著しく高額であって，とうてい単なる家具であるとは認められないこと。

ロ　本件資産がたとえ事業の用に供されていても，芸術性および希少価値がきわめて高いものである限り，時の経過により価値が減少するものではない。

ハ　物品税法および関税定率法の認定判断と法人税法上の取扱いとは次元を異

にするものであり，それぞれの認定判断が一致しなければならないという筋合いのものではない。

## 3 審判所の判断

(1) 減価償却資産から除かれる，時の経過により価値が減少しないものとは，①古美術品，古文書，出土品，遺物等のように歴史的価値または希少価値を有し代替性のないもの，②美術関係の年鑑等に登載されている作者の制作にかかる書画，彫刻，工芸品等に該当するものと解される。

(2) 本件資産は，限定して制作されたものではなく鋳造品であり，同種のものはD男以外の者により今後も制作することが可能であるから，代替性があり，時の経過により価値が減少しないと認定できるほどの希少価値はないと認められる。

(3) 本件資産を制作したD男は，美術関係の年鑑等に登載された作者に該当するとは認定できない。

(4) 審査請求人の本件資産の購入動機は，美術館の調度品とすることであり，また，本件資産が同種のものと比較して高額であっても，現実にその用途に従って日常家具として使用されており，展示関係者等の接触，利用により破損，磨耗することもあると認められる。

(5) 以上を総合して判断すると，本件資産は，古美術品等のように歴史的価値または希少価値を有し代替性のないものおよび美術年鑑等に登載されている作者の制作にかかる工芸品等に該当せず，また，現に器具備品として使用されているから，時の経過により価値が減少しないものとは認められず，減価償却資産とするのが相当である。

## 4 研　究

〔問題の所在〕

(1) 法人税の各事業年度の所得金額の計算上，減価償却資産の償却費は損金の額に算入される（法法22③，31）。**減価償却費**は，減価償却資産を事業の用に供し，収益を獲得したことによる，その事業年度の価値の減少分であるからである。そうすると，①事業の用に供していない資産および②時の経過により価値が減少しない資産については，減価償却は認められない（法令13）。

そこで，本件のような資産は，時の経過により価値が減少しないものとして，減価償却は認められないのかどうかが問題になる。時の経過により価値が減少しない資産の一つに書画骨とうがあり，本件資産はこれに該当するかどうかである。

〔減価償却の意義〕

(2) 法人が有する建物，機械装置，器具備品などの**固定資産**は，事業の用に供することにより，または時の経過に伴って価値が減少していく。その価値の減少額は法人が収益を獲得するために要した費用といえる。したがって，適正な期間損益計算を行うためには，その価値の減少額は各事業年度の費用として計上しなければならない。しかし，その価値の減少額を絶対的，物量的に把握することはほとんど不可能であるから，人為的に価値減少額を見積もろうというのが**減価償却**である。このように，減価償却は適正な期間費用配分の観点から固定資産の価値減少額を費用化する手続きであるから，①事業の用に供していないものおよび②時の経過により価値が減少しないものについては，減価償却は認められない（法令13）。この減価償却ができない資産を，一般に**非減価償却資産**という。

〔書画骨とうの範囲〕

(3) 非減価償却資産である，時の経過により価値が減少しない資産の一つが書画骨とうである。ただし，複製のようなもので，単に装飾的目的にのみ使用されるものは，減価償却資産としてよい。

　書画骨とうの概念を一般的にいえば，「書画」とはまさに書と絵のことであり，「骨とう」とは，古美術品や希少価値のある古道具をいう。骨とうに関してはまだしも，書画については，この概念だけでは非減価償却資産の範囲としては広すぎる。そこで税務上は，書画骨とうとは，古美術品，古文書，出土品，遺物等のように歴史的価値または稀少価値を有し代替性のないもの，社会的評価を得て美術年鑑等に登載されている作者の制作した書画，彫刻，工芸品などをいうと解されている（基通7－1－1）。要するに，年月を経過すればするほど価値が上がりこそすれ，下がることはないものということができる。そして，展覧会や博物館に展示される場合等を除き，実用に供されないのが一般的であるという性格をもっている。

　しかしこのような定義をしてみても，実務的には，たとえばいわゆる日曜画家が描いた絵画に代表されるように，どこまでが非減価償却資産で，どこからが減価償却資産かという，その範囲を画することはきわめてむずかしい。そこで，書画骨とうに該当するかどうか明らかでない美術品等でその取得価額が1点20万円（絵画にあっては，号1万円）未満であるものは，減価償却資産として取り扱ってよいことになっている（基通7－1－1（注））。

〔本件テーブルと電気スタンドの検討〕

(4) 以上のところから，非減価償却資産としての書画骨とうに該当するかどうかは，作者，作成年代，取引価額，取引状況，使用状況など，その実態に応じて判定する必要がある。

　たしかに外国のオークションで取得したということは，希少価値なり骨とう的価値の存在を感じさせる。また，本件のテーブルと電気スタンドの値段の点からみてもやや微妙な点がある。一応，年代物と目され値段が普通のも

のとかけ離れているから，骨とう的価値が含まれているのではないか，と考えられるからである。

　しかし，単に外国のオークションを通じて購入したものであるとの理由だけで書画骨とうにあたるわけではない。また，オークションというのは，そのときの雰囲気に非常に左右され，お互いの熱気にあおられて高い価格がつくといわれる[1]。本件テーブルや電気スタンドについては，作品数が限定されたものではないこと，作者が外国の美術年鑑等に登載された者ではないこと，事務用照明器具や来客接待用として現実に使用されていること等からみると，書画骨とうとして減価償却を認めないというのはやや実態に合わないといえる。アクセサリーもガラス器（花瓶，電気スタンドなど）も実用品とみなされ，藝術品とは厳格に区分されてき，近代的な藝術概念は精神性の主張に立脚するもので，実用品の生産に関わる職人仕事との差別を大前提としていたことは，美学史のイロハに属するといわれる[2]。

　このような点を総合勘案すれば，本件の審判所の結論は妥当なものであるといえよう。

――●――●――●――

〔注〕
(1)　三杉隆敏著『真贋ものがたり』（岩波新書，1996）17頁
(2)　佐々木健一著『タイトルの魔力』（中公新書，2001）79頁

# 一八 リース取引による少額減価償却資産の一時償却の可否

## 1 事件の概要

　本件は，金属電極の製造・販売・賃貸業を営む非同族の同族会社がリースバック取引により取得した少額減価償却資産について，その法形式どおり資産の取得があったものとして，その取得価額の全額を一時に損金算入する特例の適用が認められるかどうかが争われた事件である（棄却・平成6．4．25裁決・裁決事例集No.47・288頁）。

## 2 当事者の主張

### (1) 審査請求人の主張

　当社は電話回線選択アダプター2万台あまりをAリース会社へリース期間72か月でリースする契約を締結したが，これは次の理由により，利益調整を目的としたものではなく，通常のリース取引であるから，原処分庁が本件リース取引を金融取引と認定したのは違法である。

イ　当社はファイナンス・リース取引の貸主の立場であり，アダプターをリース日と同日付けで購入しリースする取引は，リースの形態からみて当然のことである。また，本件リース取引は，アダプターを売主のAリース会社へ貸

し付ける，いわゆるリースバックを条件として行われたものではない。
ロ 本件リース契約書の内容からみて，次のとおり当社はアダプターの実質的な所有者である。
　(イ) 本件リース契約書13条および14条に貸主としての責任の免責規定を設けたのは，当社がアダプターに関しＡリース会社に対して当然に請求しうる損害賠償請求権を定めたものである。
　(ロ) 本件リース契約書5条のアダプターに損害保険をつける条項を特約事項において削除したのは，アダプターの1台当たりの価額が少額であり，また，事故等が発生した場合であってもＡリース会社が容易に賠償，修理できるし，同時に多量の滅失が起きる可能性はきわめて少ないためである。
　(ハ) 本件リース契約書9条のリース契約の権利の第三者への譲渡または転貸の禁止条項を特約事項において第三者への転貸を承認するとしているのは，本件リース取引がＢ会社に対するリースを目的とすることから当然である。
　(ニ) 本件リース契約書10条の立入検査条項を特約事項において削除したのは，Ｂ会社が公共性の高い通信事業を行っていることから，通信の秘密等に配慮したためである。
　(ホ) 本件リース契約書10条の譲渡，質入れおよび担保の設定の権利を特約事項において削除したのは，Ａリース会社にその権利の行使を禁止されたためではない。
ハ 本件リース取引は，リース期間が法定耐用年数よりも長くないので，63年通達に抵触せず同通達の対象とはならない。

### (2) 原処分庁の主張

イ 本件におけるいずれの取引も同日付けで行われ，また，取引がいずれも本件リース契約の締結を条件に有効とされていることなどから，アダプターの購入および本件リース取引は，最初からＡリース会社へアダプターをリースバックすることを条件に行われた一連の取引である。
　また，一般のファイナンス・リース取引においては，賃貸人は通常リース

物件の保守管理費用以外はすべて負担するのに対し，本件リース取引においては，①審査請求人はアダプターの所有者としての責任をまったく負うことなく免責されていること，②不可抗力による損害が生じた場合等，本件リース取引が成立しなくなった場合においても，審査請求人の投下した資金の回収は確保されていること，③審査請求人は所有者としてアダプターに損害保険をかけていないこと，④審査請求人はアダプターの所有者としての権利に著しく制限を受けていること等が明らかであり，審査請求人はアダプターの所有者とはとうていいえず，その実質的所有者はＡリース会社である。

ロ 審査請求人は少額の減価償却資産であるアダプターを取得したことにして，その取得価額の一時損金算入により費用を先行計上し，収益については本件リース取引後72か月にわたってリース収入を計上することにより，全体的な帳尻を合わせる処理を企図しているにすぎず，単に損失の先出しを目的とした不自然，不合理な取引である。この一連の取引を一般の賃貸借と同様に取り扱うとした場合には著しい課税上の弊害があり，審査請求人の利益調整あるいは法人税の軽減という目的以外に，審査請求人がアダプターの賃貸人としてこの一連の取引に介在する経済的，合理的な理由はない。

ハ 本件リースバック取引は，審査請求人の利益調整の目的あるいは金融の手段として行われたと認められ，このようなリースバックについては，税務上は譲渡がなかったとして取り扱うのが相当であるから，アダプターの取得価額相当額は賃貸人である審査請求人にあっては貸付金となる。

ニ 63年通達の趣旨からすれば，本件リース取引はこの通達に触れるというべきであるが，アダプターのリース期間がその法定耐用年数より短いから，63年通達を直接的には問題にしない。

## 3 審判所の判断

(1) 次のことからすると，審査請求人に所有権があるという契約条項を否定することはできないが，実質的に審査請求人に完全な所有権があるというには程遠いと認められる。

　イ　審査請求人は特段の事情もないのに，アダプターの所有者としての責任をまったく負うことなく免責されており，不可抗力による損害が生じた場合等，本件リース取引が成立しなくなった場合においても，審査請求人の投下した資金は回収の途が確保されていること。

　ロ　審査請求人はアダプターに動産総合保険を付さないことになっており，これは審査請求人が危険負担をしないことを経済的に補完するものと認められること。

　ハ　審査請求人は，Aリース会社のアダプターの転貸を承諾する旨およびAリース会社の承諾なしに契約上の地位を譲渡等できない旨規定されているから，アダプターの所有権を著しく制限されていること。

　ニ　審査請求人は，アダプターの設置場所をまったく把握していないことから，アダプターを実質的に自己の資産として管理，支配していたとは認められないこと。

(2) 本件リース取引については，審査請求人が本件アダプターを取得し，これを賃貸しているという実態は認められない。その経済的実態は，本件アダプターをAリース会社がB会社に賃貸するにあたり，本件アダプターを取得する必要性のない審査請求人を介在させ，審査請求人において少額減価償却資産の取得価額の一時損金算入規定を適用することにより損失の先出しという効果を生じさせることを目的として，審査請求人が本件アダプターを取得しこれを賃貸するという法形式をとったものである。

(3) してみると，本件アダプターの取得資金を審査請求人が供与したとみるのが自然であり，実態に即したものと認められる。本件リース取引はその法形

式どおりに賃貸借として取り扱うことは著しく税負担の公平を害するから，本件アダプターの取得価額の損金算入は認められない。

## 4　研　　究

〔問題の所在〕

(1)　減価償却の主たる目的は，期間利益や期間所得を適正に計算するため，減価償却資産の価値減少額を合理的に見積もり，それを各事業年度に配分することにある。したがって，法人が有する**減価償却資産**は，すべてその耐用年数に応じ償却計算を通じて費用化しなければならない。

　しかし，その取得価額が10万円（事件当時・20万円）未満の減価償却資産については，償却計算を通じて費用化することなく，事業の用に供したときに一時に償却して損金としてよい（法令133）。これを**少額減価償却資産の一時償却**という。この特例は減価償却資産の取得価額そのものを一時に損金算入してよいわけであるから，その適用の仕方によっては大きなメリットが得られる。

　本件は，まさにリース取引を利用することによってそのメリットを享受したことの当否が問題とされた。この特例は，もちろん自己が取得し所有する減価償却資産について適用が認められる。そこで本件の具体的な論点は，リース取引を利用しているところから，本当に自己が取得した資産といえるのかどうか，単なるファイナンス・リースとしての金融にすぎないのではないか，という点にある。

〔少額減価償却資産の一時償却〕

(2)　法人が事業の用に供した減価償却資産で，次のいずれかに該当するものは，その事業の用に供した事業年度において，損金経理をすることにより，その取得価額の全額を損金にしてよい（法令133）。企業事務の簡素化に配慮した，

重要性の原則に支えられた特例である。
イ　その使用可能期間が1年未満である減価償却資産
ロ　その取得価額が10万円（事件当時・20万円）未満である減価償却資産

　ここで「取得価額が10万円未満である」かどうかは，基本的に通常1単位として取引されるその単位ごとに判定する。たとえば，機械および装置については1台または1基ごとに，工具，器具および備品については1個，1組または一揃いごとに，それぞれ10万円未満であるかどうかの判定を行う（基通7－1－11）。

　したがって，1単位当たりの取得価額が10万円未満である限り，同種資産を大量に購入したため，全体の購入金額が高額になる場合であっても，一時の損金としてよい。本件においても，その1個当たりの取得価額は2万円に満たない電話回線選択アダプターを2万個あまり取得しリースしたとして，取得価額合計4億1,500万円を一時の損金の額に算入している。

〔リース取引の税務上の取扱い〕
(3)　本件においてはリース取引を利用しているので，リース取引に対する税務上の取扱いをみておこう。本件事件当時は，リース取引の取扱いは通達で定められていたので，これをみておく。

　税務において問題とされる**リース取引**は，リース期間中に支払われるリース料の合計額が貸し手におけるリース物件の取得価額その他の付随費用のおおむね全部を支弁するように定められたものである。このリース取引のうち，リース物件の法定耐用年数よりもリース期間を短くした**ファイナンス・リース**については，税務上，リースではなく売買として，あるいは当初のリース期間と再リース期間を併せた期間でもって賃貸借があったものとしてリース料の費用配分をする（昭和53.7.20直法2－19通達）。ファイナンス・リースは資産を割賦で購入したのと実質的には異ならないのに，早期の償却ができる結果となるからである。

　これに対して，逆にリース物件の法定耐用年数よりもリース期間を長くし

たレバレッジ・リースについても，金融取引または売買取引として取り扱われる。この場合，リース物件の法定耐用年数よりもリース期間が長いかどうかは，法定耐用年数の120％を超えるかどうかにより判定する（昭和63.3.30直法2－7通達）。レバレッジ・リースにも，利益操作を図るという弊害があるからである。

〔リース取引の取扱いの根拠〕
(4) リース取引に対する取扱いは，平成10年の法人税制改革により法定されたが（法令136の3），それまではその取扱いは上記通達で定められていた。通達の取扱いが法令に引き継がれたので，両者はほとんど同じといってよい。

現行では「別段の定め」として法令で定められているので，その根拠をほとんど問題にする必要はないが，通達で定めていたのはいかなる考え方によるのかを明らかにする必要があろう。これはまた，現行法令の妥当性を担保することにもなる。

そもそも，租税法律主義のもとにおいては，当事者の選択した法形式をもって課税の基礎とするのが原則であり，取引が私法上有効になされていれば，第一義的にはそれを前提として課税所得を計算するのが法的安定性，予測可能性の要請に合致する。しかし，私法上の契約が単なる形式にすぎず，契約形式をそのまま認めるとすると，課税上の公平を著しく害する場合には，単なる表面的・形式的な意味によってではなく，その実質に応じて取り扱うべきである[1]。

そのような意味で，現行のリース取引に関する法令の規定は，租税法に内在する当然の法理としての実質主義を具体化したものといえよう。

〔本件リース取引の検討〕

(5) そこで，本件で問題となった取引は，次のようなものである。

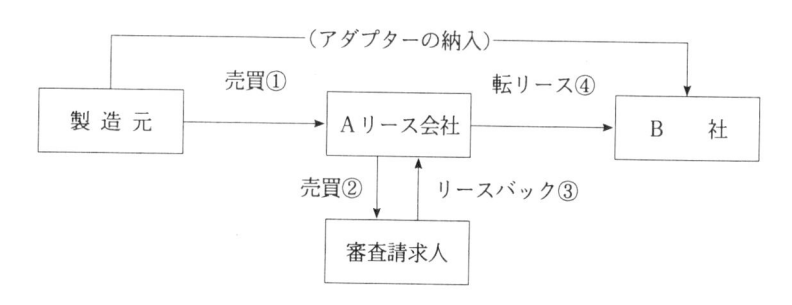

```
                    ─────（アダプターの納入）─────
                   ┌─────────────────────────────────┐
                   │      売買①           転リース④   ↓
              ┌─────────┐ ────→ ┌─────────┐ ────→ ┌─────────┐
              │ 製 造 元 │        │Aリース会社│        │ B    社 │
              └─────────┘        └─────────┘        └─────────┘
                                売買② ↓ ↑ リースバック③
                                  ┌─────────┐
                                  │審査請求人│
                                  └─────────┘
```

　この事例において，審査請求人はAリース会社から売買により1個当たりの取得価額が2万円未満の電話回線選択アダプターを取得したとして，その取得価額を一時の損金の額に算入した。もちろん，真に審査請求人がアダプターを取得したのであればなんら問題はない。

　本件のリース取引は，形式的には上記リース通達のいずれにも抵触しないから，少なくとも表面的には審査請求人がリース物件を取得し，少額減価償却資産の一時償却の特例が受けられるようにみえる。

(6) しかしその実体をみてみると，審査請求人が本件リース物件の所有者であるという点に関しては，次のような特異な点がある。

　イ　本件物件が損傷を受けたときや他人に損害を与えたときは，その原因のいかんを問わずリース会社の負担で修理し，賠償責任を負うこと。

　ロ　リース会社は，本件物件が原因のいかんにかかわらず滅失し，毀損，損傷して修理が不可能になり，または盗難にあった場合には，直ちに規定損害金を支払うこと。

　このような点からみれば，経済実体的には審査請求人が本件リース物件を取得した所有者であるとは言い難い。所有者としての責任や危険負担がまったくないような状況になっているからである。

　少額減価償却資産の一時償却の特例は，もちろんその資産の所有者に対して適用が認められるものであるから，所有者でないということになれば，必

然的にその適用は認められない。

(7) 審査請求人が実質的に本件リース物件の所有者ではない，すなわちリース物件を購入したのでないとすれば，それでは審査請求人がAリース会社に支払った金員は何の目的のものか，その性格が問題になる。その実質からすれば，審査請求人からAリース会社に対するリース物件を購入するための資金の融資であるということになる。

本件リース取引は私法的，形式的には有効に成立したものである。それを税の観点からみてその経済的実質は金融取引であるとして，課税関係を律しようとするものといえる。結論において妥当であるといえよう。

すなわち，当事者によって選定された法形式が経済的実質からみて通常とられるべき法形式とは一致しない異常なものであり，かつ，そのような法形式を選択したことにつき，これを正当化する特段の事情がない限り，租税負担の公平の見地からして，当事者の選択した法形式には拘束されないと解される[2]。

〔参考裁決例と判例〕

(8) 本件と同様の仕組みによるリース取引は他にいくつかみられ，同じ結論の裁決が出されている[3]。本件は審査請求人が法形式どおりの取扱いを主張したものであるが，逆に審査請求人が法形式は資産の賃貸借であるが，実質はファイナンス・リースで売買であると主張した事件もみられる。これは減価償却資産の取得として減価償却をするためである。しかし審判所は，リース取引のうち売買取引とみなされる類型のいずれにも該当しないので，法形式どおり賃貸借であると判断した[4]。

また所得税の事件ではあるが，**飛行船のリース**による所得が不動産所得に該当し，他の所得との損益通算ができるかどうかが争われた事例がある。審判所はそのリース取引の実質は金融取引であり，不動産所得には該当しないと判断した[5]。

さらに訴訟になったものとして，前述した映画フィルムのリース事件があ

り，これも類似の事件と位置づけられる（「一　民法上の組合の成立要件と収益分配金の性格」参照）。

---

〔注〕
(1)　審判所裁決平成10．3．31裁決事例集No.55・353頁，大阪地判平成10．10．16訟務月報45巻6号1153頁，大阪高判平成12．1．18訟務月報47巻12号3767頁
(2)　神戸地判昭和45．7．7税資60号13頁，大阪高判昭和47．2．18税資65号172頁
(3)　審判所裁決平成5．12．15裁決事例集No.46・156頁
(4)　審判所裁決平成10．3．31裁決事例集No.55・353頁
(5)　審判所裁決平成4．12．9裁決事例集No.44・54頁

# 一九　崖地に施した防壁工事費の資本的支出と修繕費の区分

## 1　事件の概要

　本件は，精神科の医療法人が病院に隣接する崖地の崩壊防止を兼ねて防護設備工事を行った費用について，資本的支出と修繕費のいずれに該当するかが争われた事件である（棄却・昭和59.11.30裁決・裁決事例集No.28・250頁）。

## 2　当事者の主張

### (1)　審査請求人の主張

イ　当法人が経営するA病院の敷地内の崖地に施工したコンクリート吹付工法による工事に要した費用3,490万円について，このうちフェンス工事の費用90万円を構築物の取得価額とし，残額3,400万円（本件支出金）を災害防除復旧費用として損金の額に算入した。

　これに対し，原処分庁は本件支出金を構築物（防壁）の新規取得のための費用と認定し，減価償却費相当額を超える3,336万円の損金算入を認めなかった。

ロ　しかし本件支出金は，次の理由により修繕費であるから，その全額を損金の額に算入すべきである。

(イ) 本件崖地は，20数年間自然現象たる浸食が続き，隣接する公道の一部が崩落し，平坦の路が斜径となるなどの状況であったが，その浸食防止および復旧工事には多額の費用がかかるのでそのまま放置していた。

　たまたま今回，病棟を増改築するにあたり付近住民から本件崖地の災害防除工事を施工するよう強い要望があり，当法人も崖地の崩壊がさらに進めば危険であると考えていたので，その浸食防止および復旧工事を行ったものである。

　したがって，本件支出金は，本件崖地について通常行うべき維持，管理，修理を長期間にわたり怠っていたため集中的に多額の支出を余儀なくされたもので，その内容は土砂が崩落して危険な状態となった本件崖地の原状回復のための費用である。

(ロ) 本件支出金は，本件崖地に支出したものであるが，法人税法施行令第132条《資本的支出》に規定する資本的支出に該当しない。

① 本件支出金は，いわゆる永久資産である土地に支出したものであるから，同条第1号に規定する「その支出により……当該資産の使用可能期間を延長させる部分」に該当しない。

② 本件支出金は，本件崖地の原状回復のための費用であり，病院敷地の工事前と工事後の価額を相続税財産評価通達による評価額で比較しても，同条第2号に規定する「その支出により……当該資産の価額を増加させる部分」に該当しない。

(ハ) 崖地に吹き付けられたコンクリート被膜は，崖地と密接不可分で独立性がなく「物」ではないから，本件支出金を構築物（防壁）の新規取得のための費用と認定した原処分は誤りである。

## (2) 原処分庁の主張

イ　審査請求人は本件崖地になんらの防護設備を施さず使用してきたが，病棟の増改築にあたり付近住民の強い要望により防護設備を付したこと，本件工事の規模は，長さ約100m，最大幅約10m，総面積972㎡およびコンクリート

の厚さ15cmであること等を総合すれば，本件工事はその敷地を将来にわたって安全かつ有効に利用するために行われたと認められるから，本件支出金は敷地の有効利用および価値を高めるための改良費として，敷地の取得価額に算入されるべきである。

ロ　本件更正処分においては，本件支出金は構築物（防壁）の取得価額を構成するものとし，減価償却費64万円を損金の額に算入したが，本来，これは非減価償却資産たる土地の取得価額に算入されるべきであって，減価償却の対象にならないから，結局原処分は審査請求人にとって有利となっている。

## 3　審判所の判断

(1)　審査請求人は，当初は自然の崩落を防止し現状を維持する程度の簡易な工事を予定していたが，それでは崖の崩落を防止できるのは5年程度であるとの工事業者の助言もあり，長期間にわたって崖の崩落を防止でき，かつ，美観をそこなわないように耐用年数が20年程度の本件工事に変更したと認められる。

そのうえ本件工事は，単に自然崩落前の状態に復旧する工事または自然崩落を防止する程度の工事の範囲を超え，崖地崩落の防止に併せ本件崖地の突出部分を削り取ることにより平面部分の敷地を60㎡程度拡大させ，将来にわたる病院敷地の安全かつ有効な利用を目的としたものであるから，本件支出金は単なる原状回復のための費用とは認められない。

(2)　本件支出金は，病院敷地の安全かつ有効な利用を図るために支出されたものであるから，法人税法施行令第132条第1号に規定する資産の使用可能期間を延長させる部分に対応する金額には該当しない。

しかし本件工事は，崖地の崩落を防止するとともに病院敷地の平面部分を拡大させ，将来にわたって病院敷地を安全かつ有効に利用する意図のもとに行われたものであり，その結果，本件崖地の崩落がやんだことはもちろん，

敷地が60㎡程度拡大されたと認められる。したがって，仮に相続税財産評価通達に基づく評価額が増加していなくても，病院敷地全体の価値を高めたとするのが相当であり，これは法人税法施行令第132条第2号に規定する資本的支出というべきである。
(3) コンクリート吹付工法によるコンクリート被膜は，永久に価値を減じないものではなく，時の経過により朽廃し将来再び工事を要すると考えられるから，その工事費用はその規模，構造からみて土地の資本的支出というより減価償却資産である構築物（防壁）の取得価額とするのが相当である。これに対して，本件崖地の切取工事およびその工事によって生じた崩落土の搬出費用は，病院敷地を拡大させるために支出されたものであるから，土地の取得価額に算入するのが相当である。
(4) 減価償却は，固定資産の機能的な価値が使用したり，時の経過により減耗する部分を費用化する期間損益計算上の手続きであるから，コンクリート被膜の非独立性のみをもって構築物に当たらないとはいえない。

## 4 研　　究

〔問題の所在〕

(1) 法人が固定資産を保有していると，維持費，補修費，改造費，増設費等各種の費用がかかる。これらの費用が修繕費に該当するものであれば，一時の損金にすることができる。一方，資本的支出に該当すれば，その固定資産の取得価額に加算して（法令55），本体と一緒に減価償却をしなければならず（耐通1－1－2），一時の損金とはならない。

　そこで，資本的支出と修繕費との区分が重要になってくる。もちろん資本的支出の意義は法令に明確に規定されている（法令132）。また，実務的には資本的支出と修繕費との区分につき相当思い切った形式基準を導入している。しかしそれでも，現実には固定資産に関して支出する費用は多種，多様であ

るから，それが固定資産の価値を増加させるものか，使用可能期間を延長させるものか，その判断はきわめてむずかしい。

　法人税務のなかでも，適正報酬額や適正退職給与額と同じように，実質的判断を強いられる困難な問題の一つである。

〔資本的支出の意義〕

(2)　法人税法上，**資本的支出**とは，次の算式により計算した金額のうちいずれか多い金額をいう（法令132）。

　イ　**使用可能期間延長基準**

$$費用支出金額 \times \frac{費用支出後の使用可能期間－費用支出前の使用可能期間}{費用支出後の使用可能期間}$$

　ロ　**価値増加基準**

　　　費用支出直後の固定資産の価額－費用支出前の固定資産の価額

　企業会計では資本的支出は，一般に固定資産の単位を追加するか，またはその有する固定資産の能力，効率，耐用年数，作業上の経済性等を増大させる支出といわれる[1]。しかし，法人税の資本的支出はもっぱら修繕費との区分の観点から定められた狭義のものであるから，固定資産の取得それ自体は含まない。たとえば次に掲げるような金額が資本的支出に該当する（基通7－8－1）。

　　(イ)　建物の避難階段の取付け等物理的に付加した部分にかかる費用の額
　　(ロ)　用途変更のための模様替え等改造又は改装に直接要した費用の額
　　(ハ)　機械の部分品を特に品質または性能の高いものに取り替えた場合のその取替えに要した費用の額のうち，通常の取替えに要する費用の額を超える部分の金額

　このように資本的支出は固定資産に対する，その使用可能期間を延長させ，またはその価値を増加させる追加的支出であるから，その固定資産の取得価額に加算する（法令55）。そしてその固定資産本体と一緒に減価償却を行っていく（耐通1－1－2）。

なお、資本的支出の意義を定めた法人税法施行令第132条が「固定資産について支出する金額」と規定しているように、資本的支出の概念は土地等の非減価償却資産にも成立するものである。

**〔修繕費の意義〕**

(3) これに対して**修繕費**とは、その固定資産の通常の維持、管理のため、または災害等により毀損した固定資産の原状を回復するために要する費用をいう（基通7－8－2）。そのポイントは「通常の維持管理」と「原状回復」であり、価値の増加や使用可能期間の延長をもたらさない費用が修繕費ということである。修繕費にあたるかどうかは、金額の多寡ではなく、その実質に応じて判断する。たとえば、次に掲げるような費用がこれに該当する（基通7－8－2）。

　イ　建物の移えい（曳）または解体移築に要した費用
　ロ　機械装置の移設費、解体費
　ハ　地盤沈下した土地を沈下前の状態に回復するための地盛りの費用
　ニ　建物、機械装置等の地盤沈下による海水の浸害を防ぐための床上げ、地上げ、移設の費用
　ホ　土地の水はけを良くするための砂利、砕石等の敷設費用または砂利道、砂利路面に砂利、砕石等を補充する費用

イとロとホは通常の維持管理の費用、ハとニは原状回復の費用である。

**〔資本的支出と修繕費の形式区分〕**

(4) 以上述べたところから、資本的支出と修繕費との区分は理論的、観念的にはよく理解できる。しかし、いざ現実にその区分を行おうとすると著しく困難を伴う。そのため、古くから「資本的支出か修繕費かの区分は、企業の適正な判断に基づく事実の認定にゆだねるべき性格のものであるので、その区分がおのずから明らかな支出は別として、その他の区分しがたい支出については、企業があらかじめ定めた合理的な基準を継続的に適用して区分を行っ

ている場合には，税務上これを認めることが望ましい」との指摘がされている[(2)]。

このような指摘もあり，納税者と課税庁との間のいたずらな紛争を避けるため，資本的支出と修繕費との区分に関しては，実務上次のような形式基準が設けられている。

イ 一の修理，改良等のために要した費用が20万円未満であるときは，修繕費とする（基通7－8－3(1)）。

ロ その修理，改良等がおおむね3年以内の周期で行われるときは，修繕費とする（基通7－8－3(2)）。

ハ 一の修理，改良等のために要した費用のうちに資本的支出と修繕費との区分が明らかでないものがある場合には，その金額が60万円未満であるときまたはその金額が前期末取得価額のおおむね10％相当額以下であるときは修繕費とする（基通7－8－4）。

ニ 一の修理，改良等のために要した費用のうちに資本的支出と修繕費との区分が明らかでないものがある場合には，継続適用を条件に，その金額の30％相当額とその固定資産の前期末取得価額の10％相当額とのいずれか少ない金額を修繕費とし，残額を資本的支出とする（基通7－8－5）。

ホ 災害により被害を受けた固定資産について支出した費用のうちに資本的支出と修繕費との区分が明らかでないものがある場合には，その金額の30％相当額を修繕費とし，残額を資本的支出とする（基通7－8－6(3)）。

〔本件支出金の検討〕

(5) そこで本件支出金をみてみよう。審査請求人が主張するように，本件工事が20数年間自然現象である浸食が続き，隣接する公道の一部が崩落して平坦路が傾斜地になるなどの状況にあった崖地の浸食防止または復旧のためのもののみであれば，本件崖地に対する費用は修繕費ということになろう。単なる崖地の維持，原状回復のための費用で，ことさら崖地の価値が増加したり，使用可能期間が延長されるとは考えられないからである。

しかし，本件工事は自然の崩落を防止し，単に崩落前の状態に復するという域を越えて，崖地の突出部分を削り取って新たに平面部分の土地を拡大させている。こうなると，たしかに自然の崩落を防止するという面があることも否定できないが，修繕費というわけにはいかない。使用可能期間を延長させるという事情は希薄であるとしても，平坦地が増えたのであるから，価値の増加があったことは明らかである。

(6) なお，本件工事費は修繕費ではなく資本的支出であるとしても，その費用のすべてが土地の取得価額になるのかどうか，という問題がある。土地に対して支出した費用であるからといって，すべて土地の取得価額になるわけではない。土地の効用を離れて別個独立の効用を有するものは，その機能，性質等に応じて別個の資産として認識すべきことになる。

本件において，崖地に対するコンクリート吹き付けの工事部分を土地から離れて「構築物」と認定したことは，その実態に即したものといえる。

### 〔他の参考裁決例〕

(7) 資本的支出か修繕費かの判断はきわめて個別性が強く事実認定に負うところが大きいから，判例や裁決例はそれほど多くない。それでも所得税に関するものであるが，建物に対する支出につき修繕費でよいとした次のような裁決例がある。すなわち建物の外壁等の補修工事のうち，外壁等への樹脂の注入工事は建物の全体にされたものではなく，また，塗装工事は建物の通常の維持，管理に必要な修繕そのものか，その範疇にとどまるものであるから修繕費とするのが相当である。さらに外壁天井防水美装工事は，補修工事に伴う補修面の美装工事であって，塗装材として特別上質な材料を用いたものではないから，修繕費と認められる[3]。

(8) また，工場の機能復旧費は修繕費でよいとした裁決例がある。市が施工した下水道工事に起因する作業能率の低下に伴い収受した補償金で仮工場を取得したが，その補償金は機械作業能率の著しい低下を復旧させるため，一時的に取得する仮工場の建設費に主眼が置かれて支払われたものであるから，

仮工場の取得価額のうちその補償金相当額までの金額は,資本的支出ではないと判断した[4]。もっとも,これは市からの補償金による仮工場の取得に対していわば圧縮記帳を認めたものである。

――●――●――●――

〔注〕
(1) エリック・L・コーラー著,染谷恭次郎訳『コーラー会計学辞典』(丸善,昭和48) 82頁
(2) 企業会計審議会「税法と企業会計との調整に関する意見書」(昭和41.10.17) 各論四,1
(3) 審判所裁決平成元.10.6裁決事例集No.38・46頁
(4) 審判所裁決昭和59.3.22裁決事例集No.27・216頁

## 二〇　店舗の転借により支払った対価の営業権性

## 1　事件の概要

　本件は，特殊飲食物の製造販売業を営む会社が，飲食店業を営む前賃借人からその店舗を転借するに際し前賃借人に支払った対価について，営業権の対価であるか，あるいは繰延資産の対価であるかが争われた事件である（棄却・昭和55．3．31裁決・裁決事例集No.19・85頁）。

## 2　当事者の主張

### (1)　審査請求人の主張

イ　当社は，D町店，F町店，G町店およびI町店の各店舗を賃借する際に，前賃借人に資産の譲り受けの対価として金員を支払った。この対価は各店舗にかかる営業権を取得するために支払ったものであるから，営業権の取得価額として当期において償却を行った。

ロ　これに対し，原処分庁は本件対価は繰延資産であると認定したが，次のとおり誤りがある。

　(イ)　当社と前賃借人との譲渡契約は，新旧賃借人間の資産の譲渡に関するものであって，各店舗の賃貸人と当社との間の賃貸借関係に及んでいないか

ら，賃貸人に対して借家権の成立を主張しうる余地はない。
(ロ) 当社は各店舗の立地条件と前賃借人の開発した飲食店の顧客関係の承継の可能性を無形の営業上の財産的価値と評価し，これを営業権としたものである。
(ハ) タクシーのナンバー権，清酒製造業の造石権および許可漁業の出漁権は，営業権に該当するものとされているが，仮に本件対価が賃借権の譲り受けの対価とした場合でも，その賃借権は賃借店舗における営業上の基本的権利であり，出漁権等と共通の性格が認められるから，本件対価は営業権の対価とすべきである。

## (2) 原処分庁の主張

イ 審査請求人と前賃借人との譲渡契約によれば，審査請求人は前賃借人から各店舗を賃借し，または使用する権利を，各店舗の賃貸人との間の賃貸借契約の締結を前提として譲り受けたものであることおよびその譲り受けについては賃貸人も承認していたと認められ，これは審査請求人と各店舗の賃貸人との間で店舗賃貸借契約が締結されていることからも認められる。したがって，本件対価は各店舗を賃借するために支払われたものであり，繰延資産（法令14①九ロ）に該当する。

ロ 営業権とは，企業が同種の事業を営む他の企業の稼得している通常の収益より大きな収益，つまり超過収益を稼得できる無形の財産的価値を有している事実関係をいい，その超過収益力はその企業の長年にわたる伝統と社会的信用，立地条件，特殊の製造技術および特殊の取引関係の存在ならびに独占性等の多様な条件を総合して他の企業を上回る企業収益を稼得する場合に認めることができる。

本件各店舗における業種目は，Ｄ町店およびＩ町店は喫茶，Ｆ町店は喫茶およびステーキ，Ｇ町店はラーメンであり，いずれも審査請求人の営む飲食店と同業種であるが，審査請求人の営業店舗はすべて統一されたレイアウトであることおよび審査請求人の販売する主要商品である「特殊飲食物」は審

査請求人が開発した独特の商品であることから，前賃借人が開発した顧客を承継する可能性はまったくなく，営業権を認識する余地はない。
ハ 本件対価は資産を賃借し，または使用するために支出する権利金に該当し，出漁権等と同じものではない。

## 3 審判所の判断

(1) 営業権とは，その企業の長年にわたる伝統と社会的信用，立地条件，特殊の製造技術および特殊の取引関係の存在ならびに独占性等企業がこれをもつことにより，同種の事業を営む他の企業の稼得している通常の収益より大きな収益，つまり超過収益を稼得できる無形の財産的価値を有している総体的な事実関係を指称するものと解される。

審査請求人が本件各店舗において予定していた事業種目は，同人が開発した独特の食品である特殊飲食物等の販売であり，前賃借人の客層と同一とはいえないことから，前賃借人の有していた取引関係は，超過収益力を稼得できる無形の財産的価値を有しているものとは認められない。

(2) 法人税法が出漁権等を営業権に含めているのは，出漁権等は法令の規定，行政官庁の指導等による規制に基づく登録，認可，許可，割当等により，権利を取得する場合のその権利およびその権利の維持または保全のために支出する費用を特定したものであって，店舗を賃借するために支出する本件対価の性格と同一に判断することはできない。

(3) 以下により審査請求人と前賃借人との本件対価の支払いにかかる契約は，店舗賃貸借契約の付随的契約と認められ，本件対価は「資産を賃借し又は使用するために支出する権利金，立退料その他の費用」(法令14①九ロ) に該当し，繰延資産となる。

　イ D町店に関しては，その店舗の譲渡契約は審査請求人と賃貸人との賃貸借契約の成立を条件として完結することを定めるとともに，現に賃貸人と

店舗賃貸借契約を締結していること。
ロ　F町店およびI町店に関しては、その店舗の売買契約は、いずれも賃貸人の関与のもとに審査請求人が前賃借人から店舗を引き継いで賃借することができることを前提とした店舗賃貸借契約の付随的契約と判断される。
ハ　G町店に関しては、他店舗のような契約の定めはないが、G町店の譲渡契約と同店の店舗賃貸借契約が同日に締結され、同時に建物造作設備等の引渡しを受けているから、賃貸人が関与する定めをする必要がなく、賃貸人の暗黙の了解のもとにされたと推認されること。

## 4　研　究

〔問題の所在〕

(1)　現行法人税の課税上、営業権は減価償却資産、借家権（建物の賃借による権利金）は繰延資産である（法令13, 14）。同じ資産ではあるが、その費用化の方法が異なっている。すなわち、営業権は耐用年数を5年として定額法により減価償却をする一方、借家権は、実際の賃貸借期間（最長5年）を基礎として償却を行う。

営業権については、平成10年の税制改正前には、いつ、いかなる金額を損金とするかはまったく法人の任意である、いわゆる**自由償却**とされていた。そこで、本件の係争年度にあっては、営業権とみるか借家権とみるかによって、大きく費用化の方法が違っていたのである。

現在ではこのような決定的な違いはないが、それでも営業権と借家権いずれとみるかによって償却期間が異なるから、両者を区分する実益は存する。むしろ最近では、企業の買収や譲渡、合併が活発に行われており、その買収や合併に際しての営業権の認識、評価の重要性が増している。また、財務情報の適正な開示という観点から、営業権を含めた知的財産の会計処理をめぐる議論が高まっている。そのような意味で営業権は今日的な問題といえる。

〔営業権の意義と実態〕

(2) 法人税法上,営業権は無形減価償却資産とされ(法法2二十三,法令13),耐用年数を5年として定額法により償却する(法令48①,耐令別表第三)。ただし,平成10年3月31日以前に取得した営業権については,自由償却をしてよい。

　法人税法に営業権の定義はないが,**営業権**とは,一般に当該企業の長年にわたる伝統と社会的信用,立地条件,特殊の製造技術および特殊の取引関係の存在ならびにそれらの独占性等を総合した,他の企業を上回る企業収益を獲得することができる無形の財産的価値を有する事実関係である,と解されている[1]。商法にいう「のれん」も含む概念であり,端的には何らかの独占的営利の獲得が保証される事実上の権利ということができよう。

　その営業権の典型的な例としては,繊維工業における**織機の登録権利**,許可漁業の**出漁権**,タクシー業の**ナンバー権**などがある(基通7-1-5)。裁決例では,免許を受けた一定の航路において一般旅客定期航路事業を営むという**航路権**[2]や許可を受けて一般貨物自動車運送事業を営むといういわゆる**青ナンバー権**[3]は,営業権にあたるといっている。また判例においては,青果市場で営業する権利[4]や穀物,商品取引所の取引員の地位[5]が,営業権に該当するとされている。

(3) ところが実務においては,営業権の価額として,営業譲渡代金と引受債務の合計額から受入資産の客観的な評価額を控除した残額を計上していることが多い[6]。また,たとえば欠損会社との合併に際して,受け入れる純資産が80しかないにもかかわらず,100の新株を交付し,その差額20を単純に営業権とするような例がみられる。その20に営業権としての実態がないとすれば,実質的には欠損会社から欠損金を引き継いだことになる。

　しかし営業権の存否および価額の算定は,具体的に上述のような諸要素を総合勘案して行われるべきであり,単に公式的に資産の売買代金額から土地,店舗,什器備品の各価額を控除した残額が営業権価額であるというようなことはできない[7]。営業権は,単なる購入資産との差額概念や簿記上の便宜と

して計上されるべきものではないからである。裁決例でも，パチンコ遊技場会社の売買に際し，その売買価額のうち会社の正味財産額を超える部分の金額は営業権であるとの主張に対して，その実質は営業権ではなく，有価証券たる社員持分権の対価だとされたものがある[8]。

特に平成13年の税制改正により**企業組織再編税制**が導入され，合併により合併会社に資産，負債の移転をした場合には，原則として時価によりその譲渡を行ったものとして譲渡損益を計算することになった（法法62）。このことからも，営業権の意義，範囲やその評価が重要である。

〔欠損会社からの営業権の取得が認められた事例〕

(4) 以上に述べたタクシーのナンバー権や航路権といった具体的な権利ともみられるものは，営業権の存在を認めることは比較的やさしい。しかし，このような権利といえるようなものでなくても，欠損会社からの営業権の取得が認められた事例がある。旧会社から事業を譲り受け，設立直後から大手工事会社の下請業者の中でも第1位の地位を保ち，相当の業績をあげているが，これは旧会社が特別の費用を投じたことにより親会社から得てきた工事施工能力等に対する信用度をそのまま引き継いだからであり，この信用度が営業権に該当するという[9]。

これは営業権のなかでも得意先関係やのれんの価値を評価したということである。この場合にも，親会社からの信用度といった個別性や具体性があるから，営業権の認定は比較的容易であったとはいえよう。

〔営業権の評価〕

(5) 営業権の一般的な意義が明らかになると，次にその評価をどうするかということになる。現実の営業権の評価は，いろいろな要素を総合勘案しなければならないため，きわめて困難であるが，理論的には資本還元法と年倍法とが説かれている。**資本還元法**は，企業の超過収益を還元利率で割り戻して評価する方法，**年倍法**は通常利益または営業取引量に何年分かの倍率を乗じて

評価する方法である[10]。

　また，相続税や贈与税を課すための財産評価通達では，営業権は次により評価することになっている。すなわち，次の算式によって計算した価額と前年の所得金額（営業権の価額が相当高額であると認められる著名な営業権については，その所得金額の3倍の金額）とのうちいずれか低い金額を評価額とする（評価通達165～167）。

　（算式）

　　平均利益金額×0.5－企業者報酬の額－総資産価額×0.3＝超過利益金額

　　超過利益金額×$\dfrac{\text{営業権の持続年数（原則として10年）}}{\text{に応ずる年3％の複利年金現価率}}$＝営業権の価額

〔繰延資産の意義と取扱い〕

(6)　一方，法人税法上の**繰延資産**とは，法人が支出する費用のうち支出の効果がその支出の日以後1年以上に及ぶものをいう（法法2二十五）。繰延資産の範囲は基本的に商法や企業会計と同じであるが，法人税法には独自のものが存する。その税法独自の繰延資産の一つとして，資産を賃借するための権利金等がある（法令14①ハ）。その典型的なものが，建物を賃借するために支出する権利金，立退料その他の費用である（基通8－1－5）。建物の賃借に際して支払う権利金は，その賃借期間中効果が及ぶから，税法上，繰延資産とされている。

　権利金の性格，内容については，いろいろな考え方があり，造作，のれん，得意先などの営業上の利益の対価であるという説も唱えられている（「八　貸家権利金収入の収益計上時期」参照）。税務上においては，その実態に応じて，造作であれば有形減価償却資産として，のれんや得意先等の営業上の利益であれば営業権ということになる。

〔本件対価の検討〕

(7) 借家権利金は賃借人から賃貸人に対して直接支払われるのが普通である。そしてそれは建物を賃借するための対価にすぎない。これに対して，その賃借する権利が借家権として転々流通するような場合には，賃借人と前賃借人との間で直接取引され，その対価のなかには営業権とみられるものが含まれている場合もあろう。本件において，審査請求人が新旧賃借人間だけの資産の譲渡であると主張するのに対し，原処分庁と審判所が賃貸人も関与していたというのは，このような前提があるからである。

飲食店業界においては，いわゆる居抜き権利の売買が行われている。**居抜き権利の売買**とは，店舗用の建物を賃借して飲食店を営んでいる者が同店舗での営業を希望している他の第三者に対する借家権の譲渡につき，賃貸人による事前の承諾があることを前提として，その第三者にその店舗内の造作や什器備品等を直ちに営業を開始できる状態のままで一括して譲渡する場合をいい，建物の賃貸借関係を前提としつつ，それとは別個にテナント間で成立する法律関係である。これは一見すると営業権の売買のようにみえるが，しかしその実態は単なる什器備品等の売買対価であることが多い[11]。本件対価についても，同じ飲食物を扱うとはいえ，審査請求人の販売しようとしているのは，独特の食品である特殊飲食物等であることからみても，営業権があるとはいえないであろう。

―●―●―●―

〔注〕
(1) 最高判昭和51．7．13税資89号173頁
(2) 審判所裁決昭和51．3．27裁決事例集No.11・29頁
(3) 審判所裁決平成6．10．17裁決事例集No.48・155頁
(4) 高松高判昭和52．9．7税資95号454頁
(5) 東京地判昭和55．2．26税資110号300頁，東京高判昭和57．1．26税資122号99頁
(6) 東京弁護士会編著『法律家のための税法（新訂第二版）』（第一法規出版，平成8）461頁

(7) 大分地判昭和53．6．14税資101号538頁
(8) 審判所裁決平成 8．12．10裁決事例集No.52・98頁
(9) 審判所裁決昭和54．7．13裁決事例集No.18・67頁
(10) 北地達明・北爪雅彦著『M＆A入門（新版）』（日経文庫，2002）149頁
(11) 鳥取地判昭和57．6．24税資123号769頁，広島高判昭和59．2．29税資135号275頁

# 二一 ゴルフ会員権に対する評価損計上の可否

## 1 事件の概要

本件は,建売業を営む法人が有する株式3株以上を1口単位としてゴルフクラブの正会員となれる,株主会員制ゴルフクラブの会員権に対する評価損の計上が認められるかどうかが争われた事件である(棄却・平成12. 5. 30裁決・裁決事例集No.59・172頁)。

## 2 当事者の主張

### (1) 審査請求人の主張

イ 株式の価額は,基本的には法人清算時の価額を表し,法人の収益性等を加味して決定されるものであり,本件株式の取引価額が平成9年6月末日のゴルフ会員権売買市場において1,900万円(取得価額4,950万円)に下落したことは,発行法人であるF社の土地および借地権価額の下落が主たる要因となっている。これは,法人税法上,評価損の計上ができる,その有価証券を発行する法人の資産状態が著しく悪化したこと(法法68②ロ)に該当しているから,3,050万円の評価損を損金算入したことは適法である。

ロ 相続税法上は請求人の主張する評価額(時価)を適正としているにもかか

わらず，法人税法上その評価額を認めないのは不合理である。

### (2) 原処分庁の主張

イ　本件株式にはゴルフ会員権としてのゴルフ場の施設利用権も含まれており，施設利用については何の問題もなく，また，本件株式の発行法人であるF社においては，法人税法に規定する資産状態が著しく悪化したため，その価額が著しく低下したという具体的事実の発生が認められない。したがって，ゴルフ会員権売買市場において本件株式の取引価額が下落したという事実のみをもって，評価損を損金算入することはできない。

ロ　相続税法と法人税法とでは，その立法趣旨および目的を異にするから，両者を同一に取り扱わなければならないとする理由はない。

## 3　審判所の判断

(1)　本件株式はGゴルフクラブの会員権としての地位を表章しているところ，ゴルフ会員権売買市場における取引価額は，ゴルフ場の施設利用権としての価値の上下を含む需要と供給の関係で成立するものであるから，その取引価額が下落したことをもって，直ちに発行会社であるF社の資産状態が著しく悪化したことを意味するものではないし，また，F社の資産状態が著しく悪化したとの事実は認めることができず，評価損を計上できる場合に該当しない。

(2)　相続税法は相続等を基因として取得した財産に対して課税されるものであり，法人税法は各事業年度の所得に対して課されるものであるから，課税の趣旨，目的を異にしており，同種類の資産であるからといって同一の評価方法をとらなければならないという理由はない。

## 4 研　究

〔問題の所在〕

(1) ゴルフ会員権には，いわゆる株主会員制のものと預託金制のものとがあり，本件は前者のものである。法人税において，法人の有する株式につき所定の事実が生じたことにより，その株式の時価が帳簿価額を下回ることとなった場合には，その株式の評価換えによる**評価損の計上が認められる**（法法33②）。

　そこで，本件株式のようにゴルフクラブの会員権としての地位を表章している株式について，単純に他の一般株式と同じように取り扱ってよいのかどうかが問題になる。これは具体的には，評価損を計上するとした場合，ゴルフクラブの会員権としての特殊性を加味して，値下がりの事実の判定や時価の算定を行う余地はないのかということである。

　また，預託金制ゴルフクラブの会員権はいかに取り扱われるかも検討しておく必要があろう。これは本質的に，株主会員制の会員権と預託金制の会員権とは，法人税務上，別異に取り扱うべきかという問題を内在している。

　昨今の経済状況を反映して，ゴルフ会員権の値下がりが著しく，法人が有するゴルフ会員権のほとんどが含み損を抱えている。この含み損の処理に苦慮している企業も多く，そのような意味で本件は今日的な問題である。

〔**株式に評価損が計上できる事由**〕

(2)　法人が有する株式については，次に掲げる事実が生じた場合に**評価損**の計上ができる（法法33②，法令68二）。

　イ　取引所売買株式，店頭売買株式およびその他価格公表株式（企業支配株式を除く）の価額が著しく低下したこと。

　ロ　イ以外の株式について，その株式を発行する法人の資産状態が著しく悪化したため，その価額が著しく低下したこと。

　ハ　会社更生法等による更生手続開始の決定または商法による整理開始の命

令があったことによりその株式につき評価換えをする必要が生じたこと。
ニ　ロまたはハに準ずる特別の事実

　ここでイおよびロの「株式の価額が著しく低下したこと」とは，その株式の期末時価が帳簿価額のおおむね50％相当額を下回ることとなり，かつ，近い将来その価額の回復が見込まれないことをいうと解されている（基通9－1－7，9－1－11）。また，ロの「株式を発行する法人の資産状態が著しく悪化した」とは，商法，民事再生法等による法的整理・再建手続きがとられたこと，期末の1株当たりの純資産価額が取得時の1株当たりの純資産価額のおおむね50％以上下回ることになったことをいう（基通9－1－9）。このような法解釈は，判例の承認するところである[1]。

〔ゴルフ会員権に対する考え方〕

(3)　**株主会員制ゴルフクラブ**とは，ゴルフ場の諸施設は経営会社が所有し，会社がゴルフ場事業を経営することを目的としつつ，他方，会員の組織としてのクラブを併設し，その会員たる資格を原則として会社の株主に限る形態のゴルフ場組織をいう[2]。

　その株式は，**ゴルフクラブの会員権**としての資格を表章しているものであるが，あくまでも株式であることに変わりはない。そして，本件株式は上記ロの株式に該当する。このような理解に立てば，本件株式はその発行法人の資産状態が著しく悪化したため，その価額が著しく低下したか否かによって，評価損計上の適否を判断すべきことになる。審判所の判断にあるように，単にその取引価額が下落したことをもって，直ちに発行会社であるF社の資産状態が著しく悪化したとはいえない。ゴルフ会員権としての性格が強いから，その取引価額の下落とF社の資産状態の悪化とは必ずしも連動しないからである。現行法上は，このような解釈にならざるを得ない。

(4)　しかし，本件株式は株式であると同時にゴルフ会員権としての機能をもっている。むしろ企業支配や配当・残余財産を期待するといった株式としての価値よりは，ゴルフクラブとしての施設を優先利用することに価値がある。

審査請求人もおそらく単に**ゴルフ場施設優先利用権**を取得し，これを行使するという目的で加入したと思われる。もちろんその株式の発行法人の経営状態や資産内容という点も見逃せないが，他の一般株式とは値動きなどは異なるであろう。むしろ，たとえば会員の数と質，施設の良否，交通事情，従業員の質，歴史，風評などといった，一般株式とは異なった要素によってその価格は決まると考えられる。

このような株式を形式的に一般株式と同列に論じることには，何か違和感が残る。この点，消費税においては**ゴルフ場利用株式等**として，有価証券の範囲から除いている（消法別表第一，二，消令9②）。また所得税では，株式等にかかる譲渡所得の課税の特例（措法37の10）の対象になる株式の範囲からゴルフ会員権株式を除外している（措令25の8⑥）。これらは株式としてではなく，施設利用権として流通，利用されている現実を考慮したものである。むしろゴルフ会員権の売買市場は市場として機能している現状を考えれば，上記イの「その他価格公表株式」類似のものとして取り扱う余地があるように思われる。

〔預託金制度の場合の評価損等の可否〕

(5) 一方，**預託金制ゴルフクラブ**は，ゴルフ場を経営する会社にゴルフクラブの会員になろうとする者がゴルフ場の建設資金を預託する形態のものである。その会員権の法的内容は，①ゴルフ場施設優先利用権と②預託金（入会資格保証金）返還請求権とで構成される。

**預託金返還請求権**は，一定の据置期間経過後，その預託金の返還を求めることを内容とする債権であるから，評価損を計上することは認められない（法法33②）。また債権ではあるが，貸付金，売掛金等とは異なる預け金であるから，貸倒引当金の設定対象にならない（法法52，法令96，基通11－2－18）。ただし，ゴルフクラブの退会の届出，預託金の一部切捨て，破産宣告等の事実に基づき預託金返還請求権の全部または一部が顕在化した場合には，その顕在化した部分は金銭債権として貸倒損失および貸倒引当金の対象としてよ

い（基通9－7－12（注））。最近，会社更生法や和議法，民事再生法の適用を求めるゴルフ場が続出しているので，留意を要する。

なお，預託金の据置期間経過の直前に，ゴルフクラブ経営会社との合意に基づいて，会員権が2口に分割され預託金の一部が返還されたとしても，退会とみられない以上，資産計上している返還されない入会登録料の損金算入はできない，とした裁決例がある[3]。

(6) このように，株主会員制ゴルフクラブと預託金制ゴルフクラブとの会員権に対する法人税の取扱いは，決定的に異なっている。しかし，上述した消費税や個人の譲渡所得の取扱いでは両者を区別することにはなっていない。また，株主会員制ゴルフクラブでもその譲渡が認められているものは，預託金制ゴルフクラブとまったく同一の社会的，経済的評価が可能であるとの考え方や預託金制ゴルフクラブの会員証書も有価証券であるという説もみられる[4]。

まさに，株主会員制ゴルフクラブと預託金制ゴルフクラブとでは，ゴルフ場の建設資金の調達方法が違うにすぎないともいえる。そうであるとすれば，その法形式どおり株主会員制ゴルフクラブは株式，預託金制ゴルフクラブは金銭債権といった取扱いが妥当かどうかは検討の余地があるように思われる。立法論としては，両者を包含したゴルフ会員権という資産概念を確立し，固定資産として評価損の問題を処理するのも一つの選択肢であろう。

なお，個人の例ではあるが，含み損失を顕在化させることを目的としたゴルフ会員権のクロス取引類似の取引がみられる（「二二　株式のクロス取引による売却損の損金性」参照）。

〔減損会計の適用〕

(7) 企業会計においては，ゴルフ会員権は原則として取得価額で計上する。しかし時価がある会員権のその時価が著しく下落した場合や時価がなくても株主会員制ゴルフクラブの会員権の発行会社の資産状態が著しく悪化した場合には，その計上額を減額しなければならない。これらは評価損の計上である。

また，預託金制ゴルフクラブの会員権について，その預託金の回収可能性に疑義が生じた場合には，貸倒引当金を設定する必要がある[5]。
　このように企業会計では，ゴルフ会員権について，収益性の低下により投資額を回収する見込みが立たなくなった資産の帳簿価額を回収可能な価額へ減額する，**減損会計**が適用される。今後は，これら減損会計と税務の取扱いとの整合性が検討課題となろう。

──● ● ●────────

〔注〕
(1)　東京地判平成元.9.25税資173号859頁，東京高判平成3.6.26税資183号1011頁
(2)　服部弘志著『ゴルフ会員権の理論と実務』（商事法務研究会，平成2）79頁
(3)　審判所裁決平成13.2.27　裁決事例集No.61・403頁
(4)　服部弘志著，前掲書，147頁参照
(5)　日本公認会計士協会「金融商品会計に関する実務指針」（平成12.1.31）135項

## 二二　株式のクロス取引による売却損の損金性

## 1　事件の概要

　本件は，値下がりしている保有株式を売却すると同時に，同一銘柄の株式を同数，同価額で購入する，いわゆるクロス取引によって生じた売却損が雑所得の計算上控除できるかどうかが争われた事件である（一部取消し・平成2.4.19裁決・裁決事例集No.39・106頁）。

（注）　本件は所得税に関する事例で，法人税に関するものは裁決事例集上では公表されていないが，基本的にその考え方は同じであるので，本件を素材として法人税の立場から検討する。

## 2　当事者の主張

(1)　審査請求人の主張

イ　審査請求人は会社役員で，その保有する上場株式5銘柄について，これを売却すると同時にその売却した株式と同一銘柄の株式を同価額で同株数購入する，いわゆるクロス取引を行った。そして，雑所得金額の算定にあたり，本件取引により生じた売却損の額を控除した。

ロ　原処分庁はその控除はできないとして更正をしたが，次の理由によりその

控除は認められるべきである。
(イ) 一般に，値下がりした保有株式を売却した場合の売却損は，雑所得の計算上控除が認められているにもかかわらず，その売却と同時に同一株式を同株数購入する取引を行った場合に限って，その控除ができないとする合理的理由はない。
(ロ) 所得税法が年末に株式の時価評価による損益の計上を認めていないことから，特定の期間ごとに株式取引にかかる損益の顕在化を図る目的で本件取引を行ったものである。株式取引がきわめて危険の多い経済取引であり，さらに税が経済的負担であることから，全体として損失の少ない利益獲得の方法をとったもので，本件取引は合理的な方法である。
(ハ) 本件取引は，通常行われるものであって，租税回避行為には該当しない。仮に本件取引が租税回避行為にあたるとしても，その行為を否認する一般的規定はなく，本件取引がないものとして課税した更正は租税法律主義に反した違法な処分である。

## (2) 原処分庁の主張

イ 株式を売却すると同時に同一株式を同株数購入する取引は，それに伴う手数料および有価証券取引税等の出費という実損を生ずるのみで，積極的な利益追求としてのメリットはまったくなく，およそ経済人の取引としては不自然，不合理なものである。

ロ 審査請求人は，本件取引により株式の売却損を発生させ，その売却損と他の株式の売却益とを通算して所得を圧縮し，租税回避を図るという目的のために本件取引を行ったものと認められ，この目的以外に合理的理由はないのであるから，このような取引はなかったものとして雑所得の算定をすべきである。

ハ 個人が経済的合理性を無視した不自然な取引を行うことによって，不当に所得税の負担を軽減し，または排除した場合には，所得税法に内在する条理である実質課税の観点から，そのような取引を否定して課税できると解され

る。

## 3　審判所の判断

(1) 本件売却損の額は，保有している株式が値下がりしたことによって生じたものを顕在化させただけであって，現実に存在したものであり，意図的に作り出したものではないから，これをもって本件取引が経済上不自然，不合理なものということはできない。
(2) 一般的に株式取引がきわめて経済的危険の多い取引であり，かつ，所得税が経済取引上考慮されるべき経済的負担であることを考えると，そのような目的があるからといって本件取引を直ちに不自然，不合理であると否定することはできない。
(3) 所得税においては評価損の計上が認められないところ，現実の取引によって売買損益を発生させこれを確定させることを否定すべきいわれはなく，本件取引の場合，株式の値下がりによる損失を現実の売却によって実現しているのであるから，これを評価損と同視することはできない。
(4) 本件取引は，現実の公開の株式市場において行われたものであり，その取引を仮装および不自然なものと解すべき特段の事情も認められないから，株式の値下がりを売却損として顕在化させたとしても，その行為を直ちに租税回避行為と認定することは相当でない。

## 4　研　　究

〔問題の所在〕
(1) 法人税の課税所得の計算において，法人が有する株式の売却損は損金の額に算入される。もちろん，その売却損は実際に株式を売却したことに伴って

生じたものでなければならない。

　一方，株式を売却せず保有していても損金の額に算入される場合がある。すなわち，評価損の計上であり，法人が有する株式の価額が著しく低下した事実が生じたことにより，株式の時価がその帳簿価額を下回ることとなった場合には，時価と帳簿価額との差額は損金としてよい（法法33②，法令68二）。

　株式のクロス取引は，いったん株式を売却した後，日を置かずして同一株式を再び購入する取引である。そこで，株式のクロス取引による売却損は，本当に株式の売却があったものとして損金算入が認められるかどうかが問題になる。税の観点からすると，実際に株式の売却があったとはいえず，実質的な評価損の計上ではないか，という疑義が存するからである。

　なお，「金融商品会計」の制定[1]および法人税基本通達の改正（基通2－1－23の4）により，企業会計および法人税ともクロス取引は株式の売買とは認めないこととされた。そのため，今後は事例は少なくなると思われる。しかし，現在でもクロス取引を行っている例はみられ，また，本件は税の実質主義を考える上で参考になる。

　また，個人と法人とではクロス取引に対する取扱いが異なっているが，これをどのように理解すべきかという問題もある。

〔クロス取引の意義〕

(2)　**クロス取引**とは，一般に売りに見合った買い注文を確保し，売買を成立させる取引をいう。株式であれば，同一銘柄，同一数量の株式の売りと買いを同時に行う取引のことである。実際には，現物同士の売買や現物取引と信用取引とを組み合わせたものなどが行われている。

　たとえば，帳簿価額1,000，時価600のＹ社株式についてクロス取引を実行すれば，次のような経理処理をする。

　　（借）現　金　預　金　　　600　　（貸）有　価　証　券　　1,000
　　　　　有価証券売却損　　　400
　　（借）有　価　証　券　　　600　　（貸）現　金　預　金　　　600

この取引をしても，証券会社に支払う手数料を別にすれば，実質的に売買代金は動かず，Y社株式の保有にはなんら異動がない。にもかかわらず，Y社株式の帳簿価額は600になり，400の有価証券売却損が計上される。

　クロス取引は，このような損失を出すものだけでなく，利益を出すことを目的としても行われる。俗に損失を出すものを**損出しクロス**と，利益を出すものを**益出しクロス**とそれぞれ呼ぶ。

〔株式に評価損が計上できる事由〕

(3)　法人税における株式の評価は，売買目的の株式を除き，その取得価額による。株式の期末時価が変動しても，評価損の計上はできないのが原則である（法法33①）。

　しかし，評価損の計上がまったくできないわけではない。例外的にその計上が認められている。すなわち，株式について次の事実が生じた場合には，評価損を計上することができる（法法33②，法令68二，「二一　ゴルフ会員権に対する評価損計上の可否」参照）。

　イ　取引所売買株式，店頭売買株式およびその他価格公表株式（企業支配株式を除く）の価額が著しく低下したこと。

　ロ　イ以外の株式について，その株式を発行する法人の資産状態が著しく悪化したため，その価額が著しく低下したこと。

　ハ　会社更生法による更生手続の開始決定などがあったことによりその株式につき評価換えをする必要が生じたこと。

　ニ　ロまたはハに準ずる特別の事実

　ここでイおよびロの「株式の価額が著しく低下したこと」とは，その株式のその事業年度末の時価がその時の帳簿価額のおおむね50％相当額を下回ることとなり，かつ，近い将来その価額の回復が見込まれないことをいう（基通9－1－7，9－1－11）。

　そこで，この50％基準を満たさない株式について，クロス取引を行い実質的な評価損を計上するのである。

〔クロス取引の是非〕

(4) 本件は所得税に関する事件であるが、基本的に法人税においても考え方は同じである。

　本件において審査請求人は、昭和62年12月26日および28日に、その保有する5銘柄の上場株式の売付けおよび同一銘柄、同株数の買付けをG証券およびF証券に注文し、同日、同時刻ころ同価額で売付けおよび買付けを行った。これはまさに典型的な株式のクロス取引である。このようなクロス取引を法人が行った場合、その売却損は損金になるのかどうか。

　この点に関して原処分庁は、本件のような取引は、手数料および有価証券取引税（現在は廃止）の出費という実損を生ずるのみで、およそ経済人の行為としては不自然かつ不合理であり、租税回避を図る目的のために行ったと認められるから、このような取引はなかったものとして課税所得を計算すべきである、と主張した。これに対し審判所は、主として公開の市場において顕在化させ、意図的に作り出した損失ではないから、不自然、不合理であると否定することはできないという。

(5) しかし、法人が通常経済的・合理的に行動したとすればとるべきはずの行動をとらないで、法人税の回避または軽減の目的でことさらに不自然、不合理な行為計算を行い、あるいは直接法人税の回避、軽減を目的としないときでも、経済的合理性をまったく無視したような異常、不自然な行為計算をとることにより、不当に法人税を回避、軽減した場合には、かような行為計算を否認して、経済的、合理的に行動したとすればとったであろう行為計算に従って課税を行うことができる[(2)]。

　これをクロス取引についてみれば、クロス取引には経済的、合理的な意義はまったくなく、法人税の軽減効果だけを狙ったものである。公開の市場を利用して、まさに納税者が意図的に作り出した損失といわざるを得ない。公開の市場で顕在化した損失であり、その節税効果が経済的合理性であるから問題ないというのであれば、ほとんどの取引は租税回避を論ずることはできなくなる。

(6) また、**債券先物取引**に関して、相反する同数量、同金額の売建て玉と買建て玉とを設定し、損失の発生している建て玉だけを手仕舞いした後、新たに同方向の建て玉を同数量設定した事例がある。これにつき審判所は、一方の建て玉だけを手仕舞いしたとしても、再び同方向の建て玉が設定されているときは、その損益の認識は1個の売建て玉と買建て玉とがともども手仕舞いされたときに行うべきであり、その損失は未決算勘定として翌期に繰り越すべきだと判断した[3]。これは**債券先物のクロス取引**であり、その判断は妥当である。

上記の株式のクロス取引と債券先物のクロス取引とはその実質においてなんら異ならない。それなのに判断が分かれている理由は、必ずしも明らかでない。やはりこのようなクロス取引は、株式の売却と買戻し、債券の売建て玉と買建て玉とを一体とみる実質思考の観点を優先させるべきである[4]。

〔現行のクロス取引の取扱い〕

(7) 一方、実務的には税務が損出しクロスを問題視するのであれば、逆に益出しクロスは減額更正をするのか、という問題提起がされていた。そもそもクロス取引については、「虚構の売買」でその利益は実質を伴わない計算上の利益にすぎない、との指摘もされている[5]。仮に益出しクロスは**粉飾決算**まがいであるとすれば、法人税では、法人が修正の経理をするまでは減額更正はしないことになる（法法129②）。

このような問題もあり、企業会計では金融資産を売却した直後（5営業日まで）に同一の金融資産を購入した場合には、その売却処理は認めないこととされた。これがクロス取引の取扱いである。法人税でも、ほぼ同じ取扱いとなっている（基通2-1-23の4）。

そこで税務上、「売却した直後」というのをどう解するかといった新たな問題が生じてきた。企業会計が5営業日までとしているので、たとえば6営業日に買い戻せばクロス取引にならないのではないか、といった議論がされている。しかし、クロス取引であるかどうかはこのような形式論で論ずべき

ではない。その取引に至った事情や資金の流れ，企業損益に与える影響などを考慮して総合的に判断すべきである。

〔クロス取引に対する所得税の取扱い〕
(8) これに対して，所得税の取扱いにおいては，クロス取引を容認する通達が出されている[6]。すなわち，個人が行う上場株式または店頭売買株式のクロス取引は，有価証券の譲渡として取り扱うというものである。株式譲渡益課税に関して源泉分離課税が廃止されるのを前に，取得価額を確定させ，あるいは簿価を引き上げておくことで将来の節税効果を狙うため，最近，会社役員の自社株についてのクロス取引が急増しているといわれる[7]。

これと法人税の取扱いとの整合性はどう考えたらよいであろうか。個人は継続企業ではなく，企業会計の制約を受けないこと，株式譲渡益課税制度の改正に伴う過渡的なこと，といった点に理由があるのであろう。

(9) 株式のクロス取引ではないが，これに似た取引にゴルフ**会員権の買戻取引**がある。この事例は，値下がりしているゴルフ会員権を売却して譲渡損失を出し，その売却4日後に同額でその会員権を買い戻した。審査請求人は，クロス取引による売買損益の計上は税務上も認められているところであり，本件取引も結果的にクロス取引と同様のものであると主張した。

これに対し審判所は，本件一連の取引はゴルフ会員権の譲渡損失を作り出すことを目的とした形式的な取引であって，実体の伴わないものであり，真に売買があったと認めることはできない，との裁決を下した[8]。クロス取引との違いについて，審判所は，証券取引所といった公開された市場を通じて行われたものではないこと，ゴルフ会員権は証券取引所に上場されているような有価証券ではないこと，受渡しされたゴルフ会員権証書は同一のものであることを挙げている。

なお，本件ゴルフ会員権の買戻取引や会員権業者を介して知人に譲渡した取引など[9]に関しては，会員権の売買があったかのごとく仮装しているとして重加算税が賦課され，審判所もこれを支持している点が注目される。

〔注〕
(1) 日本公認会計士協会「金融商品会計に関する実務指針」(平成12. 1. 31) 42項, 同「金融商品会計に関するQ&A」(平成12. 9. 14) Q12
(2) 東京地判昭和40. 12. 15税資41号1188頁
(3) 審判所裁決平成 2. 12. 18裁決事例集No.40・104頁
(4) 醍醐　聡稿「時価評価と確定決算基準」税研11巻67号('96・5) 41頁
(5) 田中　弘著『時価主義を考える(第2版)』(中央経済社, 平成11) 129頁
(6) 国税庁通達「個人が上場・店頭売買株式を売却するとともに直ちに再取得する場合の当該株式に係る源泉分離課税の適用について」(平成12. 3. 27課資3－2, 課法8－4, 課所4－7)
(7) 読売新聞(平成14. 9. 8朝刊) 8面, 日本経済新聞(平成14. 12. 12朝刊) 15面
(8) 審判所裁決平成11. 2. 8裁決事例集No.57・152頁
(9) 審判所裁決平成13. 6. 15裁決事例集No.61・47頁, 審判所裁決平成13. 5. 30裁決事例集No.61・175頁

# 二三　名目上の監査役に対する賞与の損金性

## 1　事件の概要

　本件は、生薬卸販売業を営む同族会社が日常使用人としての職務に従事している、いわゆる名目的と目される監査役に対して支給した賞与の損金算入の可否が争われた事件である（棄却・昭和58.2.28裁決・裁決事例集No.25・65頁）。

## 2　当事者の主張

### (1)　審査請求人の主張

イ　当社は、商業登記簿上の監査役にすぎないAに対して賞与を支給し、これを損金算入したが、原処分庁は監査役に対する賞与として損金算入を否認した。

ロ　しかしながら、法人税法に規定する「監査役」は、単に形式的に監査役として選任されたか否かによって定まるものではなく、実質的に監査役としての職務を果たしていたか否かによって決められるべきものである。Aは、日常当社の使用人としてB国との貿易関係および国内の販売関係の業務に従事していたにすぎないのであって、監査役としての職務を果たしていないから、法人税法上の「監査役」に該当しない。したがって、Aに支給した賞与は、

使用人に対するものとして損金に算入すべきである。

ハ　仮に，Aが法人税法上の「監査役」に該当するとしても，監査役を役員と定めた政令の規定（法令71①三）は，法律の委任限度を逸脱したものであるから，Aに対する賞与は使用人兼務役員に対するものとして損金に算入すべきである。

### (2)　原処分庁の主張

監査役Aに対して支給した賞与については，Aが事実上審査請求人の使用人としてその職務に従事していたとしても，法人税法の規定（法法2十五，35，法令71①三）により損金算入はできない。

## 3　審判所の判断

(1)　Aは事業年度を通じて監査役の地位にあったのであるから，審査請求人が同人に支給した賞与は，法人税法の規定（法法2十五，35，法令71①三）により損金算入はできない。

(2)　法人税法第2条第15号の規定は，法人の監査役を役員に数え，実質的に監査役としての職務を果たしていない者を除外するというような規定は置いていないから，仮にAが日常使用人としての職務に従事し，実質的に監査役としての職務を果たしていないとしても，法人税法に規定する「監査役」に該当するというべきである。

(3)　監査役を役員と定めた政令の規定（法令71①三）は，法律の委任限度を逸脱したものとはいえない。

## 4 研　究

〔問題の所在〕

(1)　法人税において監査役は役員とされ（法法2一五），監査役に支給する賞与は損金とならない（法法35）。法人税法の規定上は，監査役は使用人兼務役員にもなれないので（法令71①三），その賞与を損金算入する余地はないことになっている。

　ところが，中小企業の実際では監査役とは名ばかり，監査役も汗を流しながら一般従業員と同じような仕事をしている例は珍しくない。これは監査役だけでなく，社長や専務，常務もほぼ同様の事情にある。

　そこで，なぜ監査役あるいは社長，専務，常務と名が付いただけで，即その賞与は全額損金不算入になるのか。その職務の内容，働きぶりなどの実質でもって，賞与の損金算入の可否を判断すべきではないか，という疑問は根強い。

　また，そもそも役員賞与が損金不算入となっている点についても，議論がある。

〔法人税法上の役員の範囲〕

(2)　法人税法上，**役員**とは，法人の取締役，監査役，理事，監事および清算人ならびにこれら以外の者で法人の経営に従事している者をいう（法法2十五，法令7）。また，**使用人兼務役員**とは，役員のうち部長，課長その他法人の使用人としての職制上の地位を有し，かつ，常時使用人として職務に従事するものをいう。ただし，社長，副社長，代表取締役，専務取締役，常務取締役，監査役などは使用人兼務役員になれない（法法35⑤，法令71）。

　このように，商法上の法定役員は法人税においても自動的に役員に該当することになっている。そしてその規定ぶりは，社長，副社長，代表取締役，専務取締役，常務取締役，監査役等に該当するかどうかにつき，現に従事す

る職務の内容によって判断するようにはなっていない。これは，商法と法人税法の法的整合性を図るという観点からすれば当然のことである。

**〔役員賞与の取扱いとその趣旨〕**

(3) 法人が上記の役員に対して支給する賞与は，課税所得の計算上，損金にならない。ただし，役員賞与であっても，使用人兼務役員に対する賞与のうち使用人分の賞与は損金になる（法法35①②）。

　役員賞与は一般に，役員と会社との関係は委任の関係であり（商法254③），役員がその職務を忠実に執行し会社が利益をあげた，その特別の功労に報いるために支給されるものであるといわれる。本来株主に帰すべき利益を株主の意思に基づいて支給される謝礼金であって，利益処分たる性質を有するものである[1]。このような役員賞与の利益処分性に着目して，役員賞与は損金不算入とされている。

　そして，使用人兼務役員の賞与のうち使用人分賞与の損金算入を認める趣旨について，次のようにいう判例がある。すなわち，わが国独特の制度として，本来使用人であるが長年の会社に対する功労をねぎらうために役員の肩書を付した，たとえば取締役営業部長のごとき者が多数存在する。これらの者は，本来使用人であるから役員に選任されたからといって一律に役員として取り扱うことはわが国の実情に即さない面があり，そこで使用人兼務役員については，その使用人分賞与は損金に算入する取扱いが定められている，という[2]。

(4) 以上のような現行法を前提とする限り，本件の監査役がどのような職務に従事しているかを問わず，監査役として適法に選任され登記されている以上，その賞与は損金にならない，といわざるを得ない。特に監査役は商法で定められた必須の機関であることからすれば，就任するだけでその職務の一端を果たしたといえよう。監査役は法律で予定された行動や責任が前提となっているのである。

　判例でも，監査役については使用人の職務を兼務することができないから，

役員賞与として損金算入はできないといっている[3]。また，使用人兼務役員となり得ないと定められた役員は，会社の使用人としての立場と両立し得ない地位にある者であるから，仮にその役員が使用人としての職務に従事したとしても，それは役員としての業務執行と認識すべきものであるという[4]。これらの論旨は，商法の建前からすれば説得力をもっている。

なお，監査役を役員と定めた政令の規定（法令71①三）は，法人税法の委任の範囲を逸脱するものではない，というのが裁決例や判例の立場である[5]。

〔現行制度の問題点〕

(5) しかしながら，本件で審査請求人が主張するような，単なる形式や建前でなく実質に応じて役員賞与の損金性を判断すべきであるという意見は少なくない。たとえば，賞与が損金になるかどうかは，その相手方の法的地位はさして重要ではなく，その賞与の事実的性格が決定的意味をもつ，という見解がある[6]。この見解は，審査請求人が主張するような中小企業の役員の実態からすれば，よく理解できよう。もっとも，監査役と取締役とでは若干の温度差があろう。すなわち，監査役は元来使用人の職務を兼務できない性質のものであるから，実質判断をすべきだというのは，取締役の方がより説得力がある。

また，昭和40年改正前の旧法人税法下における判例ではあるが，監査役に対する賞与の損金算入を認めたものがいくつか存する。たとえば，現実に会社の使用人としての業務に従事し，監査役本来の職務をほとんど行わず，その賞与も他の従業員と同時期，同一の基準で支給され，会社は代表者一人によって経営される個人会社というべきものであるから，その賞与は役員と使用人の職務に対するものとみるのが相当であるという[7]。

(6) 法人税が役員賞与は損金不算入とするのに対して，使用人賞与の損金算入を認めているのは，使用人の賞与は給料と同じく労働の対価として，会社の事業活動に直接必要な経費と考えられるからである。そうであるとすれば，いわゆるサラリーマン重役の増加や賞与を恒常的な給与体系のなかへ組み込

むことの一般化の現象などの観点から，役員賞与も職務に対する対価として全額損金算入を認めるべきだという主張は古くからされてきた[8]。

　会社という組織を利用して利益を追求する以上，その根拠法である商法が前提となるのであるから，役員賞与の損金不算入は当然である，というのも一つの考え方である。しかし，一挙に役員賞与の全額損金算入を認めるのがむずかしいとすれば，少なくとも役員全部について実質判断による使用人兼務役員性を付与するなどの途を開くべきかもしれない。現実に使用人と同じような仕事をしている役員を単に形式的に使用人と両立し得ないという理由だけで，まったく使用人兼務役員性を認めないのは，税の実質主義の観点から硬直的であるとの非難を免れないと思われる。もちろん，執行の困難性は考えられるが，現行法でも役員分と使用人分の賞与を区分しているのであるから，これは必ずしも理由にならないであろう。

〔いわゆる名刺役員の取扱い〕

(7)　上述したのは立法論であって，現行法人税法を前提とする限り，実質判断には限界がある。そのような意味で，役員賞与の取扱いは理論と実際とにギャップがあり，何かわだかまりの残る困難な問題である。この点に配意し，実務ではいわゆる**名刺役員**の取扱いが行われている。すなわち，専務取締役や常務取締役とは，定款の規定，株主総会または取締役会の決議等により専務取締役等としての職制上の地位が付与された役員をいい，単に専務取締役等の名称を冠した名刺を使用しただけでは，専務取締役等にはならないとする（基通9－2－1の3）。これに似た考え方で常務取締役に対する賞与の損金算入を認めた判例[9]や単に専務取締役の名称を付した名刺を使用したことのみをもって専務取締役というのは相当でないとした裁決例[10]がある。

　もちろん名刺役員の取扱いは，常務や専務は登記事項でないため，本当にその役職にあるのか判断が困難である点に配意したものではある。しかし，今後は立法，執行ともこのような実質判断の途を模索していく必要性は高い。

〔注〕
(1) 福岡地判昭和34.11.27税資29号1275頁，京都地判昭和36．6．3税資35号532頁，大阪高判昭和38．7．18税資37号795頁
(2) 山口地判昭和59．3．15税資135号310頁
(3) 最高判昭和50．7．11税資82号388頁
(4) 東京高判昭和48．6．28税資70号545頁
(5) 広島高判昭和60．9．30税資146号844頁，最高判昭和61.10.17税資154号75頁
(6) 北野弘久著『税法学の基本問題』(成文堂，昭和47) 130頁
(7) 横浜地判昭和44.11.6税資57号505頁，東京高判昭和46．9．7税資63号460頁
(8) 忠　佐市著『税務会計法（第6版)』(税務経理協会，昭和53) 332頁，田中勝次郎著『法人税法の研究』(税務研究会，昭和40) 224頁，961頁
(9) 大阪地判昭和35．1．26税資33号39頁
(10) 審判所裁決昭和56．1．29裁決事例集No.21・107頁

## 二四　名目的な取締役に対する報酬の帰属先

### 1　事件の概要

本件は、遊技場および不動産売買業を営む同族会社が、未成年で就学中の取締役3名に対して支給した報酬の帰属先およびその損金算入の可否が争われた事件である（棄却・平成2.4.6裁決・裁決事例集No.39・237頁）。

### 2　当事者の主張

(1)　審査請求人の主張

イ　当社は、取締役であるA男、B男およびC女に対する役員報酬300万円を損金算入した。原処分庁はA男らの取締役就任は形式的で、A男らは名目的な役員であると認定し、その報酬を代表者の報酬に加算した。しかしA男らは名目的な役員ではなく、次のとおり商法上も法人税法上も実質的な役員である。

(イ)　当社の親会社であるD社は当社の株式の100％を所有しており、A男らはD社の株式の96.1％を所有する大株主であり、一方、代表者個人はD社の株式の3.9％を所有するにすぎず、代表者の独断でA男らを取締役に選任できるものではない。

(ロ)　A男らは，D社の株主として子会社の経営権を左右できる権利と意思を有しており，この立場において，取締役として事業に参画したいとの強い意思に基づき，株主総会で取締役に選任されたもので，取締役として経営について意見を述べる能力を有する。

　(ハ)　A男らは非常勤役員であるから，使用人とは異なり直接労務の提供の必要はなく，取締役会において意見を述べ，かつ，取締役として議事の決議権を行使することで十分であるところ，A男らはその職務を実行した。

ロ　調査担当職員は，代表者が累進課税を免れるためにその子であるA男らに所得を分散したとの先入観に基づいて調査を行い，本件役員報酬は実質的に代表者に支給されたものと認定しているが，これは次のとおり事実誤認である。

　(イ)　A男らに対する役員報酬は，商法上の手続きを経て選任された取締役に対する報酬であるから，法人税法上も役員報酬として認めるのが当然である。

　(ロ)　A男らに対する役員報酬の1人当たり月額20万円は，取締役会において適正かつ妥当な額として決議されたものであって，代表者がその報酬額につき独断で指示し決定できるものではなく，また，代表者の報酬を分散するため形式的に決議したものではない。

　(ハ)　株主総会が会社の最高の議決機関であり，取締役はその株主総会によって選任されるところ，当社を支配しているのは大株主であるA男らであって，代表者は形式的にも実質的にも当社の経営権を支配しておらず，代表者は単に社長職の業務を分担しているにすぎない。

　(ニ)　当社はA男らに対する役員報酬について，A男らが使用，管理している各人名義の普通預金口座に直接振り込んでおり，代表者がA男らの役員報酬を受領し，その普通預金口座を管理した事実はない。

## (2) 原処分庁の主張

　次の理由により，A男らは名目的な役員にすぎず，かつ，取締役としての役務を提供した事実も認められないから，A男らに対する役員報酬は，審査請求人を実質的に支配，管理している代表者に対する報酬とするのが相当である。

イ　取締役に選任された昭和61年6月7日現在において，A男は満16歳，B男は満15歳で，両名ともX国に所在する学校に，また，C女は満13歳でP市立中学校にそれぞれ在学中であり，A男らの年齢および生活状態からみて，遊技場および不動産売買業の経営に役員として参画できるとは認められない。

ロ　審査請求人は，A男らが取締役に選任された昭和61年6月7日現在，D社が100％出資していた会社であり，D社は代表者，E女（代表者の妻），F男（代表者の長男），G男（代表者の次男），A男（代表者の三男），B男（代表者の四男）およびC女（代表者の長女）の100％出資による同族会社である。そうすると，A男らが取締役に選任されたのは，A男らが代表者の子であり，当の代表者が審査請求人を支配し代表している同族会社特有の事情によるものであって，その選任はA男らに役員報酬を支出するため，単に形式を整えたにすぎないと認めざるを得ず，現に就学中の身にあるA男らが取締役として具体的に役務の提供を行った事実はまったく認められない。

ハ　名目的な役員にすぎず，取締役としての役務の提供をなんら行っていないA男らに役員報酬が支払われたのは，代表者がA男らの扶養義務者であり，そして経営を支配，管理している代表者の指示なくしてはあり得ないもので，代表者がその経営支配力を利用したからにほかならない。したがって，このような指示に基づき支払われた役員報酬は，その指示をした代表者が獲得したとみるのが相当である。

## 3 審判所の判断

(1) 次のような事実からすると、審査請求人がA男らに役員報酬を支給すべき正当な理由があるとは認められないので、その役員報酬をA男らに対するものとして損金算入することはできない。

　イ　審査請求人は、臨時株主総会においてA男らを取締役に選任し、その旨商業登記をしている事実は認められるが、A男らが取締役会に出席した事実を証する資料として提出された取締役会等の議事録はその記載内容に信憑性が認められないので、A男らが取締役会に出席したことを確認することができない。

　ロ　A男らは取締役に就任した前後を通じて就学中であり、かつ、A男およびB男の両名は日本に帰国していた期間がごく短期間であること等からみれば、A男らは非常勤役員であるとはいえ、遊技場および不動産売買業の事業内容、経営状況等の実態を把握し、取締役会において意見を述べ、議決権を行使しうる状況にはなかったと認められる。

　ハ　仮に、A男らが取締役会等以外で事業に関する経営等に協力した事実があったとしても、それは代表者の親族の一員としての援助行為とみるのが相当であるから、そのことをもって経常的に対価を支払わなければならない程度に経営に従事していたと認めることはできない。

　ニ　就学中のA男らに、取引先等に対して役員としての責任を負わせ、かつ、役員報酬を支給してまで取締役に就任させなければならない必然性があったとは認められない。

(2) 代表者のD社に対する持株割合が4.55％にすぎないとしても、代表者が実質的に審査請求人を支配、管理しているのであり、その支配、管理を通じてX国に留学し、または中学生として就学しているため経営に参画することができないと認められるA男らを取締役に選任し、その役員報酬をA男らの普通預金口座に入金したものであるから、その役員報酬はその預金を実質的に

支配，管理している代表者に支給されたとするのが相当である。

## 4 研　　究

〔問題の所在〕
(1)　法人が役員に対して支給する報酬は，課税所得の計算上，損金になる。ただし，役員に対する報酬のうち，不相当に高額な部分すなわち過大報酬は，損金にならない（法法34，法令69）。

　これらの取扱いは，程度の差はあれ，何らかの形でその職務を果たしている役員に対する報酬が前提になっている。まったく架空の役員報酬が損金にならないことはいうまでもない。

　そこで，役員の職務とは何か，その範囲いかんという問題が生じる。すなわち取締役は会社の必要的機関であるから，一般使用人と異なり就任するだけ，あるいは議決権を行使するだけで職務の一端を果たしたといえるのではないか，という疑問である。言い換えれば，その役員報酬の是非は常に過大報酬かどうかの議論をすべきであって，本件のように役員とは名ばかりその報酬は他の者に帰属するといった議論ができるのかどうか，ということである。これはまた，実務上，適法に役員として選任された以上，役員報酬を名目的または仮装であるとして否認するようなことが可能かどうか，という問題にもなってくる。

　本件のように未成年で就学中の者を役員にするといった極端な例ではないにしても，実務上これに似たような事例は少なくない。それだけに本件は普遍性がある。

〔商法上の取締役の考え方〕
(2)　株式会社の取締役の選任は株主総会において行い（商法254①），取締役と会社との間の関係は委任に関する規定に従う（商法254③）。しかし，単に株

主総会で選任された者が即取締役になるわけではなく，被選任者との間で任用契約の締結（すなわち被選任者の承諾）を要する，と解されている。

　株式会社の場合，**取締役**は3名以上いなければならず（商法255），このうちから取締役会の決議をもって代表取締役を定め，**代表取締役**が会社を代表する（商法261）。そして取締役の資格については，破産者等のごく例外を除き，別段の制限はない。

　現行商法の建前からすれば，取締役全員をもって構成する機関たる**取締役会**が会社の業務執行を決定し（商法260），その業務執行は代表取締役が行う。それ以外の取締役は，取締役会の構成員として取締役会に出席して業務執行に関する意思決定に参加する権限を有するにすぎない。

(3)　しかし実務的には，定款の規定をもって代表取締役以外の取締役に内部的な業務執行の権限を認め，あるいは事実上，取締役が会社の業務を執行している例は多い。これら会社の業務を執行している取締役は，使用人を兼ねていることになろう。

　取締役は会社の業務執行にあたって，善良なる管理者の注意をもって職務を遂行する義務（民法644）と法令および定款の定めならびに総会の決議を遵守し，会社のために忠実に職務を遂行する義務（商法254ノ3）とを負う。

　なお，取締役が受ける報酬は，定款にその額を定めないときは株主総会の決議をもってこれを定めなければならない（商法269）。取締役自身によるいわゆるお手盛りを防止する趣旨である。

### 〔法人税法の役員報酬の取扱い〕

(4)　法人がその取締役に対して支給する報酬の額は，原則として損金の額に算入される。上述したように，取締役と会社との法律関係は委任であって（商法254③），取締役はその職務執行にあたって**善管注意義務**（民法644）や**忠実義務**（商法254ノ3）を負っている。取締役に対する報酬は，定款または株主総会の決議によってあらかじめ定められた報酬総額の範囲内で，その役員の職務執行の対価として法律上支払いが義務づけられるものであるから，必要

経費として損金算入が認められる[1]。**役員報酬**は、対価性を有し、会社利益の有無にかかわらず支払われるべきものである点で、雇用契約に基づき支払われる使用人給料と同様の性格を有する。その点において役員報酬には損金性が付与されるのである。

(5) ただし、役員報酬のうち不相当に高額な部分の金額つまり過大な役員報酬の額は、損金の額に算入されない（法法34①）。この場合、役員報酬が不相当に高額であるかどうかは、実質基準と形式基準との二つの基準により判断する（法令69）。

　実質基準は、役員に支給した報酬の額が、その役員の職務内容、その法人の収益およびその使用人に対する給料の支給の状況、類似法人の役員報酬の支給状況等に照らし、その役員の職務の対価として相当であるかどうかという基準である（法令69一）。これに対して形式基準とは、役員に現に支給した報酬の額が定款または株主総会の決議等で定めた支給限度額を超えていないかどうか、という基準をいう（法令69二）。

〔実務上の基本的な考え方〕

(6) 以上のような商法と法人税法の規定を前提に実務上の取扱いを考えてみる。まず、架空の役員報酬が損金にならないことは、商法や法人税法の特別の規定をまつまでもなく当然である。役員に選任したかのごとく仮装して、その者の名義で報酬を支給している場合や会社が勝手に役員に仕立てて本人に知らせず、かつ本人に報酬が渡っていないというような場合には、架空の役員報酬といってよいであろう。

　問題は、適法に役員に選任され、本人もそれを知っているが、役員としての職務を果たしていないといった場合、過大報酬の議論をすべきか、名目的であるとの議論をすべきかである。使用人に関しては、たとえば大学に在学中の代表者の長男に支払ったとする給料につき、勤務した事実がないこと等を理由にその代表者に支払ったものと認定した裁決例がある[2]。使用人給料であれば、このように認定することは比較的容易であるといえる。

(7) ところが取締役の場合には，取締役が会社の必要的機関であることや代表取締役以外の取締役は，取締役会に出席して業務執行に関する意思決定に参加する権限を有するにすぎないことなどからすれば，少なくとも取締役会に出席するだけで職務を果たしたといえる。そして，実際問題として取締役会にも出席せず，まったく職務を行っていないなどと事実認定をすることはむずかしい場合が少なくない。したがって，実務的には多くの場合，過大報酬の議論が行われている。

　もっとも，ただ単に役員に就任しただけでまったく職務に携わっていないとすれば，事実認定の問題として役員の地位は名目的で仮装のものにすぎないということは可能であろう。そして，役員報酬の損金性はあくまでもその対価性に求められるから，役員の就任のみに対価性は認められず，その報酬は他の者に帰属するかあるいは寄附金ないし架空のものということになる。

〔本件役員報酬の検討〕

(8) そこで本件をみてみると，審査請求人はＡ男らは非常勤役員であるから，使用人とは異なり直接労務を提供する必要はなく，取締役会において意見を述べ，かつ，取締役として議事の議決権を行使することで十分であるところ，Ａ男らはその職務を実行したと主張する。これはまさに上述した現行商法の建前に則った主張である。この点からすれば，仮にＡ男らが何回か取締役会に出席していれば，まさに職務の一端を果たしたといえよう。そうすると，その報酬をすべて代表者のものである，と認定することは困難になってくる。

　しかし，取締役に選任されたＡ男は満16歳，Ｂ男は満15歳で，両名とも外国の学校に，Ｃ女は満13歳で中学校にそれぞれ在学中であり，Ａ男らの年齢および生活状態からみて，遊技場および不動産売買業の経営に役員として参画できるとは思われない。わざわざ就学中の未成年者を取締役にする必然性に乏しく，他に適当な者がいなかったのかという疑問は強い。また，審査請求人の親会社であるＤ社の株主とその構成はきわめて不自然であることからしても，何らかの意図が感じられる。

(9) その全体の事象を勘案してみると，審判所のA男らは取締役会に出席したことは確認できず，したがって意見を述べ，議決権を行使した事実はないとの認定は首肯できる。仮に出席した事実があっても，それは名目的，形式的なものにすぎないと思われる。

このような点もあってか，本件の訴訟事件とみられる事件の訴訟段階で課税庁は過大役員報酬としてではなく，同族会社の行為計算の否認規定により損金不算入になるとの更正理由の差し替えを行った。これにつき裁判所は，更正理由の差し替えを認め，同規定を適用して本件役員報酬の損金算入を否認したことは適法であるとする一方，本件役員報酬は代表者へは帰属していないと判示した[3]。

なお，他の判例では，取締役に選任された者が他の会社に勤務し，職務を執行する時間的余裕がないこと，取締役として職務に関与させる必要性がないこと，取締役会の議事録の成立に疑いがあること等の理由により，取締役の地位は名目的にすぎないから，その報酬の損金算入は認められないとしたものがある[4]。

———●　●　●———

〔注〕
(1) 福岡地判昭和35.11.27　税資29号1275頁
(2) 審判所裁決平成4.11.18　裁決事例集No.44・234頁
(3) 東京地判平成8.11.29税資221号641頁，東京高判平成10.4.28税資231号866頁
(4) 東京地判昭和51.7.20税資89号307頁，東京高判昭和53.11.30税資103号674頁，最高判昭和54.9.20税資106号562頁

# 二五　役員報酬の適正額の判定基準

## 1　事件の概要

　本件は、パチンコホールを営む同族会社が非常勤の取締役に対して支給した役員報酬の額が、その取締役の職務の内容に照らして不相当に高額であるか否かが争われた事件である（棄却・平成9．9．29裁決・裁決事例集No.54・306頁）。

## 2　当事者の主張

### (1)　審査請求人の主張

イ　当社は、当社の取締役であるH，JおよびKに対して次表の「支払額」欄のとおり役員報酬を支払ったところ、原処分庁は次表の「相当額」欄の金額を超える部分の金額は過大であるとして、その損金算入を否認した。

| 区　　分 | | H | J | K |
|---|---|---|---|---|
| 平成4年7月期 | 支払額 | 7,140,000円 | 3,264,000円 | 4,080,000円 |
| | 相当額 | 1,320,000 | 1,320,000 | 1,320,000 |
| 平成5年7月期 | 支払額 | 9,340,000円 | 6,564,000円 | 7,380,000円 |
| | 相当額 | 1,500,000 | 1,500,000 | 1,500,000 |
| 平成6年7月期 | 支払額 | 9,540,000円 | 6,864,000円 | 7,680,000円 |
| | 相当額 | 1,920,000 | 1,920,000 | 1,920,000 |

ロ　しかし，原処分は次の理由により違法であり，本件役員報酬は全額損金算入が認められるべきである。

(イ)　本件役員報酬は，いずれも社員総会の決議によって定められた報酬の支給限度額以内である。

(ロ)　当社の従業員のうち，給与支給額の多い上位4名の給与支給額は次表のとおりであり，本件役員報酬はこれらと比較して不相当に高額ではない。

| 区分 | 平成4年7月期 | 平成5年7月期 | 平成6年7月期 |
|---|---|---|---|
| L | 7,562,194円 | 7,867,454円 | 7,872,500円 |
| M | 6,493,809 | 7,191,097 | 7,236,915 |
| N | 5,777,991 | 5,940,208 | 5,930,944 |
| W | 5,227,604 | 5,370,869 | 5,411,365 |

(ハ)　原処分庁は，当社の昭和60年7月期以後の各事業年度について調査をしているが，本件事業年度以外の事業年度においては，いずれもHらの役員報酬の全額損金算入を認めている。

(ニ)　原処分庁は，Hらの職務遂行状況を3名とも同一であると認定し，過大な役員報酬の判定を行っているが，Hらは当社に対して次のとおり三者三様の貢献をしているから，個々の役員ごとにその判定を行うべきである。

①　Hは当社の設立当時から銀行借入れの際，担保として個人資産を提供し，資金の運営に深く関与している。

②　Jは従業員との接触が多いことから，諸般の動静および状況について提言している。

(ホ)　原処分庁は，過大報酬の判断基準として4，5件の類似法人から役員報酬相当額を算出しているが，その判断基準としてこの件数では少なすぎるとともに，類似法人の所在地，事業内容，規模および報酬額が明らかでないから，当社としてはその役員報酬額の正否を検討できない。

## (2) 原処分庁の主張

イ 調査したところ，次の事実が認められる。
　(イ) 審査請求人は，代表取締役Xと取締役Yとがパチンコホールなどを共同経営することを目的に昭和57年12月16日に設立された会社であること。
　(ロ) 審査請求人は，取締役の報酬額について，定時社員総会において総額を決定し，各取締役への配分は取締役会に一任していること。
　(ハ) XとYの長男で取締役であるZが平成6年6月25日付で作成した合意書では，両者およびその親族の給料を増減するときは，必ず両者で協議し合意決定する旨記載されていること。
　(ニ) Hは，昭和62年9月28日に取締役に選任されているが，取締役としての業務分担はなく，また，Yが入院した平成6年4月頃まではまったく出社したことがなく，Yが入院してから時々出社している程度であること。
　(ホ) Jは，昭和62年9月28日に取締役に選任されているが，取締役としての業務分担はなく，Xが個人で営む衣料品店の事業専従者として，もっぱらその仕事に従事していること。
　(ヘ) Kは，昭和61年5月5日に取締役に選任されているが，その職務を遂行した事実はないこと。
ロ そこで，C税務署およびその近隣の税務署における類似法人（平成4年7月期および平成5年7月期各4件，平成6年7月期5件）が，Hらと同様の職務遂行の状況にあると認められる取締役に対して支給した報酬の平均額を基準として，役員報酬としての相当額を算定すると，上記表の「相当額」欄の金額となる。
　なお，類似法人の所在地等については，守秘義務に違反するから具体的に開示することはできない。
ハ 審査請求人は，本件役員報酬は上位4名の給与支給額と比較して不相当に高額ではないと主張するが，具体的な比較もなく単に主張するのみで理由とならない。

## 3　審判所の判断

(1)　JはXの妻であり，Hは平成7年6月8日に死亡したYの妻である。Hらは業務執行権を有しておらず，社員総会および取締役会に出席する程度のいわゆる非常勤の取締役である。

(2)　Xは審判所に対して，HおよびJには創業当時から苦労をかけているから，当社が収益をあげられるようになったのを機に役員に就任してもらったものであり，Kは当社の取締役であった同人の夫が死亡したときに退職金を支払えなかったことから，退職金の代わりに報酬を支払うため取締役に就任してもらったものである，と答述している。

(3)　役員報酬が不相当に高額であるかどうかは，形式基準および実質基準の二つの基準によって判定するところ，形式基準においては，審査請求人が支給した役員報酬の額は，社員総会の決議による役員報酬の支給限度額を超えていないから，損金不算入額はないことになる。

(4)　次に実質基準については，まずHらの取締役としての職務執行の事実が不明確であること，Hらが業務執行権を有しない非常勤の取締役であること，役員就任の理由と経緯および役員報酬の決定方法を併せて判断すると，Hらの職務内容は審査請求人の経営に深くかかわるようなものとは考えられない。

(5)　審査請求人の売上高および売上総利益は，平成4年7月期を100とすると，平成5年7月期はそれぞれ115.6および100.2，平成6年7月期はそれぞれ107.2および109.4になる。

また，勤続者1人当たりの平均給与支給額および使用人給与の最高額は，平成4年7月期を100とすると，平成5年7月期はそれぞれ104.9および104.0，平成6年7月期はそれぞれ106.4および104.1になる。

これに対して本件役員報酬は，平成4年7月期を100とすると，①Hは平成5年7月期130.8，平成6年7月期133.6，②Jは平成5年7月期201.1，平成6年7月期210.3，③Kは平成5年7月期180.9，平成6年7月期188.2

となり，売上高，売上総利益および使用人給与と比較して相当高い伸び率であると認められる。

(6) 類似法人の非常勤の取締役に対する報酬の支給状況を検討したところ，Hらと職務内容が類似する役員報酬の平均額は，平成4年7月期122万円，平成5年7月期116万円，平成6年7月期180万円であるから，これらと比較すると本件役員報酬はきわめて高額である。

(7) Hらはいずれも勤務形態が非常勤であることを考えれば，常勤である従業員の上位4名の給与支給額と本件役員報酬の額とを単に比較することは相当でない。

(8) 類似法人の件数が少ないからといって，直ちに合理性が失われるとはいえず，類似法人を合理的に選定したことが認められるから，役員報酬額の合理性に問題はない。

## 4 研　究

〔問題の所在〕

(1) 法人税の課税所得の計算上，役員に対する報酬は損金となる。ただし，その役員報酬のうち不相当に高額な部分は損金とならない（法法34）。この場合，役員報酬が不相当に高額であるかどうかは，形式基準と実質基準との二つの基準により判断する。

　形式基準は，役員に現に支給した報酬の額が定款等で定めた支給限度額を超えているかどうか，という基準である。まさに形式的に判断ができるから，それほどの問題は生じない。

　これに対して実質基準は，役員に対する報酬の額がその役員の実際の働きぶりからみて相当であるかどうか，という基準である。実務上，役員の働きぶりを合理的かつ的確に評価し，それに見合った適正な報酬額を決定するということは，いわば神のみぞ知る困難な問題である。具体的には，何を基準

にし，その基準をどうやって収集するか，そしてそれをいかに数額化していくか，といったむずかしい作業を強いられる。本件は，まさにこの点が争われたものである。

〔役員報酬の取扱いとその趣旨〕

(2) 法人がその役員に対して支給する報酬の額は，原則として損金の額に算入される。役員と会社との法律関係は委任であって（商法254③），役員は善管注意義務（民法644）や忠実義務（商法254ノ3）を負っている。役員報酬は，これらの義務を背景とした職務執行の対価として利益の有無にかかわらず支払われるもので，企業経営上の必要経費であるから損金となる。

　ただし，役員報酬のうち不相当に高額な部分の金額つまり**過大な役員報酬**の額は，損金の額に算入されない（法法34①）。その趣旨は，法人によっては実際は賞与にあたるものを報酬の名目で支給する傾向があるため，そのような隠れた利益処分に対処し，課税の公平を確保しようとするところにある[1]。すなわち，役員に対する賞与は損金にならないところ（法法35），本来であれば賞与として支給すべき金額を報酬に上積みして支給することにより損金算入するといった，脱法行為の防止を目的とする。

〔過大な役員報酬の判定基準〕

(3) そこで役員報酬が不相当に高額であるかどうかは，形式基準と実質基準との二つの基準でもって判断する。これらの基準により計算した金額のうち，いずれか多いほうの金額が過大な役員報酬として損金不算入になる（法令69）。

　まず**形式基準**は，役員に対して支給した報酬の額が定款の規定または株主総会等の決議により定めた報酬の支給限度額を超える場合のその超える部分の金額を過大な役員報酬とするものである（法令69二）。商法では役員自身によるお手盛りを防止するため，役員に支給する報酬の額は定款または株主総会の決議をもって定めなければならないとしている（同法269，279）。このようにして決定された報酬の額は，特別の事情がない限り，一応社会的にも適

正なものと考えられる。そこで法人税では，定款の規定または株主総会等の決議により定めた報酬の支給限度額を，過大な役員報酬の判断基準の一つとしているのである。

(4) これに対して**実質基準**は，役員に支給した報酬の額が，①その役員の職務内容，②その法人の収益および③その使用人に対する給料の支給の状況，④類似法人の役員報酬の支給状況等に照らし，その役員の職務の対価として相当と認められる金額を超える場合のその超える部分の金額を過大な役員報酬とするものである（法令69一）。

このように法令上は四つのポイントを例示しているが，さらに細かくいえば，たとえば役員の職務内容に関しては，職務に従事する程度，地位，経験，能力など，類似法人の選定に関しては，法人の業種目，規模としての人的・物的組織，売上金額，業態（卸，小売り等）の別，立地条件などが考えられる[2]。

**〔本件役員報酬の検討〕**

(5) 審判所は，まず形式基準について，現に支給した役員報酬の額は，社員総会の決議による役員報酬の支給限度額を超えていないから，損金不算入額はないと判断している。審査請求人はこの点をとらえて，本件役員報酬は，いずれも社員総会の決議によって定められた報酬の支給限度額以内であるから相当であると主張する。しかし，社員総会の決議による支給限度額以内であっても，実質基準による判断は必要である。形式基準と実質基準のいずれか一方を満たせばよい，というものではない。

そこで，審判所は次に実質基準につき，法令に定める四つのポイントに則して過大報酬の有無を検討している。まず，役員の職務内容について，本件役員は非常勤で，ほとんど会社経営にはタッチしていない。役員への就任の経緯や報酬の決定方法などからすると，審査請求人の役員であった夫に対する内助の功の対価を会社が負担してやっている印象すらある。このような点からすると，使用人のうち給与支給額の多い上位4名の給与の支給額と単純に比較し，ほぼ同額であるから不相当に高額ではないというのは不合理であ

る。この点，本件は非常勤役員であるから判断がしやすかったとはいえよう。
(6) 次に法人の収益と給与との関係について，判例では売上金額の増加率を基本とし，これに売上総利益の増加率を加味し，かつ，類似法人の平均支給額を加味して行うのが合理的であるという[3]。本件において裁決は，その売上高および売上総利益の伸びと使用人給与と本件役員報酬の伸びとを指数化して比較し，本件役員報酬の伸びの異常さを指摘している。このような手法は，給与水準は法人の業績に左右される面があることを考えれば，説得力のあるものといえる。

さらに類似法人の役員報酬の支給状況に関しては，「類似法人を合理的に選定したことが認められる」あるいは「職務内容が類似する役員報酬の平均額」というだけで，どのような基準で類似法人を選定しているから合理的なのか，どのように職務内容が類似しているのか，といった判断が示されていない。たしかにこれらの点を具体的に摘示することはむずかしいし，類似法人の選定が役員報酬としての客観性のある額の算定をするための指標を得るためのものであってみれば，推計課税における類似同業法人の選定のような厳格性は要しない[4]としても，概略だけでも示す必要はあろう。

本件は法令に定める四つのポイントに則して過大報酬の判断過程を明らかにしている点で，先例として実務上の参考になる。

● ● ●

〔注〕
(1) 名古屋地判平成6．6．15税資201号485頁，名古屋高判平成7．3．30税資208号1081頁
(2) 広島地判昭和35．5．17税資33号673頁，広島高判昭和38．6．26税資37号727頁，鳥取地判昭和39．4．24税資38号313頁
(3) 名古屋地判，名古屋高判，前掲判決，最高判平成9．3．25税資222号1226頁
(4) 岐阜地判昭和56．7．1税資120号1頁

# 二六　役員給与の報酬と賞与との区分基準

## 1　事件の概要

　本件は，一般土木建築工事業を営む同族会社が役員給与の一部を毎月未払金に計上したうえ，その未払金を従業員の賞与の支給時期に支払った場合，その支払額は役員報酬と役員賞与とのいずれに該当するかが争われた事件である（棄却・平成元.6.17裁決・裁決事例集No.37・174頁）。

## 2　当事者の主張

### (1)　審査請求人の主張

イ　当社は，代表取締役A男，取締役B子および取締役C男に対する役員報酬について，その一部を毎月未払金とし，その未払金をおおむね盆，暮の従業員に対する賞与の支給時期と同じ時期に支払った。
　これに対し，原処分庁は本件未払金は役員賞与に該当し損金算入はできないとして更正処分をした。

ロ　しかし本件未払金は，次の理由により，臨時に支給した給与ではなく役員報酬の一部にすぎないので，損金の額に算入すべきである。

　(イ)　株主総会および取締役会であらかじめ定められたA男らの役員報酬の総

額を給与台帳に記載し、その役員報酬に課される毎月の源泉所得税等についても、本件未払金を含めた総額をもとに計算し納税等をしている。

(ロ) 当社がA男らに対する役員報酬の一部を未払金としたのは、当社が強制したものではなく、A男らの合意によるものであり、本件未払金は実質的には預り金であるから、その払出しについても、A男らの請求に応じて支払ったにすぎない。

(ハ) 本件未払金の支払時にその残高を超える金額をA男らに支払い、A男らに対する未払金残高が一時的に赤字残高になるが、その赤字残高は、当社が必要に応じて返金を求めることができるもので、A男らに対する前貸しであり、その後に支給した役員報酬の未払金により返済されている。

### (2) 原処分庁の主張

本件未払金は、次のとおり、役員賞与として支給すべきものを形式的に定期の給与にしたにすぎず、役員賞与と認められるから、損金の額に算入することはできない。

イ 審査請求人は、A男らに対する毎月の役員報酬を損金に計上しているが、毎月の支払日にはそのうちの一定額のみを支払っていた。

ロ A男らに対する役員報酬と支払金額との差額を未払金とし、その未払金をおおむね盆、暮の従業員に対する賞与の支給時期と同時期に支払った。

ハ 未払金の支払時には未払金残高が赤字となり、その後の未払金発生額で補填するというきわめて不自然な経理処理を行っている。

ニ A男らに対する役員報酬をあらかじめ定められた支給基準に基づいて定時にその全額を支払えないとする特段の事情も認められず、また、従業員給与については未払金に計上して支払うといった事実はない。

ホ A男らに対し、利益処分による賞与を含めたいわゆる役員賞与を支給していない。

## 3　審判所の判断

(1) 役員報酬とは，役員としての業務執行の対価であり，かつ，通常では生活給であることから，あらかじめ定められた支給基準に基づいて毎日，毎週，毎月のように月以下の期間を単位として，規則的に反復または継続して特段の事情がない限り現実に支給される定期の給与をいうと解される。

また役員賞与とは，定期の給与以外の臨時的な給与とされている。

(2) 役員に支給された給与が報酬となるか賞与となるかは，定期的な給与か臨時的な給与かという支給の形態ないし外形によって判断すべきである。

A男らに対して毎月規則的に反復または継続して現実に支給された給与は，現実の「支払金額」であり，そのことについて特段の事情も認められないので，本件については各月に現実に支払われた金額をもって，あらかじめ定められた基準に基づく定期の給与すなわち役員報酬と認めるのが相当である。

(3) 本件未払金は，あらかじめ定められた基準に基づく定期の給与を超える部分の金額を未払いのまま保留したもので，A男らに対する支給もおおむね盆，暮の従業員に対する賞与の支給時期と同時期に行われており，臨時的な給与にあたるので，役員賞与と認めるのが相当である。

(4) A男らに対する未払金残高を超える金額を支払うことから生じた赤字金額を，各事業年度末にはその残高がちょうど零円となるように，その後の未払金発生額で補塡しているが，このことからも役員賞与とすべきものを形式的に役員報酬としていたにすぎず，本件未払金は実質的に役員賞与であったということができる。

## 4 　研　　究

〔問題の所在〕

(1) 法人税の課税所得の計算上，法人が役員に対して支給する給与のうち，役員報酬は損金になり，役員賞与は損金にならない（法法34, 35）。

　　このように役員報酬と役員賞与とはまったく取扱いが異なるので，その区分が重要である。その区分にあたって，わが国の伝統的な給与の支給慣行に従い，いちおう月々定額で支払われるのが報酬，盆，暮に業績に応じて支払われるのが賞与といえる。これは定時，定額の支給かどうかという，支給の形態で両者の区分を行うものである。

　　そこで本件のように，毎月の報酬のうち一部を未払いで留保しておき，これを盆，暮にまとめて支払った場合，その盆，暮の支払分は賞与になるのかということが問題になる。これは別の観点からは毎月の報酬の確定をどのように考えるか，という問題でもある。未払分を含めて月々に報酬の支給は確定しているとすれば，未払分は単なる報酬の支払いの遅延にすぎないことになるからである。

　　このような問題もあり，そもそも役員報酬と役員賞与との区分の基準を形式的な支給形態によってよいのか，という問題提起がされている。

〔役員報酬と役員賞与の性格〕

(2) 法人が支給する**役員報酬**の額は，課税所得の計算上，損金の額に算入される。ただし，不相当に高額な部分の金額および仮装経理により支給した金額は，損金の額に算入されない（法法34）。このように役員報酬が損金になるのは，役員報酬は法人と役員との委任契約に基づく職務執行の対価であり，法人の利益いかんを問わず事業経費のなかから支給すべきものだからである[1]。

　　これに対して，**役員賞与**は損金の額に算入されない。ただし，**使用人兼務役員**に対する賞与のうち，使用人分の賞与は損金の額に算入される（法法35）。

役員賞与は役員が法人の業績や利益をあげた特別の功労に報いるために，利益のなかから支給すべきものであると考えられているから，損金にならない。

支給する法人の側からみれば，役員報酬がいわば義務的，対価的なものであるのに対し，役員賞与は任意的，恩恵的なものである。

〔役員報酬と役員賞与との区分基準〕

(3) 法人税法上，**役員報酬**とは役員に対して支給する給与のうち，賞与および退職給与以外のものをいう。ここに**賞与**とは，臨時的な給与のうち，ほかに定期の給与を受けていない者に対し継続して毎年所定の時期に定額を支給するものおよび退職給与以外のものをいい（法法35④），**退職給与**とは，臨時的な給与のうち退職を起因として支給するものをいう。そして**定期の給与**とは，あらかじめ定められた支給基準に基づいて，毎日，毎週，毎月のように月以下の期間を単位として規則的に反復または継続して支給する給与をいう，と解されている（基通9－2－13）。

まるでパズルを解くようであるが，結局，役員報酬とは定期的に定額を支給するもの，役員賞与は臨時的に変動額を支給するものということになる。これは形式的に支給時期と定額性か変動性かという支給形態ないし外形によりその区分を行うものである。このような考え方は，大量，回帰的な税務の性質からみて多くの判例や裁決例の承認するところである[2]。

(4) これに対しては，役員に対する給与を報酬とするか賞与とするかは，すぐれてその性格に着目した実質的な判断によるべきであるから，その認定についての形式基準は一般に否定されるべきであるという反論がみられる[3]。たしかに，上述したように役員報酬と役員賞与との課税上の取扱いを決定的に異にしている趣旨はそれぞれの性格の違いに由来するのであるから，実質的な判断によるべきであるというのは，理論的にはそのとおりであろう。

しかし理論的にはそのとおりであっても，実質基準は税務の大量，回帰的な性質からすると実務にはなじみにくい。むしろ，わが国の伝統的な給与の支給慣行からすると，定期的に定額を支給するのが役員報酬，それ以外のも

のが役員賞与といっても、ほぼ両者の性格に合致していると考えられる。すなわち、職務執行の対価であるから定期的に定額が、特別の功労金であるから臨時的に変動額が、それぞれ支給されるのである。税務執行との調和を図るため、いわば次善の策として形式基準を導入しているといえよう。そのような理解に立てば、形式基準か実質基準かの議論は、単に観点の相違にすぎないといいうるのである。

〔本件未払金の検討〕

(5) そこで本件未払金であるが、月々報酬を支給するほか、本件未払金は盆、暮の従業員に対する賞与の支給時期に支給しているのであるから、支給形態からみる限り、役員賞与ということになる。

むしろ問題は、月々支払うべき報酬額としていくらが確定していたのかという点である。審査請求人が主張するように、月々の給与台帳に記載し、これに対応する源泉所得税等も納付していたのであるから、役員報酬の総額がそのつど確定していたとすれば、盆、暮の支給は単なる未払金の支払いということになる。

結論的にいえば、そもそも盆、暮に支給していたこと自体、確定した未払金ではなく賞与ではないかと疑われる。本当に未払金であれば、きっちりと盆、暮に分けて支払うようなことは不自然、不合理であるからである。また、未払金残高が赤字になり、これを各事業年度末にはその残高が零円になるよう次の未払金で補塡するようなことは、当初から役員賞与を捻出するための手段といえよう。一種の租税回避行為ともみられる。このような事実認定からすれば、審判所の判断は相当である。

なお、判例では、あらかじめ定められた代表者の年間報酬額のうち未払分を期末に一括計上した事例につき、その一括計上額は賞与であると判示したものがある[4]。

**〔年俸制報酬の取扱い〕**

(6) 以上述べてきたように，現行では役員報酬と役員賞与との区分基準を形式的にその支給形態に求めている。これはわが国の伝統的な給与の支給慣行を前提としたものであろう。

ところが，最近では役員報酬につきいわゆる**年俸制**を採用する企業も少なくない。そこで，たとえば年俸額の範囲内で盆と暮に通常の月よりも多い金額を支給した場合，それは報酬か賞与かという新たな問題が生じている。現行の支給形態に基づく判断基準からすれば，それは賞与ということになる。現に実務では，あらかじめ定められた年俸額の範囲内であっても，特定の月だけ増額して支給した場合には，それは役員賞与であると解されている（基通9－2－13）。

しかし，年俸制は年度のはじめに1年間の支給すべき報酬額を取り決めるものであるから，企業は当初からその報酬額を支給すべき義務を負い，その性格が決定されているといえる。伝統的な支給形態で判断するにはやや違和感がある。その年俸額が適正である限り，課税上の弊害も認められないので，すべて役員報酬とする考え方があってもよいように思われる。

───●●●───

〔注〕
(1) 広島地判平成3．3．27税資182号798頁，広島高判平成4．12．11税資193号759頁，最高判平成5．9．28税資198号1201頁
(2) 高松地判昭和62．5．12税資158号600頁，最高判昭和5．9．28税資198号1201頁，審判所裁決平成2．4．24裁決事例集No.39・268頁
(3) 酒巻俊雄・新井隆一著『商法と税法』（中央経済社，昭和41）101頁，松沢　智著『新版租税実体法』（中央経済社，平成6）297頁
(4) 大分地判昭和58．3．14税資129号517頁，福岡高判昭和58．9．13税資133号647頁，最高判昭和59．4．26税資140号586頁

## 二七 役員退職給与の適正額の算定方法

### 1 事件の概要

本件は、塗装工事業を営む同族会社が、その退任役員に対して支給した退職給与の適正額について、平均功績倍率法と1年当たり平均額法とのいずれの方法で算定するのが合理的であるかが争われた事件である（全部取消し・昭和61.9.1裁決・裁決事例集No.32・231頁）。

### 2 当事者の主張

(1) 審査請求人の主張

イ　当社は、取締役を退任したAおよびBに対し退職給与として、それぞれ15,552,000円、16,632,000円の合計額32,184,000円を支給し、これを損金算入した。これに対し原処分庁は、本件役員退職給与のうち21,364,000円（A分10,452,000円、B分10,912,000円）は不相当に高額であるとして損金算入を否認した。

ロ　しかし、本件役員退職給与は、次の理由によりその全額を損金算入すべきである。

(イ) 本件役員退職給与は、取締役として長い期間職人よりも低額の報酬を受

けながら会社の発展に貢献した退職役員の功労に報いるため，次表のとおり算定した「退職慰労金」と「退職功労金」との合計額であり適正なものである。

| | 退職役員ら<br>項　目 | | 取　締　役<br>A | 取　締　役<br>B |
|---|---|---|---|---|
| 退職慰労金 | 最　終　報　酬　月　額 | Ⓐ | 100,000円 | 220,000円 |
| | 勤　続　年　数 | Ⓑ | （16年5か月）年<br>17 | （12年5か月）年<br>13 |
| | 功　績　倍　率 | Ⓒ | 3倍 | 2倍 |
| | 小　　　計<br>（Ⓐ×Ⓑ×Ⓒ） | Ⓓ | 5,100,000円 | 5,720,000円 |
| 退職功労金 | 勤続期間の月数 | Ⓔ | 197か月 | 149か月 |
| | Ⓔの期間中における<br>職人の平均賃金月額 | Ⓕ | 227,500円 | 222,500円 |
| | Ⓔの期間中における<br>職人の平均報酬月額 | Ⓖ | 94,860円 | 149,270円 |
| | 功労金月額の基礎<br>（Ⓕ－Ⓖ） | Ⓗ | 132,640円 | 73,230円 |
| | 調　整　率 | Ⓘ | 40％ | －％ |
| | 調整率適用後の功労金<br>月額の基礎（Ⓗ×Ⓘ） | Ⓙ | 53,056円 | 73,230円 |
| | 小　　　計<br>（Ⓔ×Ⓙ） | Ⓚ | 10,452,000円 | 10,912,000円 |
| 合計 | 役員退職給与の額<br>（Ⓓ＋Ⓚ） | Ⓛ | 15,552,000円 | 16,632,000円 |

(ロ)　本件役員退職給与のうちに不相当に高額な部分の金額があるかどうかは，「退職慰労金」と「退職功労金」とを分けることなく，その全額を対象として判断すべきである。この場合には，次のいずれかの方法によって算出した金額のうち，いずれか高額となる金額を適正な退職給与額とすべきである。

① 平均功績倍率法

類似法人の平均功績倍率（退職役員の最終報酬月額に勤続年数を乗じた額で，役員退職給与の額を除して得た倍率の平均値）に，退職役員の最終報酬月額および勤続年数を乗じて算出する方法

② 1年当たり平均額法

類似法人における退職役員の退職給与額をその勤続年数で除して得た額の平均額に，退職役員の勤続年数を乗じて算出する方法

### (2) 原処分庁の主張

イ 審査請求人は，退職役員の最終報酬月額，勤続年数および功績倍率を基礎として計算した「退職慰労金」に，別途算出した「退職功労金」を加算して本件退職給与の額を算定しているが，「退職慰労金」の計算の基礎とした退職役員の最終報酬月額は，法人と退職役員との間の委任契約により任意に取り決められた適正なものであり，また功績倍率は，最終報酬月額と勤続年数以外で役員退職給与の額の算定に影響を及ぼす一切の事情の総合評価と考えるべきもので，退職役員の功績の度合いを係数化したものといえる。

そうすると，これらの数値を基礎として算出された「退職慰労金」には，退職役員の功績を評価した功労金部分も含まれているから，別途「退職功労金」を加算して支払うべき合理的理由がない。したがって，本件退職給与のうち「退職慰労金」が退職給与の相当額となり，別途加算した「退職功労金」が不相当に高額な部分の金額となる。

ロ 審査請求人主張の1年当たり平均額法は，役員退職給与の算定の重要な要素である最終報酬月額が考慮されないから，平均功績倍率法に比べて合理性を欠くと認められる。そこで平均功績倍率法により，株式会社政経研究所が調査した類似法人の役員退職給与の支給状況および平均功績倍率を用いて計算すると，Aは3,910,000円，Bは6,578,000円が役員退職給与の相当額となる。

## 3 審判所の判断

(1) 役員退職給与のうちに不相当に高額な部分があるかどうかは，その支給の内訳のいかんを問わず支給額の全額を対象として，退職役員の業務に従事した期間および退職の事情を考慮し，類似法人の役員退職給与の支給状況等と比較して判断すべきである。
(2) 原処分庁が選定した類似法人は，規模，地域性および業種の類似性に疑問

があり，合理性がないと認められるので，審判所が56法人のなかから類似法人5法人を選定した。

(3) 役員退職給与の相当額を算定する方法としては，功績倍率を用いる方法と1年当たりの退職給与額を用いる方法とがある。功績倍率を用いる方法は，最終報酬月額が役員の在職期間を通じての会社に対する功績を適正に反映したものでない場合や退職時の報酬月額がその役員の在職期間中の勤務内容等からみて著しく低額である場合には，功績倍率は最終報酬月額に大きく左右され，著しく高率となるから，比較そのものが不合理となる。したがって，このような特段の事情がある場合には，最終報酬月額を基礎とする功績倍率を用いる方法は妥当ではなく，1年当たりの退職給与額を用いる方法のほうがより合理的である。

(4) 退職役員Aは，昭和11年1月にF店を創立して以来その経営に従事してきたが，昭和40年4月の法人成り後は取締役として経営に従事する一方，使用人と同様に現場作業にも従事し，会社の発展に寄与してきた。この間の同人の報酬は，昭和40年4月が71,000円，最高は退職時の100,000円で，その平均額は84,451円であり，同期間中における職人の平均賃金は227,500円であった。また退職役員Bは，昭和33年12月から使用人としてF店に勤務し，昭和40年4月の法人成り後は取締役に就任し，経営に従事する一方，現場作業にも従事し，会社の発展に貢献してきた。この間の同人の報酬は，昭和40年4月が100,000円，最高は退職時の220,000円で，その平均額は131,469円であり，同期間中における職人の平均賃金は222,500円であった。

(5) 上記の事実によれば，退職役員の最終報酬月額はいずれも在職期間中の職務内容等からみて著しく低額であると認められるから，類似法人5社の功績倍率を用いて退職給与の相当額を判定するよりも，その1年当たりの退職給与額を用いて算定するのがより合理的と認められる。その場合，具体的には，審査請求人の事業規模が類似法人5社の中位に位置することから，類似法人5社の1年当たりの退職給与の平均額を基礎とするのが相当である。

そうすると，退職給与の相当額はA27,603,988円，B21,108,923円となり，

これらの金額はいずれも退職役員に支給された退職給与の額を上回るから，不相当に高額な部分の金額はないことになる。

## 4 研　究

〔問題の所在〕

(1) 法人税の課税所得の計算上，役員に対する退職給与は損金になる。ただし，その役員退職給与のうち損金経理をしなかった金額および不相当に高額な部分の金額は損金とならない（法法36）。この場合，役員退職給与が不相当に高額であるかどうかは，その役員の在職期間，退職の事情，類似法人における役員退職給与の支給の状況等に照らして判断する（法令72）。

　これは退職した役員の在職中における貢献度からみて相当であるかどうか，という基準である。しかし実際上，役員の在職中の貢献度を客観的かつ具体的に評価し，それに見合った適正な退職給与額を決定するというのは，きわめて困難な問題である。そんななかにあって，たしかに適正な退職給与の算定方法は各種のものが唱えられてはいる。しかしまた，これらの方法の合理性の検証や類似法人の選定とこれを個々の事案に即して具体的に当てはめていくのも難しい作業である。

〔役員退職給与の取扱いとその趣旨〕

(2) 法人がその役員に対して支給する退職給与の額は，課税所得の計算上，原則として損金の額に算入される。すでに述べたように，役員報酬は，役員の職務執行の対価として利益の有無にかかわらず支払われるもので，企業経営上の必要経費であるから損金となる（「二五　役員報酬の適正額の判定基準」参照）。**役員退職給与**は，このような法人在職期間中の職務執行の対価としての報酬の後払いたる性格を有するから，損金経理がされる限り，役員報酬と同様損金となるのである[1]。商法上でも，役員退職給与は報酬に含まれるの

で，これを支給するためには定款に定めるか，あるいは株主総会の決議を要すると解されている[(2)]。

　もっとも，現実の役員退職給与は，上記の①在職期間中における報酬の後払いとしての性格に限られるものではなく，②在職中における功労に対する報償金，③本人の老後ないし遺族の生活保障などの性格を併有する。

(3)　これに対して，役員退職給与のうち不相当に高額な部分の金額つまり**過大な役員退職給与**の額は，損金の額に算入されない（法法36）。これは，役員退職給与は使用人のそれと異なり，利益処分たる性質を有していることから，一般に相当と認められる金額に限り収益を得るための必要経費として損金算入を認め，相当と認められる金額を超える部分は利益処分として損金算入を認めないという趣旨による[(3)]。すなわち，役員退職給与は相当部分において退職功労金としての性格を有する面があり，これは利益処分として支給すべきところ，退職給与に名を借りた利益処分が行われることがあり得るので，これを規制しようとするものである[(4)]。

[適正な役員退職給与の算定方法]

(4)　そこで，役員退職給与として相当な金額が問題になるが，これは具体的には①その役員の法人の業務に従事した期間，②その退職の事情，③同業類似法人の役員退職給与の支給の状況等に照らし，その役員に対する退職給与として相当であると認められる金額をいう（法令72）。

　しかしこれだけでは抽象的すぎて，その判断が恣意にながれ客観性が担保できない。そこで実務的には，適正な役員退職給与の算定方法として，次のような方法が考えられている。

　イ　平均功績倍率法

　　これは，次の算式によってその適正額を算定する方法である。

　　適正退職給与＝最終報酬月額×在職年数×平均功績倍率

$$平均功績倍率 = \frac{類似法人の退職給与の額}{類似法人の最終報酬月額 \times 在職年数}$$

ロ 1年当たり平均額法

これは，次の算式によってその適正額を算定する方法である。

$$適正退職給与＝\frac{類似法人の退職給与の額}{類似法人の役員の在職年数}\times 在職年数$$

ハ 公務員基準方式

これは，公務員の退職金の算定基準（たとえば，国家公務員等退職手当法による算定基準）によってその適正額を算定する方法である。

ニ 地方公共団体特別職基準方式

これは，地方公共団体の特別職（たとえば，助役，収入役）の退職金の算定基準によってその適正額を算定する方法である。

(5) これらの方法のうちハとニの方式は，退職給与額の一応の目安や水準を得るという点では参考になるが，あまり結論的なより所にするところまでは利用されていない。公務員と私企業の役員との職務や功績またその評価が大きく違うからであろう。

実務的には，平均功績倍率法と1年当たり平均額法の適用が圧倒的である。判例では平均功績倍率法を適用した事例の合理性を認めるものが多いが，その合理性を次のようにいう。すなわち，役員の**最終報酬月額**は退職間際に報酬が大幅に引き下げられたなどの特段の事情がない限り，役員の在職期間中における最高水準を示し，会社に対する功績の程度をもっともよく反映しているものであり，また，役員の**在職年数**の長短は報酬の後払いという点にも功績評価の点にも影響を及ぼすものであり，さらに**功績倍率**はその役員の最終報酬月額と在職年数以外の営業規模，営業成績等の退職給与額算定に影響を及ぼす一切の事情を総合評価した係数であるから，平均功績倍率法は類似法人の退職給与の支給事例の抽出が合理的に行われる限り，法の趣旨に合致するものである，と[5]。

(6) 一方，1年当たり平均額法の合理性を認めた判例もみられる。1年当たり平均額法と平均功績倍率法とは相対立するものではなく，どちらも合理性が認められている[6]。ただ，平均功績倍率法はその役員の「最終報酬月額」が

重要な算定要素になるから，上記判例でも指摘されているように，退職間際に報酬が大幅に引き下げられているとか，もともと報酬月額が世間相場と極端に遊離しているといった場合には，平均功績倍率法の適用は合理的でない。現に，退職役員の最終報酬月額は著しく低額であるから，平均功績倍率法ではなく1年当たり平均額法を適用すべきとして争った事例も存する。もっとも，著しく低額とはいえないとして平均功績倍率法の適用が是認されている事例が多い[7]。

また，退職役員の報酬月額は，その役員の功績を適正に反映したものとしては低額にすぎるとして，平均功績倍率法の適用上，適正報酬月額は代表者の報酬月額の平均額の2分の1とするのが相当である，とした判例もある[8]。

**〔本件役員退職給与の検討〕**

(7) 本件もまさに平均功績倍率法か1年当たり平均額法か，いずれの方法を適用するのが合理的かが争われている。

本件では「退職慰労金」と「退職功労金」との二本建てで退職給与を支給している。これは，退職給与の在職期間中における報酬の後払いと在職中における功労に対する報償金との二つの性格を意識したものであろう。いずれにしても，その退職給与が適正であるかどうかは，審判所の判断にもあるように，その支給の内訳のいかんを問わず支給額の全額を対象として判定すべきである。

次に審判所は，原処分庁の選定した類似法人は，規模，地域性および業種の類似性に疑問があるといっている。原処分庁が主張する株式会社政経研究所が調査した類似法人の選定になぜ疑問があるのか明らかではないが，一般的に類似法人の選定にあたっては，資本金，売上金額，総資産価額，所得金額，所在地，事業の種類，退職の事情等を考慮すべきであろう[9]。

(8) 本件のポイントは，たとえば退職役員Aの報酬が最高は退職時の100,000円で，その平均額は84,451円であり，同期間中における職人の平均賃金が227,500円である点である。なぜ退職役員Aの報酬がこのように低額である

のか，昭和11年１月にＦ店を創立して以来その経営に従事し，使用人と同様に現場作業にも従事してきたというのであるから不可解である。本件裁決はこの点の解明に問題を残している。

　最終報酬月額が低額であるかどうかは，基本的にその役員の職務の内容からみて判断する。たとえば職人に高い給与を支払うために，退職役員Ａは安い報酬に甘んじてきたとすれば，最終報酬月額100,000円は在職期間中の職務内容等からみて著しく低額であると認められるから，審判所の判断どおり１年当たり平均額法のほうが合理的ということになる。

　しかし，何か特別の事情，たとえば他の会社の役員を兼任していたこと等の事情があるとすれば，退職時の報酬100,000円がその貢献度の実態を表していたかもしれない。そうすれば本件結論は変わってきた可能性がある。

● ● ●

〔注〕
(1)　東京地判昭和50．8．6税資82号521頁
(2)　浜田道代稿「新版注釈会社法(6)269条注釈23」（有斐閣，昭和62）397頁，戸島利夫・辻　敢・堀越　薫共著『税法・商法からみた役員の報酬・賞与・退職給与』（税務研究会，昭和61）225頁
(3)　東京高判昭和49．1．31税資74号293頁，名古屋地判平成２．5．25税資176号1042頁，名古屋高判平成４．6．18税資189号727頁
(4)　東京地判平成７．4．28税資209号319頁，東京高判平成７．9．26税資213号687頁
(5)　静岡地判昭和63．9．30税資165号962頁，東京高判平成元．1．23税資169号５頁，名古屋地判平成２．5．25税資176号1042頁，岐阜地判平成２．12．26税資181号1104頁，名古屋高判平成４．6．18税資189号727頁
(6)　札幌地判昭和58．5．27税資130号541頁，岡山地判平成元．8．9税資173号432頁，広島高判平成４．3．31税資188号1128頁
(7)　名古屋地判平成２．5．25税資176号1042頁，岐阜地判平成２．12．26税資181号1104頁
(8)　高松地判平成５．6．29税資195号709頁
(9)　札幌地判昭和58．5．27税資130号541頁，名古屋地判平成２．5．25税資176号1042頁，岐阜地判平成２．12．26税資181号1104頁

# 二八　現物支給による役員退職給与の経理方法

## 1　事件の概要

　本件は，青果物卸売業を営む同族会社が，退任した前代表者に対し退職給与として土地・建物を現物で支給した場合，その帳簿価額と時価との差額につき損金経理がないことを理由として役員退職給与は損金算入ができないのかどうかが争われた事件である（棄却・平成4.3.13裁決・裁決事例集No.43・244頁）。

## 2　当事者の主張

### (1)　審査請求人の主張

イ　当社は前代表者の退任に伴い，退職慰労金80,000,000円の一部として土地・建物を帳簿価額の26,596,659円（土地25,000,000円，建物1,596,659円）で現物支給した。これに対し，原処分庁は支給した土地・建物の時価162,131,019円と帳簿価額との差額135,534,360円は損金経理をしなかった役員退職給与であるとして，その差額を益金に算入する更正をした。

ロ　しかし，本件土地・建物は昭和51年に前代表者に対して資金を貸し付けるため，狭義の譲渡担保または再売買の予約により30,000,000円で取得したものであり，前代表者の退任に際し，本件土地・建物の所有名義を戻してもら

いたい旨の要求を受けて，昭和62年に退職慰労金の一部として支給したものである。したがって，本件土地・建物の評価額は時価ではなく，当社の取得価額によるべきである。

### (2) 原処分庁の主張

イ　譲渡担保または再売買の予約による資産の譲渡を単に金融のためとみるのは，売買契約書にその旨が明らかであることはもとより，その譲渡が債権担保の目的であることが外形的にも明らかである場合に限られる。しかし，固定資産としての経理，減価償却の実施，前代表者から収入家賃としての収益計上等の事実からすると，本件土地・建物は前代表者から譲渡により取得したとみるのが相当である。

ロ　退職慰労金80,000,000円のうちの25,000,000円を土地により現物支給したものと経理処理しているが，本件土地の時価は160,534,360円と認められ，帳簿価額との差額135,534,360円の処分益が生じるから，これは益金に算入すべきである。

　一方，退職慰労金の一部としての土地の現物支給は，同時にその差額は役員退職給与を支給したことになるが，その差額は役員退職給与としての損金経理がされていないから，損金にすることはできない。

## 3　審判所の判断

(1)　審査請求人は，本件土地・建物について，自己の固定資産に計上していること，固定資産税を負担していること，建物にかかる減価償却費を計上していること，前代表者から賃貸料を収受していること，債務者を審査請求人とする銀行の根抵当権設定登記を行っていること等からすると，本件土地・建物は形式的な譲渡であったとはいえず，審査請求人の所有するものであったと考えるのが自然である。

(2) 役員退職給与につき損金経理をしなかった金額を損金不算入としているのは、役員退職金にはその功労に対する経営者報償的なもの、つまり利益の分配としての性格もあるから、役員賞与との関連において役員退職金として明確に損金経理した金額のみが損金算入されるという趣旨であると解されるところ、法人が役員退職金を損金とするためには、まずその意思表示としてその金額を確定した決算において積極的に費用または損失として経理することが必要であると解するのが相当である。

(3) 本件土地・建物の時価と帳簿価額との差額については、法人税法第22条第2項により土地・建物の処分益が生じたものとして益金に算入されるとともに、役員退職給与として支給したのであるから、法人税法第36条に照らしてみると、損金経理をしていないので損金に算入されない役員退職給与とするのが相当である。

## 4 研　　究

〔問題の所在〕

(1) 従来から中小企業を中心として、たとえば役員が社宅として住んでいた土地・建物などを、その役員の退職を機に退職給与として現物支給する例がみられる。特に最近の経済不況を反映して、このような事例が多くなっている。本件もその事例であるが、審査請求人は前代表者への退職給与の現物支給にあたり、土地・建物の帳簿価額を基準に単純に次のような経理処理を行い損金算入した。

　　（借）役員退職給与　26,596,659　　（貸）土　地・建　物　26,596,659

　これに対し原処分庁は、土地・建物の時価を基準に本来次のように経理処理をすべきであったが、実際には135,534,360円は役員退職給与としての損金経理がされていないから損金算入は認められず、固定資産売却益だけが益金になると主張する。

(借)役員退職給与 162,131,019　(貸)土　地・建　物　26,596,659
　　　　　　　　　　　　　　　　　　　固定資産売却益　135,534,360

　たしかに，法人税法では法人が支給する役員退職給与のうち損金経理をしなかった金額は，損金の額に算入しないと規定している(法法36)。これは一見明確ではあるが，しかしそもそもこの規定の当否自体とともに，この規定が本件のような場合に適用されるのかどうかにつき疑義が呈されている。

〔**役員退職給与の取扱いとその趣旨**〕
(2)　法人が退職役員に対して支給する退職給与は，課税所得の計算上，損金になる。ただし，損金経理をしなかった役員退職給与は，損金にならない(法法36)。

　　ここに**損金経理**とは，法人がその確定した決算において費用または損失として経理することをいう(法法2二十五)。したがって，利益金処分や仮払金として経理した場合には，費用または損失としての経理がないから，損金経理とはいえない。もちろん，役員に対し簿外で支給したような退職給与は，損金経理がないから損金として認められる余地はない[1]。

　　このように法人税が役員退職給与の損金算入につき損金経理を要件としているのは，次のような趣旨による。すなわち，役員退職給与は在職中の報酬の後払的な性格とともに在職中の功労に対する報償的な性格を有し，多分に利益の分配たる性格をもっているから(「二七　役員退職給与の適正額の算定基準」参照)，それを損金算入するためには法人みずから費用(損失)であると認識している旨の意思表示をすべきである，ということである。その意思表示がまさに損金経理である。

　　なお，役員退職給与を土地・建物等の現物で支給した場合には，その帳簿価額ではなく時価評価した金額が退職給与の額となる。したがって，その現物支給は資産の譲渡に該当するから(法法22②)，帳簿価額と時価との差額は固定資産の譲渡損益として認識しなければならない[2]。

〔役員退職給与の経理方法〕

(3) **役員退職給与の経理方法**には各種のものがある。ここでその経理方法ごとに税務上の取扱いを整理しておこう。

イ　費用に計上する方法

役員退職給与を次のように費用計上する方法である。この場合には問題なく損金の額に算入される。

　　（借）役員退職給与　　　1,000　　（貸）現　金　預　金　　　1,000

ロ　利益金処分による方法

役員退職給与を利益処分により支給する方法であるが，これは次のような経理処理を行う。

　　（借）未 処 分 利 益　　　1,000　　（貸）役員退職積立金　　　1,000
　　（借）役員退職積立金　　　1,000　　（貸）現　金　預　金　　　1,000

この場合には，役員退職給与の費用（損失）計上がないから，損金経理をしたことにならず，その損金算入は認められない。もし損金算入をするのであれば，次のような経理処理をすべきである。そうすれば，役員退職給与の費用（損失）計上があるから，損金経理の要件を満たしその損金算入ができる。

　　（借）役員退職給与　　　1,000　　（貸）現　金　預　金　　　1,000
　　（借）役員退職積立金　　　1,000　　（貸）役員退職積立金取崩額　1,000

ハ　仮払金に計上する方法

役員退職給与の支給時には仮払金に計上しておき，その後所定の時期にその仮払金を損金経理により消却する方法である。

　　（借）仮　　払　　金　　　1,000　　（貸）現　金　預　金　　　1,000
　　（借）役員退職給与　　　1,000　　（貸）仮　払　金　　　1,000

この場合には，役員退職給与の支給時には損金経理がないから，その損金算入はできない。問題は，その後，仮払金を損金経理により消却した時に損金算入ができるかどうかである。役員退職給与は，①株主総会等の決議によりその額が具体的に確定した日と②その額を実際に支給した日とのいずれか

のときに損金算入する（基通9－2－18）。したがって，その額が具体的に確定したときに損金経理をせず，また，実際に支給したときに仮払金計上した場合には，その後仮払金を消却しても，その役員退職給与の損金算入は認められない（基通9－2－21）。損金算入すべきときに損金経理がされていないからである。

〔現物支給の実務と判例の立場〕

(4)　そして，本件で問題となっている役員退職給与を土地・建物等の現物で支給する場合には，上記の経理方法と税務上の取扱いをベースに，原処分庁が主張するような経理処理をすべきであるというのが課税庁の立場である。したがって，審査請求人のような経理処理では，土地・建物等の時価と帳簿価額との差額について損金経理がないから，この部分は役員退職給与として損金算入はできない，ということになる。

　これは本件に関する判例その他でも支持されており，そこでは確定した決算において損金算入されていない金額は，損金経理したものとはいえないから，土地を現物支給したことにより土地の時価と帳簿価額との差額についてまで損金経理が行われたものと解することはできない，といっている[3]。これはまさに法人税法の規定どおりの解釈である。

〔損金経理要件の問題点〕

(5)　しかし，このような損金経理の要件や実務の取扱いに対して，学説には異論が多い。たとえば，損金経理は単なる手続きの問題であるのに，これの不備をとらえて金額が高額になる役員退職給与の損金算入を否認するのは形式的にすぎるという。経理処理の手続的なものを厳重に解すべきではないというのである。特に現物で退職給与を支給する場合には，その現物の時価の算定につき税務当局と見解が相違することが多いが，納税者における時価の算定がそれなりに合理性がある場合には，損金経理をしていない差額についても是認すべきである，という見解が強い[4]。役員退職給与の損金経理要件は

廃止すべきである，という主張もされている[5]。

　一方，法人税が役員退職給与の損金算入につき損金経理要件を付しているのは，株主等に対しディスクローズすることによるお手盛りの退職給与の抑制効果をも期待している面がある。そうすると，財務諸表に役員退職給与が表示されないことになるような経理処理は問題がある，という意見も存する[6]。この見解によれば，上述の役員退職給与を利益処分により支給する経理方法や審査請求人のような経理方法は適当でない，ということになろう。

(6)　たしかに，退職給与を現物支給した場合のその現物の時価の算定が少々異なっているからといって，直ちに時価と帳簿価額との差額につき役員退職給与として損金経理がないとしてその損金算入を認めないのは，いささか形式的にすぎ疑問がある。単なる時価の認識の違いであれば，恣意的に損金経理をしないのではなく，法人としてはその役員退職給与の費用性は認識していると認められるからである。

　もっとも，損金経理がないのにどのような場合でも無制限に，役員退職給与の損金算入を認めることにも問題はあろう。役員退職給与は，多分に利益の分配たる性格をもっているからである。損金経理の要件は，役員退職給与の損金支出か利益処分支出かの法人の意思を確認する手段にすぎないと限定解釈するのも一つの方法であろう。

―――●●●―――

〔注〕
(1)　東京地判昭和45.4.6税資79号1629頁
(2)　東京地判平成6.11.29税資206号449頁，東京高判平成8.3.26税資215号1114頁，最高判平成10.6.12税資232号600頁
(3)　青森地判昭和52.5.17税資94号517頁，東京地判平成6.11.29税資206号449頁，東京高判平成8.3.26税資215号1114頁，最高判平成10.6.12税資232号600頁
(4)　武田昌輔稿「帳簿価額で処理した現物支給による退職慰労金」税務弘報41巻11号（平成5.10）96頁
(5)　井上久彌著『税務会計論』（中央経済社，昭和63）153頁
(6)　渡辺淑夫・山本清次・平川忠雄鼎談「人的リストラを巡る税務問題」税経通信49巻

3号（平成6.3）136頁

# 二九　地元神社に対する寄附金の法人負担の是非

## 1　事件の概要

　本件は，化学製品製造業を営む同族会社が支出した地元の神社を改築するための寄附金について，その役員個人または法人のいずれが負担すべきかが争われた事件である（棄却・平成2.1.30裁決・裁決事例集No.39・275頁）。

## 2　当事者の主張

### (1)　原処分庁の主張

イ　審査請求人がA神社・B神社改築奉賛会およびC神社奉賛会に対して神社改築等の賛助金として支出した，それぞれ5,000万円，6,600万円の合計1億1,600万円の寄附金は，次のような寄附の動機，支出の相手方，さらに審査請求人の取締役社主であるD男が世間一般からの顕彰を予定してなされたものであることから，D男が個人的に負担すべきである。

(イ)　D男は，「これら神社は父F男が特に崇拝した神社であり，自分もともに参拝した。荒廃の現状は見るにたえない。改築計画に協賛しよう。」と言明し，多額の寄附の申出を行ったこと。

(ロ)　D男の寄附の申出は，法人の取締役会での議決以前に行われ，かつ，一

般寄附者に率先してなされ、これが奉賛会設立の契機となったこと。
　(ハ)　D男は、改築記念寄附者芳名碑にD男の個人名を表示させ、また、神社顕彰之碑の建立にあたりD男等の胸像陶板を寄贈し、顕彰文も事前検討して、寄附者がD男ないしD家である旨表示させたこと。
ロ　寄附金の支出についての取締役会の議決、法人名義の小切手振出し、法人あての領収書収受は、法人の支出であることの形式を整えるために行ったと認められる。このような不合理な行為が可能であったのは、D男が法人の株式の半数を所有し、かつ、代表取締役会長であったという同族会社の社員構成の特殊性に基づくものであり、法人税の負担を不当に減少させる結果となる。

### (2)　審査請求人の主張

イ　原処分庁が、本件寄附金をD男個人の負担に帰すべきものとして、役員賞与と認定したのは、次の理由により失当である。
　(イ)　D男が父F男とともに参拝したのは小学生のころのことで、父の言い付けで供をしたにすぎず、また、D男は神仏より人間を拝むことが大切であるという信念をもち、神に対する信仰心をもっていないこと等から、D男が個人で寄附をすべき動機はまったくないこと。
　(ロ)　常識上、会社経営者は会社の財務状況、利益力、業況等を勘案のうえ、どの程度の寄附金ならば取締役会に建議、決裁承認を受けられるかという裁量・判断を行い、金額を内示することは通例であり、内示したからといって内示した者の個人的寄附となるものではないこと。
　(ハ)　改築記念寄附者芳名碑および顕彰之碑の碑文の表示は、奉賛会役員の一致した意見によるものであり、D男個人が要請したものではないこと。
ロ　非同族会社である同業他社も多額の寄附金を支出しているのであって、企業規模、収益力に応じて社名の高揚、人材獲得の狙いはあるにしても、地域社会との付合い、融和の必要上、本社および工場所在地の地域社会へ多額の寄附をしているのが通例であり、当社も同様の意図をもって本件寄附金を支

ハ 当社が無名の弱小企業であったころから地元の氏子の人々が社員としてまじめに働いてくれたことが,今日の隆盛をみるに至ったものであり,その氏子が尊敬している地元神社の改築に際し当社が寄進するのは当然である。

## 3 審判所の判断

(1) 株式会社は営利事業を目的とするものであり,寄附金は対価を伴わない無償の出捐であるから,株式会社のする寄附金は社会通念上相当と認められる範囲内に限られるものと解され,その限度を超える支出は役員の忠実義務違背の責任を生じる。すなわち,会社も社会的実在で社会で事業活動を行うのであるから,その社会的役割を果たすために,災害救援資金の寄附,地域社会への財産上の奉仕,福祉事業への資金的協力などのために,相当の範囲内で出捐することは当然に期待されている。その寄附が社会通念上相当なものとして認められるかどうかは,寄附の目的,寄附の相手方との関係,会社資本の規模,経営実績,社会的地位,寄附の金額,支出の効果,その他諸般の事情を総合考量して決せられるべきである。

(2) そこで以下の点に照らせば,本件寄附金は営利法人たる審査請求人のした寄附金としてはあまりにも高額で不自然であり,むしろD男が個人として寄附を実行し,審査請求人が代わってその資金を提供したものと認めるのが相当である。

イ 本件寄附の目的は,F男およびD男が生来崇拝してきた地元神社の改築資金の大部分を負担するものであること。

ロ 地元神社の氏子・信徒の広がりは地域的にみてR町,S町地区に限定されたものであること。

ハ 宗教ないし信仰は自然人の内心の問題であるから,これに対する喜捨も多くは自然人に期待されるものであること。

ニ　芳名碑および顕彰之碑にはD男の個人名が刻され，また，募金者側も寄附をした個人の篤行に感謝，顕彰の念を抱くものであること。

ホ　審査請求人は地元で屈指の企業で，経営成績も良好であったとはいえ，本件寄附金の額は，一募金団体に対する寄附金としては著しく多額で，募金総額のうちの大部分を占めるものであること。

ヘ　本件寄附金の支出決定も，D男が高齢となりその父F男の敬神の念を懐古し，敬神崇祖の一念に由来するものと認められること。

ト　D男が各神社総代らに本件寄附金の支出につき確言を与えたのは，取締役会の時期よりかなり早く，その確言により各神社奉賛会が結成され，改築工事に着工したのであるから，その支出決定はもっぱらD男個人の判断によりなされたものと認められること。

チ　取締役会の議決は，本件寄附をするかどうかということよりも，その資金の負担について承認したものと解されること。

(3) 審査請求人の主張はその寄附金が法人の支出と評価されるべき場合の立論であって，法人のあるべき寄附金の限界を超え，役員個人の負担すべき寄附金を法人が代わって支弁したという場合には，当を得ない。

# 4　研　　究

〔問題の所在〕

(1) 法人が支出する寄附金のうち，指定寄附金等はその全額が損金になり，その他の寄附金は，法人税法所定の限度額までの金額が損金の額に算入される（法法37）。

　　ところが，寄附金は金銭等の贈与や経済的利益の無償の供与であり，事業との関連性や対価性が問われる支出であるから，寄附金の損金算入を云々する以前に，そもそもその寄附金は法人が負担してよいものか，役員等個人が負担すべきではないか，という点が議論になることが多い。本件でもまさに

この点が問題となっている。本件のような地元神社に対する寄附金のほか，功成り名遂げた社長が自分の出身学校に寄附をするといった例がよくみられる。

もともと個人が負担すべき寄附金を法人が支出すれば，その寄附金はその個人に対する給与ということになる（基通9-4-2の2）。しかし，法人の事業との関連性や対価性が薄い支出がまさに寄附金であるから，地元の神社や社長の出身学校に対する寄附金は典型的な寄附金ではないか，という疑問が残る。そこをさらに進めて個人が負担すべきであるというのは，どのような基準や事実をもって判断すればよいのか，実務的にはむずかしい問題である。

〔税務上の寄附金の本質〕

(2) 法人が支出する寄附金のうち，国・地方公共団体に対する寄附金および財務大臣が指定する**指定寄附金**は，その全額が損金になる。その他の寄附金は，法人税法所定の損金算入限度額までの金額が損金になり，その限度額を超える部分の金額は損金として認められない。ただし，利益処分により支出した寄附金は，指定寄附金等を除き，その全額が損金不算入となる（法法37，法令73）。

ここに**寄附金**とは，寄附金，拠出金，見舞金その他いずれの名義をもってするかを問わず，金銭その他の資産の贈与または経済的利益の無償の供与をいう（法法37⑥）。この寄附金の本質ないし意義をめぐっては各種の議論が存する[1]。

(3) まず**非事業関連説**は，寄附金とは事業活動に関係なく支出される金銭その他の資産の贈与等をいい，資産の贈与や経済的利益の無償供与であっても，それが事業活動に関係あるものであれば，そもそも寄附金には該当しないという。

つぎに**事業関連説**は，寄附金には事業の遂行に必要なものと，事業遂行に関係ないものとがあり，利益処分による寄附金の損金不算入規定（法法37

①）は，事業遂行に直接関係のない寄附金は利益処分とする当然のことを定めたものであり，一方その他寄附金の損金不算入規定（法法37②）は，事業遂行に直接関連がある寄附金について定めたものであるから，事業に関連のない寄附金は利益処分として損金にならないと説く。さらに**非対価説**は，寄附金は事業関連性の有無を問わず，直接的な対価を伴わない支出であるという考え方である。この非対価説が通説といってよい。

〔商法上の寄附金支出の可否〕

(4) 以上のように寄附金の本質には各種の考え方が唱えられているが，要するに事業関連性ないし対価性がないか，またはそれらが薄い支出が寄附金である，ということができる。このように寄附金はいってみれば経営目的に関連しない支出であるから，そもそも企業が支出すること自体が認められるのかどうか，という議論が存する。この点に関して，企業の**政治献金の是非**が争われた八幡製鉄政治献金事件が有名である[(2)]。

この事件においては，同会社の株主が，会社が政治資金を寄附する行為は①定款所定の事業目的を逸脱し，かつ，②取締役の**忠実義務**に違反する，として訴訟を提起した。その東京地裁判決では会社の政治献金を定款違反であるとして株主の主張を認めたが，東京高裁判決および最高裁判決では，逆に会社の政治献金をする行為を支持した。

(5) この最高裁判決では，会社の政治献金が定款違反かどうかという点につき，会社は社会的実在であるから，一見定款所定の目的と関係ない行為である政治献金のような社会的活動をすることは，会社の企業体としての円滑な発展を図る点に相当の価値と効果が認められ，目的遂行上必要な行為といってよいと判示した。また，取締役の忠実義務違反については，会社の政治献金は，会社の規模，経営実績その他社会的，経済的地位および寄附の相手方など諸般の事情を考慮し，合理的な範囲内において金額を決すべきであり，この範囲を超えて不相応な寄附をすれば取締役の忠実義務違反になる，との判断を下した。もっとも，この事件では結果的に取締役の忠実義務違反はないとい

う結論になっている。

〔個人が負担すべき寄附金〕

(6)　法人が支出した寄附金で，その法人の役員等が個人として負担すべきであると認められるものは，その負担をすべき者に対する給与とする（基通9－4－2の2）。このこと自体は，寄附金に限らず他の費用についてもまったく同じであり，当然の取扱いである。にもかかわらず，寄附金についてわざわざこのような定めを置いているのは，寄附金には上述したような性格があり，法人が支出したものはそのまま法人の負担として是認されるのではないかとの懸念が存するからである。

　そこで，個人が負担すべきであると認められる寄附金の判断基準が問題になる。寄附金以外の一般経費であれば，その経費自体に対価性があるから，その対価である利益を法人ではなく個人が得ているという経費が個人が負担すべきものということになる。ところが，寄附金は非対価説が通説であるように，それ自体に対価性がないものであるから，対価性の有無は個人が負担すべきかどうかの基準にならない。

　一方，法人が負担すべき寄附金には事業関連性が認められなければならないから，事業関連性は個人が負担すべきかどうかの基準になり得る。まったく事業に関連のない支出を，法人が負担するいわれはないからである。こう考えてくると，個人または法人が負担すべきかどうかは，結局，事業関連性の程度いかんということになる。その事業関連性の程度を寄附をするに至った経緯や動機，必然性といった観点から判断する。

〔本件寄附金の検討〕

(7)　本件における審判所の判断は，上述の最高裁判決を基礎にしたものと思われる。審判所のいう寄附金は社会通念上相当と認められる範囲内に限られ，その限度を超える支出は役員の忠実義務違背の責任を生じる，というのはよい。しかしだからといって，なぜD男が個人として寄附を実行したものと認

めるのが相当である，ということになるのかやや説明不足である。最高裁判決は，あくまでも取締役の忠実義務違反の判断基準を示したにすぎない。

仮に忠実義務違反の寄附金であっても，会社の事業に関連するものがないとはいえない。税はあくまでも実質的に判断すべきであるから，事業関連性を有する寄附金であれば会社が負担しても差し支えない。忠実義務違反になることと，税務上個人が負担すべきかどうかは別問題である。

(8) その点で審査請求人が主張する，地域社会との付き合い，無名の弱小企業のころからの地元の人々の協力といった点をどう評価するのか検討すべきであったろう。また，会社のＰＲ，イメージアップを図るという意図があったかもしれない。むしろ最近では，企業の社会的責任の遂行のため，文化活動を中心として企業の寄附活動は活発であるといえよう[3]。このような若干の疑義はあるが，本件寄附をした経緯等に照らせば審判所の判断は結論的には妥当である。裁判所でも本件寄附をするに至った事情や会社が1億5,000万円もの寄附をしなければならない事情を見出し得ないこと，本件税務調査後，芳名碑の個人名が会社名に訂正されていることなどから，寄附の主体は個人であると認定している[4]。

〔類似事案の判例等〕

(9) 本件のような寄附金の負担者が争われた事例として，旅館業を営む会社の代表者の夫の出身地である市に対して市立保育園の建設資金等500万円を寄附したものがある。これに対して判決は，その寄附が同市出身の成功者である夫の要請によるものであること，その寄附の支出手続きにおいて夫の個人名義が使用されていること，建設された保育園には夫の姓が冠されており，市長から感謝状を受けるとともに，その寄附により紺綬褒章を授与されていることなどから，その夫個人が負担すべきものであると判示している[5]。

この事例も，本件と同じように寄附をするに至った経緯や寄附後の扱われ方等からみて，個人的な色彩が濃いところから，個人が負担すべきものと認定された。

〔注〕
(1) 大淵博義著『役員給与・交際費・寄附金の税務』(税務研究会, 平成2) 311頁
(2) 東京地判昭和38.4.5下民集14巻4号657頁, 東京高判昭和41.1.31高民集19巻1号7頁, 最高判昭和45.6.24民集24巻6号625頁
(3) 櫻井克彦著『現代の企業と社会』(千倉書房, 1991) 140頁
(4) 徳島地判平成5.7.16税資198号187頁, 高松高判平成8.2.26税資215号672頁
(5) 大分地判昭和41.8.19税資45号168頁, 福岡高判昭和42.9.26税資48号447頁, 最高判昭和43.6.25税資53号162頁

## 三〇　関連会社に対する無利息貸付けの寄附金性

## 1　事件の概要

本件は、貿易業等を営む外国法人が、財政状態のよくない関連会社に対する貸付金の利息を未収計上しなかったことが寄附金に該当するかどうかが争われた事件である（全部取消し・昭和56.10.14裁決・裁決事例集No.23・154頁）。

## 2　当事者の主張

### (1)　審査請求人の主張

イ　原処分庁は、当社がD社に対する貸付金の昭和53年12月期の利息24,024,565円を免除したことは、経済的な利益の無償供与であるとして、本件利息相当額は寄附金に該当すると認定した。

ロ　しかし次の理由により、本件利息相当額は寄附金にはあたらない。

　(イ)　当社は、D社の財政状態が悪く、貸付金自体の回収も危ぶまれる状況であったため、その貸付金に対する利息の「賦課を一時中止」したものであって、D社の財政状態が好転すれば本件利息を徴収することとしている。

　(ロ)　企業は経済的合理性のみによって運営されるものではなく、非常の際は従来の慣行にとらわれず、自由な判断によって運営されるという原則に基

づき，当社は本件利息の賦課を中止したのであって，D社の財政状態が好転すれば将来の課税対象になるから，不当に法人税を免れるものではない。
(ハ) 当社が本件利息の賦課を中止したのは，D社の要請に応じたものであって，両者間の合意とそれぞれの機関の決議を経て行ったものであるから，当社が一方的に行ったものではない。

## (2) 原処分庁の主張

イ 審査請求人は取締役会の決議に基づき本件利息を免除したと認められるが，金銭の貸付け以外に一般の商取引のないD社に対して本件利息を免除したことは，別段の反対給付をまったく期待しない無利息貸付けとなり，経済的合理性を欠くものである。

ロ ①審査請求人とD社は株主を同じくする関連会社であることおよび②従来D社に対して銀行借入金の利率に匹敵する利率により貸付けを行っていたことからすれば，本件利息を免除することは，不当に法人税を免れる行為と認められる。

ハ D社は審査請求人以外に銀行からの借入金を有するが，これについては利息棚上げ等の措置はとられていないことからすれば，本件利息の免除は審査請求人が一方的に債権放棄をしたものと認められ，経済的合理性がない。

ニ D社は，①昭和53年9月に輸入酒類卸売業の免許を取得し，同年11月に営業を開始していることおよび②D社の同年9月14日の臨時取締役会において，財政建直しのため審査請求人の取扱商品のうち利益率の高いものの輸出部門を審査請求人から移すことが承認されていることからすれば，今後は相当の収益を得ることが見込まれるから，昭和53年12月期末まで毎月計上してきた未収利息を期首にさかのぼって免除する合理的理由がない。

## 3　審判所の判断

(1)　貸付金から生ずる利息は，その利息の計算期間の経過に応じて益金に算入するのが原則である。しかし，債務者が債務超過に陥っていることその他相当の理由により，その支払いを督促したにもかかわらず，相当期間未収が継続し，現実に利息を回収することがきわめて困難であり，未収利息を益金とすることが著しく実情に即さないと認められる場合には，実際に利息を回収するまで益金にしないことも，公正妥当な会計処理の基準に従ったものと解される。

(2)　審判所の調査したところによれば，D社の業況は逐年悪化し，相当期間債務超過の状態が継続しており，現実に利息を回収することはきわめて困難な状態にあったと認められる。

(3)　D社に対する貸付金の発生額と回収額は，審査請求人とD社との立替え関係等が入り組んでおり，実質的には関連会社間相互における仮払金と仮受金であり，D社からの仮受金の発生をもって，昭和53年12月期以前の利息の支払いを受けたとみることは相当でない。

(4)　昭和53年12月期において，本件利息は未収となっており，かつ，本件利息以外にD社に対する貸付金の利息の支払いを受けたことはないから，その貸付金の利息の未収は相当期間継続していると認められる。

(5)　以上を総合して判断すれば，審査請求人が本件利息の益金算入を見合わせたことは相当と認められる。原処分庁が主張するD社の事業が今後好転する見通しにあるということは，この判断を左右するものではない。

(6)　本件利息は，債務者の債務超過および利息の未収の状態が相当期間継続していることから，益金算入しないことも認められる性質の利息であって，免除されたものではない。

## 4 研　　究

〔問題の所在〕

(1)　法人が他の者に金銭の貸付けを行った場合には、その貸付期間の経過に応じて生じる利息を収益に計上しなければならない。これは、その金銭の貸付けが無利息であるか、その利息が未収であるかを問わない。ただし、債務者が債務超過等の状況にあって利息を支払えないようなときは、未収計上をしなくてもよい（基通2－1－25）。これが税務上の受取利息の取扱いである。

一方、企業会計では、**無利息貸付け**をした場合、通常収受すべき利息を収益として認識することはしない。つまり、なんらの経理処理をしないのが普通である。

仮に企業会計のように解すれば、本件も「賦課を一時中止」した期間は無利息貸付けとなるから、そもそも利息を認識すべきである、といった議論は生じない。そこで、法人税ではなぜ無利息貸付けからも利息が生じるというのかが問題になる。この点は法人税における重要な論点である。

また、本件のような場合、未収利息の計上を見合わせる法理をどのように考えるべきか。すなわち、企業会計と同じようにそもそも利息の発生はないというのか、それとも貸倒れの理論で説明するのか、が問題である。

〔無利息貸付けの取扱い〕

(2)　法人税に関して、子会社に対し無利息の約定で融資を行った場合には、私法上の効力としては子会社に対する利息債権は発生しておらず、私法上の効力をそのまま税法上も是認するとすれば、親会社は子会社から益金となるべき収益を得ていないのであるから、利息相当額につき課税する余地はないはずであるという判例がみられる[1]。ごく一般的な常識論としてはよく理解できる。

企業会計の実務では、通常に収受すべき利息を収益として認識することは

しないのが普通である。資産の無償譲渡または低廉譲渡に関しては，企業会計上，その資産の適正時価を導入して収益を計上することの当否について触れるところがないので，これを明らかにすることが妥当である，との指摘がされている[1]。

あとは税法が私法上の効力をそのまま認めるかどうかという，税固有の問題になってくる。そこで法人税法には，「無償による資産の譲渡又は役務の提供」からも収益が生じ，これも益金を構成する旨，明文で規定されている（法法22①②）。したがって，法人税では関連会社に対する無利息貸付けであっても，本来受け取るべき利息を収益として認識する。ただ，同時に同額の寄附金が生じると観念するのである。

(3) この法理については，一般には次のように説明される。すなわち，無利息貸付けをした場合には，いったん通常の利率による有利息貸付けがあり，その後その利息を相手方に贈与したと観念し，有利息貸付けの段階で収益が生じるというものである。このような考え方を**有償取引同視説**ないし**二段階説**という[3]。

無利息貸付けは，たとえば有利息貸付けで利息を収受した後，その利息を相手方に贈与する有利息貸付けと経済実質的にはなんら異ならないから，課税の権衡を図るため有利息貸付けと同様に取り扱うのである。したがって，無利息貸付けの場合には，税務上次のように観念することになり，これが課税実務の考え方といってよい。

| （借）未　収　利　息 | 1,000 | （貸）受　取　利　息 | 1,000 |
| （借）寄　　附　　金 | 1,000 | （貸）未　収　利　息 | 1,000 |

このように観念するのには，寄附金には所定の損金算入限度額が定められ（法令37），無条件で損金にはならない点に意義がある。

[受取利息の収益計上基準]

(4) 公正妥当な収益の計上基準には，実現主義と発生主義とがあり，実現主義が原則的な基準と考えられている。実現主義は財貨または役務を販売したと

きに収益を認識するという基準である。実現といえば販売と解するのが普通であるから、この基準は**販売基準**ともいわれる。

一方、発生主義は、原則的な基準である実現主義が妥当でない場合に適用される。その発生主義が適用される代表例が利息収入である。すなわち、貸付金から生ずる利息は、その計算期間の経過に応じて収益計上を行う（基通2－1－24）。貸付金の利息は貸付期間における時間の経過に伴って発生するからであり、ゆえにこの基準は**時間基準**とも呼ばれる。

なお、金融保険業以外の一般法人は、その利息が1年以内の一定期間ごとに支払期日が到来するものであれば、その支払期日に収益計上してもよい（基通2－1－24）。しかし、これは重要性の原則に基づく便宜にすぎない。

〔延滞利息の計上見合せの趣旨〕
(5) 以上が税務上の**利息の収益計上基準**であるが、これには次のような特例が認められている。すなわち、1年以上の**焦げつき利息**や債務者が倒産等した場合の**不良貸付金の利息**については、未収計上をしないことができる（基通2－1－25）。

発生主義のもとにおいては、利息が発生したときに収益計上するのであるが、焦げつき利息や不良貸付金の利息は収益が実現したといえるのか疑問がある。このような利息の計上を強制するのは著しく実態に合わないという観点から、この特例は定められている[4]。

しかし上述したように、**発生主義**は実現主義が妥当でない場合に適用される基準であって、収益の発生のときをとらえて、その発生のときに収益として認識する基準である。利息はその約定により一定の期間ごとに一定の利率により将来に向かって発生していくものであるから、すでに発生した利息を発生しなかったものとすることはできない[5]。そもそも回収可能性が問題になるのは、発生したその次の段階であるから、これはもはや貸倒れの問題として議論をすべきである。すなわち、回収可能性がない場合には、受取利息と貸倒損失とが両建てされるだけであるから、その処理を省略してよいとす

る趣旨のものと解するのが妥当であろう。

〔本件受取利息の検討〕

(6) 本件における審判所の判断は，結論的には妥当なものといえよう。その判断過程において審判所は，現実に利息を回収するのが困難な場合には，実際に利息を回収するまで益金にしないことも，公正妥当な会計処理の基準に従ったものと解されるとしている。本事件当時，このような取扱いが公正妥当な会計処理として確立していたのであろうか。現行の「金融商品会計」では，契約上の利払日から相当期間経過後も利息の支払を受けられないときは，未収利息不計上の取扱いがされている[6]。企業会計で無償取引につきなんら経理処理しないのは，単に収益と費用との両建て経理を省略して純額経理でよいと考えている[7]。そもそも収益が生じないと考えているわけではないのである。

なお，審判所は原処分庁が主張するD社の事業が今後好転する見通しにあるということは，結論の判断を左右するものではないといっている。しかし，不良貸付けの未収利息計上見合せの特例は，上述したように貸倒損失の問題として議論すべきであるとすれば，まさにD社の事業が今後好転するかどうかは，結論の判断を左右する大きなポイントである。この点に関し，なんらかの判断が必要であったと思われる。

●　●　●

〔注〕
(1) 大津地判昭和47.12.13税資66号1112頁
(2) 企業会計審議会中間報告「税法と企業会計との調整に関する意見書」（昭和41.10.17）総論三(7)
(3) 金子　宏著『所得課税の法と政策〈所得課税の基礎理論下巻〉』（有斐閣，1996）320頁
(4) 谷口勝司編『法人税基本通達逐条解説』（税務研究会出版局，平成14）100頁
(5) 千葉地判平成元.5.2税資170号327頁

(6) 日本公認会計士協会「金融商品会計に関する実務指針」(平成12. 1. 31) 119項, 301項
(7) 中村　忠著『会計学こぼれ話』(白桃書房, 1990) 119頁

# 三一 兄弟会社に対する貸付金の債権放棄の寄附金性

## 1 事件の概要

本件は、不動産賃貸業を営む同族会社が行った、いわゆる兄弟会社に対する貸付金の債権放棄が子会社等を整理する場合の損失負担として、寄附金に該当しないかどうかが争われた事件である（一部取消し・昭和57.6.22裁決・裁決事例集No.24・110頁）。

## 2 当事者の主張

### (1) 審査請求人の主張

イ 当社は、関連会社であるA社に対する貸付金1億8,880万円について債権放棄をし、貸倒損失として損金算入した。これに対し、原処分庁は本件債権放棄は同社に対する贈与であり寄附金に該当するとして更正処分を行った。

ロ しかし次のとおり、本件債権放棄は経済的、社会的必要に従って行った合理的なもので、贈与の意思はまったくないから、寄附金には該当しない。

(イ) 当社とA社との関係は次のとおりである。

① 昭和45年に創立15周年を迎えたA社（砂利・砂採取販売業）は、同社の代表者であった亡A′所有の土地を借りて7階建のDビルを新築した。

当社はそのＤビルを管理する目的で昭和46年3月に設立され，Ｄビルは設立と同時に当社の所有となった。
② Ａ社はＤビルの建設にあたりＥ銀行から資金の借入れをしていたので，当社はＥ銀行に対する債務を保証するため，Ｄビルを担保に供した。
③ Ａ社はＤビルの所在地を本店とし，これが取引先等に本社ビルと認識され，信用があった。
④ このように，当社，Ａ社およびＡ′の三者は相互に助け合い，活動をしてきた。
(ロ) Ａ社の経営状態の推移は次のとおりである。
① 昭和51年11月にＡ′にかわり当社およびＡ社の代表者に就任したＦ（Ａ′の長男）は，Ａ社の経営状態についてまったく知らないまま経営を引き継いだものの，同社は昭和48年のオイルショック以来の産業界の不振等により，当時すでに約3,500万円の債務超過の状態にあった。
② Ｆは，病弱な母と妻を抱えみずからも病身ななか，個人財産を投入してＡ社の経営を継続してきたが，昭和52年10月には主力銀行であるＥ銀行から手形割引による融資の停止を言い渡されて深刻な事態になった。
③ Ｆは，Ａ社の再建策として同社の不採算部門であるＧ採取場の切り離しを図ったが失敗に終わり，昭和53年8月には得意先からも融資を仰ぐことになった。
④ このような状況から，Ａ社は多額な債務超過に陥り，その経営が破綻寸前に追い込まれ倒産は必至の状態となった。
(ハ) Ｄビルを譲渡し，その代金をＡ社に貸し付けた理由は，次のとおりである。
① Ａ社が倒産した場合には，その従業員の処遇問題，同業者および下請業者の関連倒産等による損失が生じ，かつ，Ｄビルも通常の価額より相当低い価額で競売に付されることは明らかであった。
② そこで当社は，資金需要が切迫して破綻寸前にあるＡ社の倒産を防ぎ，社会的損失等を最小限に抑えるため，やむを得ずＤビルを譲渡すること

とし，昭和53年9月に2億2,700万円で譲渡し，その代金をA社に貸付け同社はこれで債務の弁済を行ったのである。
(ニ) 本件債権放棄をするに至った理由等は，次のとおりである。
① FはA社の事業を再建し継続させるためには，同社の経営に自信がなく，病身である同人の責任下に置いておくことはできず，さらに従業員のことを思えば，その経営権を第三者に委譲するしかないと確信した。
② それには，A社の多額な債務超過の状態を改善し，今後の銀行取引上に悪影響を及ぼさないようにする必要があるところから，当社はやむを得ず債権放棄をしたのである。
③ 現在A社は，同業者であるI社の代表者Jが代表者に就任し，その責任において経営されており，Fは取締役ではあるが，現実には経営に参画していない。
(ホ) 以上のとおり，当社がA社に対して本件債権放棄を行い損失を負担したことは，多大なる損害を未然に防ぐための社会通念上のものであり，法人税基本通達9－4－1に定める「子会社等を整理する場合の損失負担」に該当する。

(2) **原処分庁の主張**
イ 本件債権放棄は，次のことから審査請求人の贈与の意思によって行われたもので，寄附金に該当する。
(イ) FはA社の営業活動の継続を図るためにDビルを譲渡したと申し立てており，審査請求人の犠牲によって同社の経営困難な状況を打開しようとしたことが認められる。
(ロ) しかし，審査請求人がA社に対する債権放棄をしたときに債権放棄をした者はF個人だけで，他の債権者のなかにはいないことが認められ，また，当時同社は営業を行っており，その後も手形の不渡事故を起こすこともなく営業を継続しているから，本件貸付金が回収不能であったとは認められない。

(ハ) 審査請求人は，営業を継続しているＡ社に対し，Ｆを除く他の債権者の動きと無関係に回収不能とは認められない債権を放棄し，その結果かえって無財産となり解散しており，これは経済人である法人の行為として合理的なものとは認められない。
   (ニ) 以上の状況からみて，本件債権放棄は審査請求人およびＡ社がいずれもＦを中心株主とし，代表者とする同族会社であるがゆえに行われたものであり，贈与の意思があったものと認められる。
 ロ 本件債権放棄は，次のことから法人税基本通達９－４－１の定めには該当しない。
   (イ) この通達は，親会社等がその子会社等の整理，経営権の譲渡等をする場合において，その子会社等が支店等と同様の状況にある等の理由から，本来有限責任である親会社等が，事実上無限責任を負わなければならない社会的状況があるときに，親会社等が事実上の無限責任を履行するために最低限の負担をしたとしても，それはいわば社会的責任に基づいて行うやむを得ないものであり，もとよりその負担は当初から当然に返還されないものであるから，その損失負担については寄附金として取り扱わない旨を定めたものである。
   (ロ) しかしながら，①審査請求人とＡ社とはその中心株主および代表者がＦという共通点はあるが，いわゆる親子会社ではなく，家主と借家人という関係にすぎないから，仮にＡ社が倒産したとしても，また，Ｆの個人財産に対する追及がされるとしても，審査請求人が同社の倒産による損失を負担しなければならない社会的状況があるとは認められず，②現在Ａ社は営業を継続しており，同社が無財産となって清算を結了したものではなく，③またＦはＡ社の株式の４割を保有し，かつ，取締役として経営に参画していることが認められる。
   (ハ) したがって，本件債権放棄は子会社等の整理または経営権の譲渡にあたって行われたものに該当しない。いずれの面からみても，本件債権放棄は法人税基本通達９－４－１の定めに該当しないことは明白である。

## 3　審判所の判断

(1) 審査請求人は，A社の経営危機に際しDビルを譲渡して資金援助を行ったが，これは同社が倒産した場合には社会的責任が生ずるのみならず，結局，審査請求人も共倒れになるという関係会社間におけるより大きな損失を避けるためのものと認められ，かつ，資金援助をする方法として最後に残された唯一の手段であったと認められる。

(2) A社の実質的な経営の引継ぎをするにあたり，審査請求人は本件債権放棄をしたが，これは同社の再建に自信のないFが経営をJに引き受けてもらうために，同社の財政状態を改善する必要に迫られてやむを得ず行ったものと認められ，このことはFにとって重要な財産である同社に対する貸付債権を放棄したことからもうかがえる。

(3) 本件債権放棄は，法人税基本通達9－4－1の趣旨に照らして「相当の理由」があると解すべきである。

## 4　研　究

〔問題の所在〕

(1) 法人がその有する貸付債権を放棄した場合，その**債権放棄**が実際に回収の見込みがない無価値の債権についてのものであれば，貸倒損失として認められる。しかし，まだその回収が見込めるにもかかわらず債権放棄をしたとすれば，債務者に対して寄附をしたことになる。

　一方，経営が窮地に陥っている子会社等の整理や再建支援のために，親会社等が経済的合理性のある理由に基づいて行う債権放棄は，寄附金に該当しないものとして取り扱われる（基通9－4－1，9－4－2）。この場合には，必ずしもまったく無価値になった債権の放棄である必要はない。経済的合理

性のある債権放棄かどうかかポイントになる。そこで実務上，子会社等の整理や再建の方法，態様は千差万別であり，他の債権者との思惑もからんで，その方法の適否すなわち経済的合理性の存否が問題になることが多い。

　最近の経済不況を反映して，平成11年に特定調停法が，平成12年には和議法を廃止して民事再生法がそれぞれ施行され，これらの法律等を使って子会社や関連会社を整理または再建を図ろうとする法人は少なくない。そのような意味で本件は今日的な問題である。

〔子会社の整理損失等の取扱い〕

(2)　法人がその子会社等に対して有する債権について，まだその回収が見込めるにもかかわらず放棄をした場合には，その放棄額に相当する金額の子会社等に対する無償の供与すなわち寄附をしたことになる（法法37⑥）。ただし，法人がその子会社等の解散，経営権の譲渡等に伴い，その子会社等のために債務の引受けその他の損失の負担をし，またはその子会社等に対する債権を放棄した場合においても，そのことにつき相当の理由があるときは，その負担または債権の放棄により生ずる損失は寄附金に該当しない。ここに「相当の理由」とは，たとえばその損失負担または債権放棄をしなければ，法人が今後より大きな損失を被るのが社会通念上明らかなことをいう（基通9－4－1）。

　また，法人が子会社等に対して無利息や低利率での金銭の貸付けまたは債権の放棄を行っても，そのことに相当の理由があれば，寄附金は生じないものとする。ここで「相当の理由」とは，たとえば業績不振の子会社等の倒産を防止するためにやむを得ず行う無利息貸付けや債権の放棄等で合理的な再建計画に基づくものをいう（基通9－4－2）。

〔子会社の整理損失等の取扱いの趣旨〕

(3)　これらの特例は昭和55年に制定されたのであるが，その後のバブル経済の崩壊をうけて，平成10年の政府の総合経済対策や政府・与党金融再生トータ

ルプランの一つとして適用範囲の拡大等の改正が行われた。

　これら二つの特例のうち，前者は子会社等を整理する場合，後者はその再建を図る場合のそれぞれの取扱いである。いずれも経営が窮地に陥っている子会社等に対する**親会社等の損失負担**が寄附金に該当するかどうかの問題を取り扱う。その適用要件に共通しているのは「相当の理由」であるが，これは端的には経済的合理性の有無を意味する。その趣旨は，親会社が責任を回避できないといった，経済的合理性に基づきやむを得ず損失負担を行う場合には，実質的にみると相手方に経済的利益を無償で供与したとはいえないから，寄附金には該当しないということである[1]。主として自己にメリットがあることになる。

　経済的合理性は子会社等のためではなく，親会社等がみずから生き残るためのものであるから，その経済的合理性こそが損失負担のいわば対価であるということになる。発行株式の買い占めに対抗するいわゆる**防戦買いの損失**が損金になるのと同じように，子会社等の整理・再建に伴う損失負担も将来のマイナスを防止するという企業防衛の費用と考えれば，当然に損金になるといえよう。

(4)　もっとも，このような相当の理由とか経済的合理性といった抽象概念で寄附金に該当するか否かを判断するのは疑問である，という意見が存する。すなわち，寄附金の損金不算入を定めた法人税法第37条の立法趣旨が画一的処理による明確化にある点からすれば，相当の理由や経済的合理性によって寄附金かどうかを判断するのは不適当であるという[2]。

　たしかに，寄附金は直接の対価がない支出であるとはいえ，現実には法人の事業に関連のある寄附金がまったくないとはいえず，そのような寄附金にあっては，事業に関連するものかどうかの判定が困難であるから，形式的な基準によって事業関連部分とそうでない部分とを区分しようとするのが，寄附金の損金不算入規定（法法37）の趣旨である[3]。そうであるとすれば，経済的合理性が対価であるというような議論は，純理論的な意味で寄附金の概念や範囲を曖昧にし，また，寄附金の損金不算入規定の趣旨を没却すること

ともなる。

**〔具体的な適用基準〕**

(5) そこで、「相当の理由」の判断の客観化を図るため、子会社等を整理または再建する場合の損失負担等が経済的合理性を有しているかどうかは、実務的には次のような点をポイントに判断を行わなければならない。

　イ　損失負担等を受ける者は、「子会社等」に該当するか。
　ロ　子会社等は経営危機に陥っているか（倒産の危機にあるか）。
　ハ　損失負担等を行うことは相当か（支援者にとって相当な理由はあるか）。
　ニ　損失負担等の額（支援額）は合理的であるか（過剰支援になっていないか）。
　ホ　整理・再建の管理はなされているか（その後の子会社等の立ち直り状況に応じて支援額を見直すこととしているか）。
　ヘ　損失負担等をする支援者の範囲は相当であるか（特定の債権者が意図的に加わっていないなどの恣意性はないか）。
　ト　損失負担等の額の割合は合理的であるか（特定の債権者だけが不当に負担を重くしまたは免れていないか）。

　しかし、これだけでも経済的合理性を有しているか否かの判断はむずかしい。そこで、処理の統一性を図るため、各国税局の課税部（審理課）等では、個別事案につき事前の相談窓口を設置しているので、これを利用するとよい。

**〔本件債権放棄の検討〕**

(6) 本件をみると、審査請求人とA社との関係は、その設立の経緯等からすれば、A社のほうが親会社的な立場であり、原処分庁が主張するように家主と借家人の関係にすぎない。そうであれば、Dビルは社会的にはA社の所有ではないかと認識されていたとしても、A社が倒産した場合に審査請求人に法的、社会的責任が生ずるかどうかは疑わしい。また、審査請求人はDビルを譲渡し、他の債権者の動きと無関係に債権を放棄し、その結果かえって無財産となり解散している。これは、上述した子会社等の経営権の譲渡に伴う債

権放棄の取扱いの趣旨が自己が生き残りをかけてのものであってみれば，違和感が残る。さらに，債権放棄をした者はF個人だけで，他の債権者のなかにはいない。

　これらの点を総合すれば，本件債権放棄を法人税基本通達9－4－1の範疇で処理すべきであったかどうかは，かなり微妙である。審判所の判断は結論的には相当であると考えるが，Fを中心とした同族会社の債務整理というのが実態で，その結論はやや情緒的，感覚的な感は否めない。

〔他の裁決例と判例〕

(7)　法人税基本通達9－4－1をめぐる事例としては，親会社がその子会社に対して売上値引および売買損失を負担したことが「相当な理由」にあたるかどうかが争われものがある。審判所は，売上値引は通常の売上値引とは認められず，かえって売上値引の名義をもってした子会社に対する欠損金補填のための援助であると認められ，また，売買損失は通常の取引の結果生じたものではなく，かえって子会社が負担すべき損失を代わって負担することにより，子会社に対し経済的利益の無償供与をしたものと認められるから，「相当な理由」があるとはいえないと裁決した[4]。

　この事例では，あたかも正常な取引のごとくして子会社に資金援助を行っていたから，「相当な理由」が出てくる余地がなかったものと思われる。むしろ真正面から合理的な計画を立てて資金援助をしておれば，違った結論が出たかもしれない。なお，裁判所は，この売上値引は寄附金にあたるが，売買損失は寄附金には該当しないと判示した[5]。

(8)　また，石油製品卸売業を営む会社が，不採算または事業後継者難の特約店4社に対して売掛金の減額処理をしたことが寄附金にあたるか否かが争われた事件もある。この事件に対し審判所は，将来の石油業界の経済環境等を踏まえ，特約店側の事情というより，審査請求人における総合的経営戦略として不採算特約店に対して行ったこの行為は，経営遂行上，真にやむを得ないものであり，客観的にみて経済的合理性を有し，社会通念上も相当な処理で

あり，その処理をしなければ今後より大きな損失を被ることが予想され，審査請求人にもメリットがあるとして，寄附金には該当しないと判断した[6]。この裁決は，資本関係がない取引先を相手に債権放棄をした場合にも，これを認めた点に意義がある。

───●──●──●───

〔注〕
(1) 東京地判平成3.11.7税資187号43頁，東京高判平成4.9.24税資192号546頁，横浜地判平成5.4.28税資195号199頁，東京高判平成7.5.30税資209号940頁
(2) 水野忠恒稿「租税判例研究－同族会社で構成する企業グループ内の拠出金支出を法人税法上の寄附金とする更正処分とその付記理由の違法性－」ジュリスト846号（1985.10.15）134頁
(3) 山形地判昭和54.3.28税資104号800頁，仙台地判昭和59.5.29税資136号803頁
(4) 審判所裁決昭和63.9.13裁決事例集No.36・145頁
(5) 東京地判平成3.11.7税資187号43頁，東京高判平成4.9.24税資192号546頁
(6) 審判所裁決平成11.6.30裁決事例集No.57・357頁

## 三二　観光バスの運転手等に対するチップの交際費性

## 1　事件の概要

　本件は、ドライブインを営む同族会社が自己の駐車場に駐車する観光バスの運転手、バスガイドおよび添乗員に対して支払うチップについて、交際費等に該当するかどうかが争われた事件である（棄却・昭和52.3.31裁決・裁決事例集No.13・69頁）。

## 2　当事者の主張

(1)　審査請求人の主張

イ　当社がその経営するドライブインに駐車する観光バスの運転手等に支出した駐車誘致費は、乗客の飲食や商品の購入を期待するという経済的効果を目的として、運転手等のドライブイン事業への媒介、斡旋の行為に対して支払う報酬であり、このような支払いは業界の慣行である。

　駐車誘致費は、会計学上販売手数料の範疇に属し、その支出は売上げを伴う乗客の誘致にのみ限定され、無差別に行われるわけではなく、また、この支出によって運転手等の歓心を呼ぶ意図は毛頭なく、販売が増進したと判断して即時に決済される誘致行為への報酬、手数料であり、交際費等に該当し

ない。
ロ　販売手数料の本来的意味は，経済的効果を生じた得意先，消費者等に支払われるものであるが，ドライブインの場合にあっては，バス１台当たりの売上高の把握が不可能なため，運転手等に対しては過去の実績や将来への期待を含めないで，具体的に実現した駐車によるバスの乗客への売上げに対応した駐車誘致費をバス１台当たり一定額として，運転手等に乗車する直前に交付をしているところであり，運転手等はその交付を当然と考えているため，その交付が遅延した場合には催促される慣行となっている。

　このことから，運転手等に駐車誘致費を支払うのは，当社と運転手等との間の黙示の諾成契約とみることができる。
ハ　税法上，交際費等の課税の意義は，営利を目的とする法人に対し，営利を獲得するうえでの交際費等の不当の支出や濫費を抑制する趣旨であるが，当社の駐車誘致費の支払いは，営利獲得の手段そのものである。

　支出の目的が慰安，歓心，贈答であるからという理由で交際費を論ずることは誤りで，目的と行為とは区別して判断すべきであり，駐車誘致費の支払いが運転手等に対する贈答であるとするならば，販売等の経済的効果の目的を無視することになり，贈答の事実だけをとらえた拡大解釈となる。

　運転手等個人の課税問題として論ずべき駐車誘致費を，法人の交際費等の課税に持ち込むことは法律論ではない。

### (2)　原処分庁の主張

イ　観光バス等がドライブインに駐車するのは，運転手等の本来の職務を遂行するためであって，審査請求人の求めに応じて乗客を誘導するためのものとは認められないから，運転手等に支出した駐車誘致費は，心付けとして支出されたもので，一定の行為に対する報酬ではない。
ロ　交際費等の損金不算入制度は，企業会計上損金性を有する費用のうち，一定限度を超える交際費等を損金にしないとしたものであるから，支出した費用が交際費等にあたるかどうかの判定にあっては，その費用が売上高に直接

関連したものかどうかはかかわりがない。
ハ　駐車誘致費が交際費等となることは、支出の相手方が事業に関係のある者であること、支出の目的が接待、供応、慰安、贈答その他これらに類する行為であることから明らかである。

## 3　審判所の判断

(1)　観光バスの運転手等は、観光バス会社に雇用され、そのバス会社の指示に基づき指定ルートを走行して観光客等を目的地まで安全かつ迅速に運ぶのが任務であって、ドライブインに立ち寄るのは安全性の確認と観光客の便宜を図る運転手等の本来的任務の遂行そのものにすぎない。

　　また、運転手等は審査請求人と乗客との間に立って食事の提供や土産物の売買に尽力する義務を負っていないし、尽力したとする証拠もない。

　　さらに、運転手等がドライブインに駐車したことにより商品の販売高が増加し経済的効果があったとしても、それは観光バスの駐車に伴う副次的効果にすぎないと認められる。

　　以上のことから、審査請求人が駐車誘致費を支払う真意は、運転手等の歓心を買い、じ後審査請求人の経営するドライブインに駐車させることによって利益をもたらせる効果を期待してのものであって、特定の役務提供の対価という関係ではない。

(2)　運転手等は、個人として役務の提供をしたのではなく、その所属するバス会社、旅行会社の業務の一環として、審査請求人のドライブインに駐車させ、その施設を利用したにすぎない。

　　また、駐車誘致費の運転手等への交付が、金銭をのし袋に入れて手渡され、当事者間でチップと呼ばれていることからも「心付け」として任意に支出されていると認められるほか、その支払額について一定の基準があらかじめ社内的に決められているものの、これを運転手等に公表しているわけではなく、

運転手等にもその基準について正確な知識はなく，過去の経験や風聞から慣行的に受け取るものと認識しているにすぎない。

以上の事実から，駐車誘致費について当事者間に黙示の諾成契約が成立しているとの主張は理由がない。

(3) 交際費等となる要件は，①支出の相手方が事業に関係のある者等であること，②支出が接待，供応，慰安，贈答その他これらに類する行為を目的とすることである。本件駐車誘致費については，運転手等は事業に関係のある者に該当し，また，駐車誘致費は運転手等への謝礼すなわち贈答に当たることから，交際費等に該当する。

## 4 研　究

〔問題の所在〕

(1) 企業会計において，交際費は特に問題なく費用として処理される。これに対し法人税では，交際費は原則として損金にならない（措法61の4）。法人税は税独自の政策的な理由により交際費の損金不算入を定めているから，その取扱いが企業会計とは決定的に異なっている。

そこで，交際費をめぐっては理論的，実務的に多くの論点がみられる。その一つが本件でも問題となっている，交際費と販売手数料や販売促進費などの隣接費用との区分である。企業ができるだけ交際費となるのを避けようとするのは当然の行動であるから，いきおい実務においては課税当局との間で論争が生じる。その根底には，交際費も広い意味では販売促進費であるのに，なぜ交際費の損金算入が規制されるのかという，企業の率直な思いがある。そのため，交際費課税制度の趣旨を現代的に明らかにする必要があるし，現行のように，ある意味で企業経営上必要不可欠な費用まで交際費に取り込んでいることの妥当性が問われている。

〔交際費課税制度の趣旨と内容〕

(2) **交際費課税制度**が創設されたのは昭和29年である。当時，いわゆる社用族の公私を混同した交際費の浪費が批判を浴び，その浪費が戦後企業の内部蓄積を阻害しているとの指摘がされていた。そこで，交際費の濫費の抑制と資本蓄積の促進を目的に交際費課税制度は創設された。もっぱら社会，経済政策的な趣旨によるものである。

また，現在では営利の追求を目的とする法人に濫費は許されず，法が法人制度を認めた社会的目的に反するような不当な濫費の粛清にこそ現代の本質的意味があるとの主張もされている[1]。さらに，交際費を経費として容認した場合には，濫費の支出を助長するだけでなく公正な取引を阻害し，また，巨額な交際費の支出は正常な価格形成をゆがめる，といった指摘もある[2]。

(3) これらの趣旨ないし意義は，そのこと自体はよく理解できる。しかし，濫費の抑制や資本の蓄積，価格形成の適正化といった政策の実現をなぜ交際費ひとりが担わなければならないのか。それは税で実現すべき問題ではなく，商法や刑法，経済政策一般の問題ではないか。もちろん税も社会，経済政策目的の達成に一定の役割を果たすべきであるが，その支出金額の全額が損金不算入になるような交際費課税制度はその限界を超えているのではないか，という疑問は根強い。税はできるだけ経済取引に対して中立であるべきなのに，交際費課税制度のため無条件で全額損金になる広告宣伝費にシフトする傾向も現れている[3]。

なお，交際費課税は交際接待の相手方が享受する経済的利益に対する代替課税を目的とするのではないか，という議論も存する。本件でも審査請求人がこの点を法律論ではない，と主張している。

〔交際費等と販売手数料等との区分〕

(4) **交際費等**とは，交際費，接待費，機密費その他の費用で，法人がその得意先，仕入先その他事業に関係のある者等に対する接待，供応，慰安，贈答その他これらに類する行為のために支出するものをいう（措法61の4）。一方，

販売手数料は，取引数量や取引金額に応じて一定の割合で支払う金銭で，販売促進の効果を期待するものである。

　いずれも広い意味では販売促進費といえる。**販売促進費**は，販売促進活動に要する営業費で，広義には販売員の人件費や広告宣伝費，補足的な販売活動に要する費用を含むが，狭義には人的な販売および広告宣伝活動を補足し，それらを有効に援助するための販売活動に要する費用である。

(5)　このように交際費等と販売手数料ないし販売促進費との意義をならべてみても，両者の区分は必ずしも明確にならない。ただ，販売手数料のほうが直接的・具体的な役務提供の対価であるのに対し，交際費等は販売促進の間接的な期待感に対する対価ということはできる。そして，交際費課税が行為課税であるといわれるように，交際費等は行為のみでとらえているのに対し，販売促進費は目的でとらえられるものである。目的でとらえるならば，交際費等もまさに販売促進活動に要する営業費ということができよう。このようにみてくると，交際費等とは広い意味の販売促進費のうち，接待，供応，慰安，贈答その他これらに類する行為により販売促進の実をあげようとする費用であるといえる。販売促進費であるから交際費等でないというのは，税務上からすればいささか目的と行為とを取り違えた議論といえよう。

〔本件駐車誘致費の検討〕

(6)　そこで本件駐車誘致費をみてみると，バスの乗客への売上高に応じてではなく，バス1台当たり一定額を支払っている。この点からすれば，厳密には販売手数料とはいえない。しかし，バス1台の乗客定員は決まっており，その乗客に対する売上高もほぼ一定し大きな変動がないとすれば，バス1台当たり一定額を支払う金銭は，販売高ないし乗客数に応じた手数料といいうる。事実上，審査請求人のドライブインに駐車した場合には必ず支払い，また，運転手等から有形無形の催促があるとすれば，仮に運転手等との間で明示された契約がないとしても，そのことは必ずしも支障にはならないであろう。このような点で，本件駐車誘致費が交際費等といえるかどうかはかなり微妙

(7) 審判所の判断では，運転手等がドライブインに駐車することは，その所属するバス会社，旅行会社の業務の一環としてであって，運転手等がドライブインに駐車したことにより商品の販売高が増加し経済的効果があったとしても，それは観光バスの駐車に伴う副次的効果にすぎないという。これは運転手等がどこのドライブインに駐車するか選択の自由がないということであろう。そういいながら，審査請求人が駐車誘致費を支払う真意は，運転手等の歓心を買い，じ後審査請求人の経営するドライブインに駐車させることによって利益をもたらせる効果を期待してのものといっている。これは何か自己矛盾のように思える。

なお，本件の訴訟事案とみられる判例では，次のようにいっている。すなわち，本件金員はチップ（心付け）と呼ばれ，のし袋に入れて交付されており，支出の相手方がドライブインに駐車した運転手等に限られ，運転手等の歓心を買い今後もドライブインに駐車してくれることを期待するもので，客誘致のためにする運転手等に対する接待の目的に出たものと認めるのが相当である，と[4]。

〔必要不可欠な交際費等の問題点〕

(8) 本件駐車誘致費は，ドライブイン経営にはある意味では必要不可欠な費用といえる。まさにドライブイン経営では乗用車やバスの乗客を相手に商売をしており，その駐車車両の多寡，特に乗客数の多いバスの駐車台数いかんが売上高に大きく影響するからである。単なる広告宣伝よりバスの運転手等に金銭を渡すほうが直接的な効果は高いであろう。

このように企業経営上には必要不可欠な費用があり，このような費用も接待，供応等という行為の態様だけをとらえてすべて交際費等に取り込むのは問題だという意見は少なくない。交際費課税が冗費の抑制を目的とするものであってみれば，なおさらその感は強いであろう。もっとも，400万円や300万円の定額基準がこれに対処するためのものであるともいえる。その趣旨は

まさに中小企業のこのような要請に応えるためであるからである。しかし本件駐車誘致費のように，今日のように経済が不調で販売不振が続いているもとでは，ある意味で販売促進の効果が直接的で眼に見えるような費用については，交際費等の範囲から除外するなど本質的な検討が必要であろう。

———●———●———●———

〔注〕
(1) 松沢　智著『租税実体法』（中央経済社，昭和51）278頁
(2) 税制調査会「平成6年度の税制改正に関する答申」（平成6.2.9）
(3) 山本夏彦著『私の岩波物語』（文藝春秋，平成6）125頁
(4) 東京地判昭和50.6.24税資82号222頁，東京高判昭和52.11.30税資96号391頁

# 三三 談合金に対する交際費課税の是非

## 1 事件の概要

本件は、土木建築工事業を営む法人が他の建築工事業者と共同企業体を組織して建築工事を施工した際に支出した外注費名目の金員について、いわゆる降り賃（談合金）として交際費等に該当するかどうかが争われた事件である（全部取消し・平成11.12.14裁決・裁決事例集No.58・188頁）。

## 2 当事者の主張

### (1) 原処分庁の主張

イ 審査請求人、F社およびG社の3社は、共同企業体を組織してR町の庁舎建設工事等を落札し、工事請負契約を締結した。この工事請負契約書には、請負者の欄に本件共同企業体および代表者F社が、工事完成保証人の欄にJ社が、それぞれ記載されている。

本件工事に関して、本件共同企業体はJ社に対する外注費2億9,300万円を計上し、J社はその金額を売上げに計上するとともに、原価2億5,200万円を計上し差引4,100万円の利益を得た。この金額は、本件工事にかかる粗利益の20％相当額をJ社が得ることができるよう算定されたものである。

ロ　これらの事実や本件工事から最終的にはJ社が降りることになり、本件利益金はその降りることに対するいわゆる降り賃として供与したものである、との本件共同企業体の構成員の申述を総合すれば、J社は形式上本件共同企業体の構成員になっているというだけでなく、実質的にも本件工事の共同事業に参加したものではないと認められ、同社が得た利益は本件工事の受注の際のいわゆる降り賃として、本件共同企業体の入札を有利に進めるための請託に関連して支出された談合金であって、本件外注費は交際費等に該当する。

(2)　審査請求人の主張

　本件工事は、実質的に3社にJ社を加えた4社を構成員とする共同企業体で施工されたものであり、現にJ社は本件共同事業体の意思決定に社員を派遣するなど本件工事にかかる共同事業に参加しており、J社が得た利益金は同社が本件共同企業体の実質上の構成員として共同事業に参加したことの対価として得た利益の分配金であって、いわゆる降り賃として本件共同企業体の入札を有利に進めるための請託に関連して支出された金員ではなく、談合金には該当しない。

## 3　審判所の判断

(1)　建設業者等が工事の入札等に際して支出する談合金等は、相手方で収益に計上されているといっても、自己に有利な入札を進めるための不正の請託に関連して支払うというものであり、いわば一種のわいろのごときものであるから、贈答その他これに類する行為のための支出として交際費等に該当すると解されている。

(2)　このような交際費等の意義および談合金等が交際費等に該当すると解されている趣旨に照らせば、本件のように複数の建設業者が共同企業体を組織して工事を受注したうえ、その共同企業体の利益の一定割合が建設業者に支払

われる場合には，その支出金は次のように解するのが相当である。
　イ　支出の相手方がその共同企業体の構成員であったとしても，その構成員が実際には共同事業に参加していない名目上のものにすぎない場合には，その支出の趣旨いかんによって交際費等に該当する。
　ロ　支出の相手方が契約書等における形式上はその共同企業体の構成員となっていない建設業者であっても，その建設業者が実質上の構成員として共同事業に参加している場合には，特段の事情のない限り，その共同事業への参加に対する対価としての利益の分配金であると推認され，交際費等には該当しない。
(3)　そこで判断すると，J社は常務取締役および工事課長をそれぞれ運営委員および施工委員として派遣し，3社と同様の立場で本件工事にかかる本件共同企業体の意思決定および現場の業務運営に参加していたとみることができるうえ，J社は20％の利益を受けただけではなく，20％の割合で本件工事に伴う責任も負担していたと認められ，これらの事実を総合すれば，同社は3社と同様，本件共同企業体の実質上の構成員として本件工事に参加していたと認めるのが相当である。したがって，J社が得た利益金は，同社が本件工事にかかる共同事業に参加したことに対する対価としての利益の分配金であると推認され，交際費等には該当しない。

# 4　研　　究

〔問題の所在〕

(1)　法人税の課税所得の計算上，交際費等は，中小企業が支出する所定額までのものを除き，損金の額に算入されない（措法61の4）。この交際費等には，本件で問題となっている公共工事の請負の入札をめぐって支払う，いわゆる談合金が含まれる取扱いとなっている（措通61の4(1)-15）。

　そこで，まず談合金が交際費等に該当するというのは，いかなる理由ない

し根拠によるのかが問題となる。次にこの現行の取扱いに関しては，談合は違法行為であるから，そもそも談合金を交際費等に含めてよいのかどうかという議論が存する。すなわち，談合金を交際費等に含めるとすると，税法上は一応その損金性を認めたことになり，これでは税法が違法行為を容認する結果になるのではないか，というのである。これは，談合金は交際費等ではなく，そもそも違法な支出金として損金不算入にすべきである，という議論にもなってくる。

このように，談合金が損金不算入になるとすれば，その法理はどう考えるべきか，それがここでの問題である。

〔談合金課税の趣旨〕
(2) 建設業者等が工事の入札等に際して支出する**談合金**その他これに類する費用は，交際費等に含まれる（措通61の4(1)-15(10)）。ここで「その他これに類する費用」とは，たとえば工事の落札者が入札辞退者や次点入札者を構成員として名目的な**共同企業体（裏ジョイント）**を結成し，なんらその工事の施工に参画していない形式的な構成員（裏ジョイント業者）に支払うような金員をいう。要するに談合行為を隠蔽するために変形された談合金のことである。本件においても，利益金の分配として支払われた金員について，共同企業体の形式上の構成員を相手にした入札から降りることに対するいわゆる**降り賃**（談合金）ではないかという点が争われている。

(3) このように，談合金とその類似費用が交際費等に含まれているのは，審判所の判断にあるとおり，談合金等は不正の請託に関連して支払うもので，いわば一種のわいろのごときものであり，「贈答その他これに類する行為」のための支出に該当すると解されているからである。また，他の裁決例では，支払いの相手先が同一業界の者で事業関係者に該当し，その支出の目的も事業関係者間での取引を円滑化するための一種の謝礼金とみることができるから，「贈答その他これに類する行為」のために支出する費用にあたるといっている[1]。

まさに談合金等は正々堂々と授受できる性質のものではなく、いわゆる「袖の下」といった取引の謝礼としての贈答であるといわざるを得ないから、交際費等に該当するといえる。本件は最終的には本件共同企業体の実質上の構成員であったかどうかの事実認定の問題であるが、談合金等の取扱いに対する基本的な解釈、判断は妥当である。

〔談合金課税に対する国会論議〕

(4) 上記のような談合金等に対する取扱いが明確にされたのは、昭和55年12月の措置法関係通達の改正においてである。この通達改正をめぐって、国会で次のような議論が行われた。すなわち、談合は犯罪行為であるにもかかわらず（刑法96ノ3）、その犯罪の手段として使われる談合金を企業売上げに直結した必要支出であると解釈できるから交際費として取扱い、一定の範囲までは損金で落とすのを認めるのは問題である、というものである。これは税法は談合という犯罪行為を容認するのか、という問題意識であろう。

これに対する国税庁の答弁は、現在の法律制度では罰金や課徴金のように税法上損金不算入とする特段の規定がない以上、社会的なものであるか反社会的なものであるかにかかわりなく、その経費性の有無により取扱いを判断せざるを得ず、そうとすれば談合金は交際費の定義のなかに入ってくるということであった[2]。

たしかに犯罪行為を前提とした取扱いを税法で定めるのは問題があろう。そうでないと、各法律はその規定が遵守されることを大前提に立法されているから、法律間の整合性がとれない。これに対して通達は行政庁の内部的な指示にすぎず、特に税は実際に生じた経済事象に即して判断すべきものであるから、現に談合行為とみられるものがある以上、その取扱いを示すのは当然といえる。

〔違法支出金との関連〕

(5) 上述の国会論議からすると、談合金等は交際費等のなかに追い込まれ損金不算入になるということになる。だとすれば、交際費課税の論理である冗費の抑制や資本の蓄積のために損金性が否定されるという理屈になってくる。しかし、談合金は支払われるべき経済的合理性があり、無意味、不必要な浪費をして故意に企業の課税所得を減少せしめる意図に基づくものではない、という主張がされている[3]。このような点からも、談合金は違法支出金として損金不算入になるのかどうか、検討しておく必要があろう。

**違法支出金**の損金性については、否定説と肯定説の対立がある。否定説は、各種の主張がみられるが、違法支出金は公序良俗に反すること、通常かつ必要なものではないこと、反社会性が強いことといった理由から、損金にならないという[4]。一方、肯定説は法人税の損金はすべての原価、費用および損失を含む広い概念のものであり、罰科金の損金不算入規定（法法38②五）のような損金不算入とする旨の「別段の定め」がない以上、すべて損金とするのが担税力に応じた課税を実現する観点から妥当であると主張する[5]。

判例では**脱税経費**や暴力団の顧問料、警備費などが争われた例が多いが、その損金性を認めたものはない。いずれも公序良俗違反や通常かつ必要性がないといっている[6]。

(6) たしかに談合行為を防止し、これに制裁を加える観点からは、談合金は違法支出金として損金にならないというほうが妥当である。しかし、課税所得はいくら儲けがあったかというすぐれて経済的な概念であるから、その計算の基礎になる支出金が単にその基礎になった行為が違法または不法というだけの理由で損金にならないとはいえない。もし談合金が損金にならないとすれば、実質的に所得のないところに課税することになる。このようなことは、損金不算入にする旨の別段の定めがあれば格別、解釈論だけで処理するのはいき過ぎであろう。したがって、本件で問題となっている談合金も違法支出金であるからという理由で損金不算入にするわけにはいかないと考える。

(7) そうすると、交際費等に含まれて損金不算入になることになる。そこで上

述したように，交際費課税の論理で損金性が否定されるという理屈になるが，談合金は支払われるべき経済的合理性があり，浪費をしているものではない，という主張になってくる。しかし，冗費の抑制や資本の蓄積は交際費課税の趣旨，理念ではあるが，実際には個々の交際費ごとに冗費や濫費の部分を取り上げてこれを規制する制度ではなく，交際費等の性質いかんにかかわらず，これを損金算入できない費用とすることによりその趣旨を達成しようとするものである[7]。それゆえ，談合金が贈答行為のための費用である限り，交際費等に該当し損金不算入になる。

————●●●————

〔注〕
(1) 審判所裁決昭和57.12.24裁決事例集No.25・109頁
(2) 衆議院大蔵委員会昭和56.4.22国税庁直税部長・大蔵政務次官答弁
(3) 審判所，前掲裁決
(4) 須貝脩一稿「所得の捕捉と必要経費」税経通信30巻12号（昭和50.10）2頁，松沢智著『新版租税実体法』（中央経済社，平成6）123頁，金子　宏著『租税法』（弘文堂，昭和51）195頁，玉国文敏稿「違法所得課税をめぐる諸問題(6)」判例時報764号（昭和50.2.21）26頁
(5) 武田昌輔稿「法人税法上の所得概念」（『実践租税法体系・法人税篇』税務研究会，昭和56所収）84頁，忠　佐市著『課税所得の概念論・計算論』（大蔵財務協会，昭和55）196頁，竹下重人稿「違法所得の課税をめぐって」税務弘報28巻3号（昭和55.3）185頁，中村利雄稿「法人税の課税所得と企業会計（Ⅱ）」税務大学校論叢15号（昭和57）11頁
(6) 大阪地判昭和50.1.17税資85号152頁，東京地判昭和56.5.28税資125号784頁，東京高判昭和62.4.30税資158号499頁，東京地判平成元.5.30税資170号490頁
(7) 東京地判平成元.12.18税資174号921頁

## 三四　祝儀収入を交際費額から
　　　控除することの可否

### 1　事件の概要

　本件は、砂糖卸売業等を営む同族会社が創業○○周年記念行事に際して支出した交際費等の額から招待者が持参した祝儀の額を控除して交際費等の損金不算入額を計算してよいかどうかが争われた事件である（棄却・昭和62.8.25裁決・裁決事例集No.34・118頁）。

### 2　当事者の主張

(1)　審査請求人の主張
イ　当社は創業○○周年記念行事を実施し、これに要した費用の総額からこの記念行事の招待客が持参した祝儀の額を控除した残額を交際費課税の対象にした。
ロ　原処分庁は祝儀の額は費用の支出総額から控除できないとして更正処分をしたが、交際費等の額は、次の理由により、その支出総額から祝儀の額を控除した額と解すべきである。
　(ｲ)　企業は記念行事を実施するにあたって、およそ祝儀を見積もり、これをその費用から差し引き、実質の負担額を想定しているのが実情であり、支

出総額から招待客が持参した祝儀の額を控除した額が記念行事の費用であるとの認識に立っている。

　濫費抑制等の政策目的のゆえをもって，交際費等の額は支出総額であると拡張解釈すべきではない。
(ロ)　会計処理上，受け入れた祝儀を費用の項目から控除することは，一般に公正妥当な会計処理の基準に従った計算というべきであり，これは法人税法第22条第4項の規定により求められている。
(ハ)　益金の額から損金の額を控除して所得金額を計算することからも，「支出する交際費等の額」は記念行事等の費用の支出総額ではなく，これから受け入れた祝儀の額を控除した額とならざるを得ない。
(ニ)　企業が記念行事を会費制で行う場合，その行事等をとりまとめる幹事法人の交際費等の支出総額から参加者が持参した会費を控除することが認められている。

　記念行事の招待客が持参する祝儀は，法律的には強制されたものではないにしても，社会常識的には義務として持参しなければならないものである。会費も祝儀もその負担はともに義務的なもので，実質的な差異がほとんどないにもかかわらず，その取扱いを異にすることはあまりにもバランスを欠く。
(ホ)　本件祝儀を持参した法人のなかには，その祝儀を交際費等として処理しているものがあると思われるが，支出総額から祝儀の額を控除しないと，祝儀を支出した側と受け入れる側との双方に交際費等の課税がされ二重課税となる。

(2)　原処分庁の主張

　交際費等の額の計算にあたって，祝儀の額は，次のとおり本件記念行事に要した費用の支出総額から控除することはできない。
イ　交際費課税はその交際，接待等の行為そのものに対して行われるものである以上，「支出する交際費等の額」とは，現実に交際，接待等の行為に要し

た費用の総額をいうものと解すべきである。
ロ　公正妥当な会計処理においては，収益と費用はこれを相殺せず，総額によって記載することを原則としているから，祝儀収入は雑収入として，記念行事に要した費用は交際費等として，それぞれ処理することになる。
ハ　主催者と共催者とで会費制によりあらかじめ協議して費用の分担を決め，共同で記念行事を開催する場合には，共同で接待等の行為をしたことになり，主催者と共催者それぞれについて，各自が負担した部分が交際費課税の対象となる。
ニ　本件記念行事の開催と本件祝儀の受入れとの間に相互に因果関係があるとしても，主催者である法人にとってみれば，招待客が祝儀を持参するか否かに関係なく記念行事を開催するのであって，その接待行為に対して交際費課税が行われるのである。
ホ　記念行事の招待客が祝儀を支出した行為は，招待された法人の交際等の行為に該当することになって，結果的に招待された法人にも交際費課税が行われる場合もあり得るが，これは交際費を支出した法人のそれぞれの接待，交際等の行為に対して交際費課税が行われるのであるから，二重に課税がされるとの主張は首肯できない。

## 3　審判所の判断

(1)　交際費課税の趣旨
イ　交際費課税の趣旨は，法人の交際費等の濫費を抑制し資本の蓄積を促進するため，本来，事業遂行上必要な損金性を有する交際費等のうち，政策的な配慮から一定の限度で損金に算入しないとするものである。
ロ　交際費等とは，法人が得意先等に対してした交際，接待等の行為自体に着目して，その行為のために支出する費用であり，このような交際費等の課税にあたっては，その交際，接待等の行為の対象となった相手方の課税

関係いかんは問わないと解すべきである。
(2) 「支出する交際費等の額」の意義
　イ　交際費課税の趣旨は、政策的な配慮から交際、接待等の行為自体に着目して課税するものであって、「支出する交際費等の額」とは、交際費等として法人が現にその記念行事に要した費用の総額をいうものと解するのが相当である。
　ロ　祝儀は記念行事に関連して発生したものではあるが、これは招待客が交際等のためその自由意思に基づいて支出したもので、受領者たる法人からみれば、贈答金の受入れであり、収益にあたると解すべきであるから、益金に算入すべきである。
　ハ　一般に公正妥当な会計処理の基準によれば、費用および収益は総額によって記載することを原則としており、記念行事のために支出した費用の総額から祝儀の額を控除することは、公正妥当な会計処理の基準に従っていないこととなる。
　ニ　交際費課税が費用計算の特例であるがゆえに、所得計算と同様に差引計算せざるを得ないとする審査請求人の主張は独自の見解であって、到底採用できない。
(3) 会費制の場合とのバランス
　イ　会費制の場合には、幹事法人が記念行事に参加した者の会費を集めてその記念行事の費用を支払ったとしても、その支払いは参加者からの会費分と幹事法人の会費分とに明確に区分することができ、しかも参加者の会費の支払いは幹事法人が便宜的に記念行事の費用のうち参加者分を代払いしたものにほかならず、幹事法人の交際費等にはあたらない。
　ロ　他方、独自に主催する場合には、祝儀は記念行事の開催との間に因果関係は認められるものの、主催者にとってみれば招待客が祝儀を持参するか否かには関係なく記念行事を開催するのであり、仮に受け入れた祝儀が記念行事の費用に充てられたとしても、交際費等とは交際、接待等の行為のために支出する費用をいうのであるから、費用の総額から祝儀の額を控除

すべき筋合いのものではない。

　以上のとおり，会費と祝儀とはそもそも性格を異にするから，両者の取扱いが異なるのはむしろ当然のことであり，バランスを欠くという主張は採用できない。

(4)　交際費の二重課税

　記念行事の開催者たる審査請求人と招待客の双方に交際費課税が行われるとしても，それはそれぞれ別個独立した法人の個々の交際ないし接待等の行為に着目して交際費課税が行われるのであって，相手方の課税関係いかんは問わないものと解すべきであるから，審査請求人の主張は採用できない。

## 4　研　究

〔問題の所在〕

(1)　法人が支出する交際費等の額は，中小企業者が支出する所定の額を除き，その全額が損金の額に算入されない（措法61の4）。この「支出する交際費等の額」というのは，一見なんの疑問の余地もないようにみえる。しかし，たとえば未払いや前払いの交際費等の額が含まれるのかどうかという疑問にはじまって，資産の取得価額に算入された交際費等の額はどうかという問題もある。

　そして，本件で争いになっているのは，法人が記念行事に際し受け取った祝儀の額を支出する交際費等の額から控除してよいかという問題である。「支出」の語義からすれば，祝儀の額を控除した後の法人が実質的に支払う交際費等の額である，という主張もされている。この問題を考える前提としては，審査請求人が主張しているように，共同で交際行為を行う場合の交際費等の額いかん，という点もみておかなくてはならない。

　このように支出する交際費等の額というのは，必ずしも単純明解ではないのである。

〔支出する交際費等の額の計算〕

(2) 交際費課税における損金不算入額の計算の基礎になるのは，もちろん法人が**支出する交際費等の額**である（措法61の4①）。この場合の「支出する」というのは，現金ベースの支出を意味するものではなく，接待，供応，慰安，贈答等の交際行為ベースすなわち発生ベースを予定している。したがって，交際行為があればその費用が未払いまたは仮払いであっても交際費等の額に含まれるし，逆に交際行為がなければ，その費用を前払いしても交際費等の額には含まれない（措通61の4(1)-24）。

また，土地や建物など資産の取得に際して要した交際費等の額は，その資産の取得価額へ算入する必要がある。資産の取得価額に算入された交際費等は損金になっていないが，損金不算入額の計算の基礎になる交際費等の額には含めなければならない（措通61の4(1)-24）。そうすると二重課税的な不合理な結果になるので，**原価算入された交際費等の額**のうち損金不算入額からなる部分の金額は資産の取得価額から減額することが認められている（措通61の4(2)-7）。

〔共同で交際行為を行う場合〕

(3) 複数の法人が共同して接待，供応，慰安，贈答等を行い，各法人がその費用を分担した場合には，その分担額はそれぞれの法人が交際費等の支出をしたものとする。同業者の団体等がこれら交際行為を行い，その費用を組合員である法人が負担した場合も同様である（措通61の4(1)-23）。

これらの場合には，当初から複数の法人が協議，企画，立案のうえ共同して交際行為を行う意思のもとに実施し，その費用を各自負担するのが通常であると考えられる。このように，法人が事実行為として直接交際費等の支出をしていない場合においても，それぞれの法人がみずから交際行為を行い，そのための費用を支出したとの評価ができるときは，その費用はそれぞれの法人の交際費等の額に含まれるのである[1]。

〔祝儀収入の控除の可否〕

(4) そこで本件で争点となっているのは，記念行事の費用の総額から祝儀収入額を控除した後の金額を交際費等の額としてよいかどうかである。現行の実務や判例の立場は，原処分庁の主張や審判所の判断に示されているように祝儀収入額は控除できないというものである。これは，現行では最高裁まで争われて確立された考え方といってよい。

判例では，交際費課税は接待，供応，慰安，贈答等といった交際行為に着目して課税する行為課税であり，交際行為の規模はその記念行事の費用の総額であるから，これが交際費等の額になるという。そして，招待客は招待客でその記念行事の機会を利用して祝儀額相当の交際行為をしたことになり，同一の機会に主催者と招待客との二つの交際行為が行われたというのである[2]。後段部分はやや詭弁の感がないではないが，交際費課税の趣旨，目的から祝儀収入額は控除できないことを根拠づけようとする。

(5) しかしこれに対しては，その控除を認めるべきであるという異論が少なくない。すなわち招待客が記念行事への出席に際して祝儀を持参するのは社会慣行として定着しており，いわば義務的なもので主催者の記念行事の費用へ充当されることが予定されているという[3]。これは本件において審査請求人が，企業は祝儀収入があることを当然の前提に，実質の負担額を想定しているのが実情であるという主張に合致する。また，複数の者が共同して会費制で交際行為を行う場合とバランスを欠くという主張に通じてくる。

また，審査請求人は主催者と招待客との交際費等の二重課税を主張しているが，主催者だけにおいても二重課税的な状況は生じる。つまり記念行事の費用の総額を交際費等として課税するとすれば，祝儀収入と交際費等と二重に課税されることになる。

(6) これら反対論の主張は，相当に説得力のあるものといえよう。企業経営の実態や現実の資金の流れなどからすれば，実態を踏まえた一般的感覚に合致すると考えられるからである。

ただ，記念行事等に際して招待客が祝儀を持参する社会慣行があることは

事実であるが，いくらの祝儀を持参するかはあくまでも招待客の判断であり，主催者はこれを確定的に予定することはできない。たとえば1,000万円規模のパーティを行うとすれば，主催者としては一応1,000万円の費用は予定しなければならず，それが実質負担として700万円になるか500万円になるかは結果論にすぎないのである。これが複数の者が共同して会費制で行う交際行為とは決定的に異なる。

このようにみてくると，交際費課税が冗費の抑制や資本の蓄積を目的とするものであってみれば，記念行事の費用の総額を規制するのが目的にかなうことになる。しかし，交際費課税制度が法人税の本質論に根ざすものではなく，政策的なものであるとすれば，そこまでぎりぎり交際費課税を行う必要があるのか，というのも率直な疑問として残る。

─●─●─●─

〔注〕
(1) 東京地判平成2．3．23税資176号1頁
(2) 東京地判平成元.12.18税資174号921頁，東京高判平成3．4．24税資183号352頁，最高判平成3．1．11税資186号846頁
(3) 武田昌輔著『新版即答交際費課税』（財経詳報社，平成9）23頁参照

# 三五　上様扱いによる仕入金額の損金算入の可否

## 1　事件の概要

　本件は，銀の精錬加工および貴金属地金の売買を業とする同族会社が，「上様分等」として記帳した仕入金額について，その取引先が明らかでなく，実在の取引でないとして損金算入が認められないかどうかが争われた事件である（一部取消し・昭和60.9.13裁決・裁決事例集No.30・126頁）。

## 2　当事者の主張

### (1)　審査請求人の主張

　当社が上様扱いとした廃フィルムおよび定着廃液等（有価値産業廃棄物）ならびに電解銀の仕入金額は，すべて取引が実在するものである。すなわち，当社は有価値産業廃棄物および電解銀をA工場に集め，工場備付けの作業元帳に仕入量を記帳し，それらから生産される再生銀の量は，B事務所備付けの入出庫帳に記帳している。そして，上様扱いとした仕入金額に相当する仕入れは作業元帳にすべて記帳されており，作業元帳に記帳された総仕入量から生産される生産見込数量と入出庫帳に記帳された再生銀の数量とはほぼ一致している。

### (2) 原処分庁の主張

審査請求人の有価値産業廃棄物および電解銀の仕入金額のうち所定の金額については，総勘定元帳，出金伝表等において「上様分等」とされて取引先が明らかにされておらず，その支出を裏付ける客観的資料がない。したがって，この金額に関する帳簿書類の記載は信用できず，その支出を認めることはできない。

## 3 審判所の判断

審査請求人の作成した作業元帳，入出庫帳，集荷明細書，メモ書き，仕入帳，出金伝票などの各記録書は，その作成の経緯，状況，各記録書相互の関連性等からみて，その記載内容に信憑性が認められるので，これらの記録書によって確認された「上様分等」の仕入金額については実在の取引に基づくものと認められる。

したがって，「上様分等」の仕入金額は損金算入ができる。

## 4 研　究

〔問題の所在〕

(1) 本件は架空仕入れの有無を争点としているようにみえるが，本質的には使途不明金をめぐる争いである。法人が費用名目で支出した金銭であっても，その使途が明らかでないものは，損金の額に算入されない。この取扱いは，使途が明らかでなければ，何のために使ったのか分からないのであるから，至極当然であるともいえる。

この使途不明金の取扱いに関しては，そもそもその損金不算入の法理をどう考えるかという問題がある。

次に問題はこの使途不明金の取扱いの射程範囲，すなわち「使途が明らかでないもの」とはどういう状態のことをいうかである。本件では「上様分等」の仕入先がどこであったかが，最後まで明らかにされていないものが存在する。その限りでは使途不明金であり，そのことを理由として仕入金額の損金算入は否認されるべきであるといえよう。それにもかかわらず，審判所の判断では状況証拠によってその仕入金額の損金算入を認めている。これはどのように考えるべきであろうか。これが本件での核心の問題である。

なお，使途不明金は消費税の仕入税額控除ができるか否かという問題とも関連しており，留意を要する。

〔使途不明金課税の内容と法理〕

(2) 法人が交際費，機密費，接待費等の名義で支出した金銭でその費途が明らかでないものは，損金の額に算入されない（基通9－7－20）。また，役員等に対して機密費，接待費，交際費，旅費等の名義で支給したもののうち，その法人の業務のために使用したことが明らかでないものは，その役員等に対する報酬または賞与とする（基通9－2－10(9)）。

これらの取扱いを一般に**使途不明金課税**と呼ぶ。ここでは交際費，機密費，接待費，旅費があげられているが，これはこれらの科目にその例が多いというだけで単なる例示にすぎない。他の科目名義で支出したものであっても，費途が明らかでない限り，一般的には使途不明金となる。

(3) この使途不明金課税は通達で定められており，損金算入を否認するような取扱いを通達で行うのは租税法律主義の観点から問題であるとの指摘が存する[1]。それにもかかわらず，あえて通達で措置しているのは，使途不明金の損金不算入は今日では定着した取扱いであり，法定するまでもなく条理上当然のことであるからである[2]。

法人税の損金は，売上原価，費用および損失であり，売上原価と費用は収益の獲得に役立ったもの，損失は発生という事実が確認できるものでなければならない。単に金銭が社外に流出したというだけでは，損金にならないの

である。このような損金の概念からみて，**使途不明金**は売上原価，費用および損失のいずれにも該当せず，損金とは認められないことになる。

(4) この点に関し，裁決例では法人税法の規定により損金の額に算入される費用は，その支払先および使途が明らかであることを要するところ，審査請求人はそれを明らかにする具体的資料を提出せず，また審判所の調査によってもそれを確認することができないから，損金算入はできないとしたものがある[3]。これが使途不明金課税の基本的な考え方といってよい。

判例でも，法人税の損金は業務の遂行上必要と認められなければならないが，使途不明金は使途の確認ができず，業務との関連性の有無が明らかでないから損金にならないという[4]。

〔使途秘匿金課税制度〕

(5) 法人税には，以上の使途不明金課税のほかに**使途秘匿金課税制度**が設けられている。すなわち，法人が平成6年4月1日から平成16年3月31日までの間に使途秘匿金の支出をした場合には，通常の法人税に加えて，その支出額の40％相当額を納付しなければならない。

ここに**使途秘匿金**とは，法人がした金銭の支出のうち，その相手方の氏名（名称），住所（所在地）およびその事由を帳簿書類に記載していないものをいう。ただし，①その記載がないことに相当の理由があるもの，②資産の譲受けその他の取引の対価として相当であるものおよび③税務署長がその記載をしていないことが使途を秘匿するためではないと認めたものは，使途秘匿金に該当しない（措法62）。

特に取引の対価として相当である支出は，その支払事由さえ判明すれば，仮にその支払先が不明であっても使途秘匿金にはならないのである。この点は，本質的に所得のないところに課税なし，という原則からみて当を得たものと評価できる。

〔使途不明金課税の射程範囲〕

(6) そこで「使途が明らかでないもの」すなわち使途不明金とは，何が不明である状態をいうのかが問題である。これが使途不明金課税の射程範囲ということになる。

　常識的には，上述の使途秘匿金と同じように支払いの相手方の氏名，住所および支払事由が分からない状態にある支出が使途不明金であるといえよう。企業が自分が支出した金銭の使途を知らないということは通常では考えられないから，本来的には使途秘匿金という用語が適切である。使途不明金という用語は第三者，特に課税当局の立場からみたものであるから，課税当局からすればその相手方に対する課税ができないような状態にある支出ということになる。そのため，実務にあっては，しばしば氏名，住所および支払事由のどれか一つが分からなければ即使途不明金として課税するというような議論が行われる。

(7) これに対して，事業遂行上，使途を秘匿しなければ企業自体の存続に著しい影響を及ぼすといった場合には，やむを得ないものとして損金算入を認めるべきであるという見解がみられる[5]。

　たとえば絵画や骨とう品の売買においては，事の善悪は別にして購入先を秘匿しなければ商売にならないとはよくいわれる。仕入れた絵画や骨とう品の売上げは適正に計上されている。だが，今後の商売に差し支えるのでその購入先は明かせないといった場合，その仕入れは使途不明金として損金算入が否認されるのであろうか。

　しかしこれはいかにも不合理である。その絵画や骨とう品の仕入れを認めないとすれば，原価ゼロで売上げだけを基礎に課税することになる。これは本当は所得がないにもかかわらず，法人税を課す結果になる。使途不明金課税はこのような場合まで予定しているとはいえない。

(8) また判例には，交際費として社外に支出されていることが明白に認定でき，法人の事業内容，支出の金額，接待の時期・方法など接待の態様，認容され得る他の交際費等の金額，過年度の事績，同業法人との比較等からして，そ

の法人の事業の遂行上客観的に必要な接待と認められる以上，その費用は交際費として認容されるべきであり，接待の相手方の氏名を開示することは，交際費として認定されるための不可欠の要件ではないとするものがある[6]。しかしこの場合であっても，交際費の支出先は明らかである必要があろう。

なお，消費税においては相手方の氏名，仕入年月日，仕入れの内容，支払対価の額を記載した帳簿および請求書等の保存がなければ**仕入税額控除**は認められない（消法30⑦～⑨）。現に医薬品の仕入先として記載したのが氏のみで仕入先を明らかにしなかった事例や絵画美術品の仕入先として記載した氏名（名称）が虚偽のものと推定される事例につき係争になったが，結局仕入税額控除は認められなかった事例がある[7]。

〔本件上様仕入れの検討〕

(9) 以上のような議論からすれば，本件における審判所の判断は相当である。他の裁決例にあっても，外注工賃の支払先を外注依頼時の条件その他諸般の事情により明らかにしない場合でも，①外注工賃等支払補助簿にそれぞれ数量，単価が記載されており，②製品の種類，数量，製造工程からみてその加工は必要なもので，③従業員の作業能力からみて自社で加工することができないと認められるとして，外注工賃を製品完成高に対する原価として損金算入を是認している[8]。

仕入先が分からず形式的に使途不明金とみられても，まったく損金として認められないわけではない。支出事由が明らかでその支出をすることに必然性があり，かつ，その支出金額が確認できるときは，もはや使途不明金ではないというべきである。ただ，このような条件を満たすものは必然的に売上原価ないしこれに類似する費用に限られることになろう。

なお，原処分段階では販売手数料の支出先の住所，氏名を明らかにしなかったが，審査請求に至ってそれを明らかにしたことにより，その損金算入が認められた事例もある[9]。

〔注〕
(1) 首藤重幸稿「使途不明金の理論的検討」日税研論集1号（昭和61）229頁
(2) 柿塚正勝著『使途秘匿金（改訂版）』（税務経理協会，平成10）20頁
(3) 審判所裁決平成13.10.10裁決事例集No.62・267頁
(4) 東京地判平成6．9.28税資205号653頁，東京高判平成7．9.28税資213号772頁
(5) 松沢　智著『新版租税実体法』（中央経済社，平成6）349頁
(6) 東京地判昭和51．7.20税資89号307頁
(7) 審判所裁決平成6.12.12裁決事例集No.48・411頁，審判所裁決平成6.12.21裁決事例集No.48・424頁
(8) 審判所裁決昭和48.12.10東京裁決事例集No.9・3頁
(9) 審判所裁決昭和57．1.14裁決事例集No.23・133頁

# 三六　繰越欠損金の記載誤りによる過大控除の是正時期

## 1　事件の概要

本件は、化学繊維織物卸売業を営む同族会社が、誤って申告書に翌期へ繰り越す欠損金額を過大に記載し、そのまま除斥期間が経過した場合、その記載誤りによるその後の過大控除は、いつの事業年度において是正すべきかが争われた事件である（棄却・昭和58.12.15裁決・裁決事例集No.26・138頁）。

## 2　当事者の主張

(1)　審査請求人の主張

イ　国税通則法第24条《更正》および第2条第6号《純損失等の金額の定義》によれば、納税申告書に記載された翌事業年度以後の各事業年度の所得金額の計算上順次繰り越して控除することができる欠損金額（申告書別表一㈠の28欄記載のもの）に誤りがあるときは、原処分庁は、その誤りがある事業年度について繰越欠損金を是正する更正をしなければならないと解される。

ロ　ところが、当社の昭和53年7月期の確定申告書に記載された繰越欠損金は過大であるので、原処分庁はその事業年度について更正しなければならないが、通則法第70条第1項《国税の更正、決定等の期間制限》に定める除斥期

間を経過したまま現在まで更正していない。
ハ 一方，通則法第19条第1項《修正申告》によれば，修正申告書を提出することができる期間は，同法第24条による更正があるまでと解されるところ，既に除斥期間が経過して原処分庁は更正することができず，したがって修正申告もできないから，昭和53年7月期の繰越欠損金は誤りのあるまま確定していることになる。
ニ そうすると，確定した金額に基づいて繰越欠損金の控除を求めた昭和56年7月期の更正の請求は正当であり，これを理由がないとする原処分は違法である。

### (2) 原処分庁の主張

欠損金の繰越控除の制度は，数事業年度を通じて所得計算をして課税する一種の平均課税であることから，翌期へ繰り越すこととなる繰越欠損金額は，各事業年度の所得金額または欠損金額を基礎として算定されるものであって，繰越欠損金の誤りは欠損金の繰越控除を行った事業年度で是正すれば足りるものと認められる。

## 3 審判所の判断

(1) 審査請求人は，昭和52年2月1日から昭和53年1月31日までの事業年度において生じた欠損金額について，欠損金の繰戻しによる還付を受けたことにより，繰越欠損金が零円になったにもかかわらず，その事業年度の確定申告書に誤って11,095,447円と記載した結果，翌昭和53年7月期の確定申告書に繰越欠損金31,950,244円と記載すべきところ，43,045,691円と差額11,095,447円を過大に記載した。

(2) 青色欠損金の繰越控除制度（法法57）によれば，各事業年度開始の日前5年以内に開始した青色申告事業年度に生じた欠損金額がある場合には，欠損

金の繰戻しをしない限り，その欠損金額は各事業年度の損金の額に算入することになっている。その損金の額に算入される欠損金額の法人税申告書への記載はその適用要件とされていないから，その欠損金額は，法人税申告書別表一㈠の「28翌期へ繰り越す欠損金又は災害損失金」欄および別表七の「3翌期繰越額の合計」欄の記載の有無に関係なく，各事業年度の正当な所得金額または欠損金額を基礎として算定されるものである。すなわち，法人税申告書への繰越欠損金の記載は，以後の所得計算の便宜のためのものにすぎず，その記載誤りによる過大控除は，繰越控除を行った事業年度で是正すれば足りるというべきである。

(3) そうすると，昭和53年7月期の欠損金額の計算に誤りがなく，単に繰越欠損金の記載を誤ったにすぎない本件の場合には，繰越欠損金の損金算入をした昭和56年7月期で是正すれば足りる。

## 4 研　　究

〔問題の所在〕

(1) 法人税の課税所得の計算上，各事業年度開始の日前5年以内に開始した青色申告事業年度において生じた欠損金額は，損金の額に算入される（法法57）。これが**青色欠損金の繰越控除制度**であるが，その繰越控除が認められる欠損金額をどのように解するかが本件の問題である。

　審査請求人は，誤って申告書に繰越欠損金額を過大に記載したが，すでに過大に記載した事業年度の除斥期間が経過しているので，その誤ったところで繰越欠損金額が確定し，そのまま控除が認められると主張する。

　これに対して，その除斥期間が経過していても，実際に控除をする事業年度においては正当な欠損金額の繰越控除しか認められない，というのが原処分庁の主張である。

　これは除斥期間の効果ないし意義をどう考えるかという問題にもなってく

る。本件に類似する事例として，過年度に固定資産の取得価額を過大に計上してそのまま減価償却を行い，あるいは本来交際費処理すべきであった費用を貸付金に計上して，その後貸倒れとしている例がみられる。その固定資産を過大に，あるいは貸付金に計上した事業年度の除斥期間が経過していることを理由に，過大な減価償却費や貸倒損失がそのまま是認されるのではないかといった議論である。

このように，本件あるいは類似の事例は，実務的にはしばしば生じる問題である。

〔青色欠損金の繰越控除の適用要件〕

(2) 法人税の課税所得の計算にあたって，その事業年度開始の日前5年以内に開始した青色申告事業年度において生じた欠損金額は，その事業年度の損金の額に算入される（法法57①）。ここに**欠損金額**とは，その事業年度の損金の額が益金の額を超える場合におけるその超える部分の金額をいう（法法2十九）。

この青色欠損金の繰越控除は，欠損金額が生じた事業年度において青色申告書を提出し，その後の事業年度において連続して確定申告書を提出している場合に限って適用が認められる（法法57⑦）。これ以外に，その適用を受けるために，たとえば確定申告書に損金算入に関する明細の記載をすべきこと等の申告要件は付されていない。

(3) 青色欠損金の繰越控除は，企業会計にはない法人税独自の制度であるから，**申告調整事項**である。そして，上記のように申告要件が付されていないので，申告調整事項のうち必須的申告調整事項に該当する。すなわち，青色欠損金の繰越控除による損金算入は，必ず申告書のうえで損金算入（具体的には法人税申告書別表四において企業利益からの減算）を行わなければならない。もし法人がこれを行っていなければ，税務署長が更正をして強制的に損金算入をする。

たしかに申告書別表七《欠損金又は災害損失金及び私財提供等があった場

合の欠損金の損金算入に関する明細書》が法定され，これに欠損金の発生経緯や控除の状況，翌期繰越額を記載し，その翌期繰越額を申告書別表一㈠に移記することになっている。しかしこれら申告書への記載がなくても，青色欠損金の繰越控除は認められる。これら申告書への記載は，正確性の検証と欠損金額を管理するためにすぎない。

〔更正事項と除斥期間の効果〕

⑷　法人が申告した所得金額等または税額等の計算に誤りがある場合には，税務署長はその所得金額等または税額等を更正する（通法24）。この**更正**は，所得金額や税額だけでなく，欠損金額のうち翌事業年度以後の事業年度の所得金額の計算上順次繰り越して控除できるものについても行われる（通法２六，19，24）。

　この繰越欠損金額について更正ができるようになったのは，昭和37年の国税通則法の改正においてである。それ以前にも欠損金額に誤りがある場合には減額修正の通知をしていたが，それは単なる便宜による事実上の行為であって，処分性がないと解されていた。その改正の趣旨は，翌期に繰り越される欠損金額は翌事業年度以後の所得の計算上損金算入が認められるところから，その翌期繰越欠損金額を更正することによって納税者に了知させ，翌事業年度以後の所得金額の計算を適正に行うことにある。したがって，繰越欠損金額の当期控除額を修正し，その結果翌期に繰り越される欠損金額の更正もここでいう更正に含まれる[1]。

⑸　一方，繰越欠損金額でその事業年度において生じたものを増加または減少させる更正は，法定申告期限から５年を経過した日以後においてはすることができない（通法70②）。これが更正の**除斥期間**である。

　この更正の除斥期間は，その期間が徒過するともはや更正ができなくなってしまうというにすぎず，その事柄の正当性まで是認するものではない。たとえば，法人が売上除外をして簿外の預金を設定していた場合，除斥期間が経過すれば，税務署長はその売上除外に対する法人税を追徴するための更正

はできなくなる。その意味では、法人の申告した所得金額が誤ったまま確定するといえる。

しかし、その預金までが法人のものでなくなるわけではない。除斥期間が経過していない、その後の預金利息は収益に計上しなければならない[2]。実務上その簿外預金は、申告書別表五㈠の「期首現在利益積立金額」欄に「時効預金」等として計上し、法人に帰属する預金であることを明示する必要がある。

〔繰越欠損金額の是正方法〕

(6) そこで問題は、どのような場合に欠損金額の更正をすべきかである。その事業年度の益金あるいは損金の額の計算に誤りがあるため欠損金額が過大または過少になって、翌事業年度に繰り越す欠損金額に異動が生じる場合に、その欠損金額を更正すべきことはほとんど問題がない。この点に関し、ある事業年度において申告した欠損金額に誤りがあったとしても、後にこれを増加させるには更正の請求をしなければならず、これを是正する順序として、まず前事業年度以前における誤りがあった事業年度の欠損金額を是正し、次いでその後の事業年度の欠損金額を順次是正することが必要であって、更正の請求を経ることなく、その誤りを前提として後の事業年度について更正の請求をしたり、更正処分の取消しを求めることは許されない、とする判例がある[3]。

これはまさにそのとおりである。このことから逆に、欠損金額を減少させるのが更正処分や修正申告であるから、その更正処分や修正申告がない限り、その事業年度に生じた欠損金額が過大であっても、そのまま確定するということになる。更正の除斥期間が経過すると、誤ったまま所得金額が確定するのと同じである。

〔本件繰越控除の検討〕

(7) しかし本件で問題になっているような、単なる申告書の記載誤りによる欠損金額までが更正処分や修正申告がなかったからといって、そのまま確定するのかどうか。

　上述したように、欠損金額は損金と益金との差額という実体的な概念であり、その欠損金額のうち繰越控除が認められるものを更正できることになっている。そうであるとすれば、申告書の記載誤りによる欠損金額は、そもそも欠損金額とはいえないから、更正の対象にならない。むろん、除斥期間の経過によって単に誤って申告書に記載した欠損金額が確定するわけではない。

　審判所の判断は結論的には妥当であると考えられる。しかし、なぜ「欠損金額は各事業年度の正当な所得金額または欠損金額を基礎として算定されるものである」のか、やや説明が不足している。裸で「正当な所得金額または欠損金額を基礎として算定される」といってしまうと、除斥期間はまったく意味をなさないことになる。更正事項や除斥期間、欠損金額の意義から説き起こす必要があったように思われる。

　なお、本件と同じ問題を争点とする裁決例があり、結論は本件と同じようになっている[4]。

〔類似事例の処理〕

(8) 本件に似た事例としては、たとえば固定資産を取得した事業年度にその取得価額を過大に算定したが、すでに除斥期間が経過しているという場合、その後の事業年度の減価償却費は、その過大な取得価額を基礎に計算してよいのか、それともあくまでも正当な取得価額でもって計算すべきかというのがある。また、使途不明金とみられる支出を資産に計上し、減価償却をしていた例もみられる。さらに、過年度に貸付金として処理した金銭が実際は交際費であったという場合、その貸付金を貸倒損失に計上した事業年度で否認できるかという事例もある。

　これらの事例と本件が異なるのは、取得価額や交際費は所得金額や欠損金

額を計算するうえでの前提問題にすぎず，それ自体が更正事項ではないが，欠損金額はそれ自体が更正事項で除斥期間に服するという点である。すなわち，これらの事例はいずれも，更正の除斥期間の問題ではなく，除斥期間が経過したからといって，過大あるいは架空に計上した資産の正当性が是認されるわけではない。除斥期間が経過していないその後の各事業年度の所得金額は，正当な取得価額なり正当な処理を前提として計算されるのである。もしそのように解さなければ，いくらでも脱法行為を許すことになる。

──●●●──

〔注〕
(1) 大阪地判昭和41．9．16税資45号246頁
(2) 名古屋地判昭和55.12.19税資115号743頁，名古屋高判昭和59．2．28税資135号230頁
(3) 東京高判平成3．1．24税資182号55頁
(4) 審判所裁決平成14．3．13裁決事例集No.63・1頁

## 三七　更生会社に対する同族会社の留保金課税の可否

### 1　事件の概要

　本件は，洗濯機製造業を営む同族会社である更生会社に対して，同族会社の留保金課税の適用があるかどうかが争われた事件である（棄却・昭和48.7.24裁決・裁決事例集No.6・45頁）。

### 2　当事者の主張

(1)　審査請求人の主張
イ　当社は昭和44年8月15日に会社更生法による更生手続きを開始し，昭和46年6月14日にA地方裁判所から更生計画の認可決定を受けた更生会社であるが，昭和45年8月16日から昭和46年6月14日までの事業年度分の法人税について，課税留保金額を1,300万円とする更正処分を受けた。
ロ　しかし原処分は，次の理由により更生会社である同族会社に対して留保金課税を行った違法なものであるから，その取消しを求める。
　(イ)　会社更生法第53条《開始後の業務及び財産の管理》により更生手続き開始の決定があった場合には，その会社の事業の経営，財産の管理，処分をする権利は管財人に専属し，また，同法第249条《株主総会の決議等に関

する法令の規定等の排除》により更生計画の遂行については，株主総会または取締役会の決議を要しないこととされている。したがって，当社が当期の利益19億円の全額を留保したのは，会社更生法の規定によって当社の利益について株主等の処分権限が排除されている結果，自動的にこの留保を行わざるを得なかったからである。

(ロ) また，法人税法第67条に定める「同族会社の各事業年度の留保金額」とは，通常の事業年度において生じた所得等の金額について会社の意思決定機関である株主総会の決定により留保された金額を指すものと解されるところ，会社更生法第269条《法人税法等の特例》第2項により特別に定められた事業年度である当期に自動的に留保された金額について留保金課税を行うことは，その趣旨に反するものである。

(ハ) さらに，昭和46年6月14日に認可決定を受けた更生計画によれば，資本金3億円を1,500万円に減資し，新たに1億3,500万円の新株式を発行して特定の更生債権者に弁済に代えて交付することとされており，昭和46年10月1日にこれを実行した。会社更生法第236条《更生計画の効力発生の時》においては，更生計画は，認可決定の時から効力を生ずる旨が，同法第254条第1項《新株の発行に関する商法等の規定の特例》においては，更生計画において会社が更生債権者，更生担保権者または株主に対し，新たに払込みまたは現物出資をさせないで新株を発行するすることを定めたときは，これらの権利者は，計画認可の決定の時に株主になる旨が，それぞれ規定されているから，更生計画認可の日であり，かつ，当期末である昭和46年6月14日においては当社は非同族会社である。

## (2) 原処分庁の主張

イ 同族会社の留保金課税は法人税法第67条に定められているところ，更生会社については同法およびその他の法令等に別段の定めはないから，審査請求人についても同条の規定が適用される。

ロ 同族会社であるかどうかの判定については，法人税法第67条第6項の規定

により「当該事業年度終了の時の現況による」のであるから，たとえ更生計画の認可決定に伴い，その更生計画の定めるところによりその認可決定の日から4か月を経過する昭和46年10月1日に新株主が確定し非同族会社となるとしても，当期末の現況によれば審査請求人は同族会社である。

## 3　審判所の判断

(1)　法人税法第67条には，内国法人である同族会社の各事業年度の留保金額が留保控除額を超える場合には，その超える金額について特別税率を乗じた法人税を課する旨が規定され，また，この各事業年度とは，同法第13条《事業年度の意義》で営業年度その他これに準ずる期間で，法令で定めるものまたは定款，寄付行為，規則もしくは規約に定めるものをいうとされているところ，更生会社については会社更生法第269条第2項に事業年度の特例が定められているのみで，法人税はもちろん関係諸法令等においても，更生会社に法人税法第67条の規定の適用を排除する特段の規定は設けられていない。したがって，留保金課税をした原処分は相当である。

(2)　会社更生法第254条第1項には，更生債権者等の権利者は，計画認可の決定の時または計画において特に定めた時に株主になると定められており，審査請求人の更生計画には，「新株式の発行の効力は，この計画認可決定の日より4カ月目の日の属する月の初日に生ずるものとする」と定められているから，本件の場合には当期の終了の日である昭和46年6月14日においては新株式発行の効力は生じていないから，新株式発行前の株主により同族会社と判定したのは相当である。

## 4 研　究

〔問題の所在〕

(1) 法人税においては，同族会社に対していくつかの課税上の特例を設けている。その特例は，同族会社は少数の株主に支配されているという，その特質に着目したものであるから，それぞれ確たる立法趣旨を有する。

　本件で問題となっている同族会社の留保金課税もその一つであり，個人企業や非同族会社との課税の権衡を図るといった趣旨に基づいている。そこで，更生会社といえども法人税の納税義務を負うのであるが，いわば通常の状態にない更生会社についてまで，この同族会社の留保金課税が行われるのかどうかが，本件の問題である。これは，一面では実質課税のあり方いかんという問題提起であるといえよう。また，同族会社の留保金課税の趣旨を知るうえでも好個の題材である。

　更生会社をめぐっては，ほかに役員賞与の損金不算入の適用があるかどうかが争われた事例もみられる。これも基本的な問題意識は，同族会社の留保金課税と同じである。

　最近の経済状況を反映して，会社更生法や民事再生法の適用を申請する企業も少なくなく，本件は今日的な問題といえる。

〔留保金課税の内容と趣旨〕

(2) 内国法人である同族会社の各事業年度の留保金額が留保控除額を超える場合には，その超える部分の金額である**課税留保金額**に，10％，15％または20％の特別税率を乗じて計算した税額を通常の法人税額に加算して納付しなければならない（法法67①）。ここで**留保金額**とは，当期の所得金額のうち留保した金額から，当期の所得に対する法人税額や住民税額を控除した金額を（法法67②），**留保控除額**とは，①当期の所得金額の35％相当額，②年1,500万円，③期末資本金額の25％相当額からすでに積み立てている利益積立金額

を控除した金額のうち最も多い金額を（法法67③），それぞれいう。これが**同族会社の留保金課税**である。

　同族会社の概念が明らかにされ，はじめて留保金課税が行われたのは大正12年である。その後，昭和36年に現在のような形になった。

(3)　**同族会社**は，3人以下の株主が50％を超える持株割合を有する（法法2十），少数の株主が支配している会社であり，また，株主のほとんどがその役員であるなど，その実体において個人企業と異ならないものが多い。そのため同族会社では，利益を配当や賞与として分配した場合における株主や役員に課される所得税の負担を回避するため，不当に利益の社内留保を図るといった傾向がみられる。

　これをそのまま放置すると，法人企業と個人企業，同族会社と非同族会社との間に著しい税負担の不均衡が生じる。そこで同族会社の不当な内部留保に対して特別の課税を行うことにより税負担の調整を図るとともに，間接的に同族会社の配当や賞与の支払いを促進させることを目的としている。これが同族会社の留保金課税の趣旨である。


〔留保金課税をめぐる議論〕

(4)　以上のような趣旨に基づく同族会社の留保金課税ではあるが，いくつかの問題提起がされている。

　まず一つは，留保金課税は非同族会社と同族会社との株主を不当に差別するものではないか，という議論である。これに対しては，留保金課税の対象とされる留保金は，本来配当等により利益処分をすべきであったのに，過大に留保され配当等に対する所得税の課税を不当に免れていたものであるから，これに対して課税することはなんら不合理ではなく，同族会社を不当に差別するものではない，というのが判例である[1]。

　しかし，「本来配当等により利益処分をすべきであった」と，そこまで税が私的自治に介入できるのか，あるいは介入すべきなのか，やや疑義があろう。同族会社は小規模で財政基盤が脆弱であるから，将来のことを考えると

利益を配当等に回したくても回せない，という実情も十分に考えられるからである。

(5)　そこで，二つめの議論が出てくる。すなわち，わが国の会社のほとんどが同族会社かつ中小企業であり，中小企業こそ極力社内留保を図り，体質強化に努める必要があるのに，その留保金に課税するのは問題ではないかという指摘である。特に最近，**ベンチャー企業**などの起業，育成を図ることが喫緊の課題となっており，そのための各種の施策が講じられている。にもかかわらず，留保金課税を行うのは，ベンチャー企業の起業，育成に逆行するのではないかというわけである。

　このような議論もあり時限立法ではあるが，新事業創出促進法や中小企業の創造的事業活動の促進に関する法律に規定する所定のベンチャー企業に対しては，平成12年4月1日から平成16年3月31日までの間に開始する事業年度における留保金課税は行わないことになっている（措法68の3の2①）。また，青色申告法人である資本金1億円以下の同族会社に対しては，平成14年4月1日から平成16年3月31日までの間に開始する事業年度について留保金課税額を通常の95％相当額に軽減する措置が講じられている（措法68の3の2②）。

〔更生会社に対する法人税の特例〕

(6)　審査請求人が主張するように，更生手続きが開始されると，その会社の事業の経営，財産の管理，処分をする権限は管財人に専属する（旧更生法53）。また，会社更生手続中は利益配当をなし得ないことになる（旧更生法52）。更生会社は管財人の管理のもと，窮境にはあるが再建を図っていくのである。

　そこで**更生会社**の再建を図るという政策目的に即して，法人税の課税上，いくつかの特例が定められている。その特例は，次のとおりである。

　イ　更生手続きの開始決定があったときは，会社の事業年度はその開始の時に終了し，これにつづく事業年度は，更生計画の認可の時または更生手続終了の日に終了する（旧更生法269②）。

ロ 更生手続きによる会社の評価換えおよび債務の免除による益金で，更生手続開始前から繰り越されている欠損金額（青色欠損金または災害損失金の繰越控除の適用を受けるものを除く）に達するまでの金額は，益金の額に算入しない（旧更生法269③）。

ハ 更生会社は中間申告を要しない（旧更生法269④）。

(7) このロの特例に関しては，従来，欠損金額の控除の順序について争いがあった。会社更生欠損金額（青色欠損金の繰越控除の適用がないもの）と青色申告欠損金（青色欠損金の繰越控除の適用があるもの）とがある場合，課税庁は，まず青色申告欠損金を優先して控除すべきであるという立場をとっていた。そのような裁決例もある[2]。

しかし訴訟が提起され，裁判所は会社更生計画の円滑な遂行といった面を総合して，更生会社の評価益・債務免除益につき，まず会社更生欠損金額に達するまでの金額を益金不算入として益金額を算出し，それから青色申告欠損金の繰越控除を行うべきである，と判示した[3]。現行の実務の取扱いはこのようになっている。

更生会社に対する法人税の課税の特例は，以上に述べたものだけであり，これ以外にはない。

〔本件更生会社の検討〕

(8) そこで本件であるが，以上のような同族会社の留保金課税の趣旨・目的からすれば，更生会社にその課税がされるというのは，いささか酷な面は否めない。特に，会社更生手続中は利益配当ができず（旧更生法52），必然的に利益は留保せざるを得ないが，それが再建を図るための会社更生法の意図するところとすれば，なおさらである。

しかし，現行の法人税関係法令の規定からすると，更生会社であるからといって，留保金課税の適用がないというわけにはいかない。審判所の判断にあるように，更生会社に留保金課税の適用を排除する特段の規定は設けられていないからである。

規定上はあまりにも明白であるから、規定の趣旨・目的などを勘案した実質思考の考え方は、登場する余地がない。この点において、審判所の裁決には、規定自体が明白で疑いのない以上、規定の趣旨・目的は立法政策の問題であり、その趣旨・目的を考慮することはできないという限界がある。

〔裁判所の判断〕

(9) 審判所の判断に限界があるとすれば、判例をみてみよう。本件と同じく、更生会社に対する留保金課税の是非が争われた事件がある。その判例では、留保金が後日更生会社の設備投資に充てられ、あるいは更生債権者に対する弁済に充てられるなど、結局更生会社の利益となる性質のものである以上、個人企業との税負担の公平という見地からみて、これを留保した時点において留保金課税をする必要性は失われていない、と判示した[4]。

これは税法の規定ぶりといった形式論ではなく、いわば実質論から更生会社に対する留保金課税を支持したものである。このような観点からすれば、次のような一般会社との権衡をも考慮して、更生会社に対する留保金課税の是非は判断されるべきであろう。すなわち、当期の単年度ベースでは多額の利益が生じたが、一方で繰越欠損金も多額にあるというケースでは、繰越欠損金の控除により所得金額は零になるが、留保金課税だけは生じるということが起きる。本件もその例であるが、これは更生会社に限らず、一般会社においても生じる。この場合、一般会社も未処分利益がないため、配当等をすることができず、利益の全部を留保（すなわち繰越欠損金の補塡に充当）せざるを得ないという問題がある。

〔役員賞与の損金不算入の可否〕

(10) 更生会社をめぐっては、更生会社の代表取締役および専務取締役に対する賞与につき損金不算入規定が適用されるかどうかが争われた事件もある。審判所の裁決では、代表取締役および専務取締役として適法に選任されている限り、法人税法上の役員に該当することは明白であるから、更生手続中で権

限の付与されていない者であっても役員に該当し，更生会社の役員と一般会社の役員とでその取扱いを異にすることにはならないといっている[5]。

また判例でも，代表取締役が更生計画によって適法に選任されている以上，たとえ更生会社の事業の経営，財産の管理処分をする権限を有していなくても，更生会社の機関たる地位にあることには変わりがないから，法人税法が更生会社の代表取締役に対する賞与についてその実質を問うことなく一律に損金不算入としている以上，その賞与は損金にならないという[6]。

―――●―●―●―――

〔注〕
(1) 大阪地判昭和62．9．18税資159号638頁
(2) 審判所裁決昭和62．6．16裁決事例集No.33・116頁
(3) 大阪地判平成元．3．28税資169号1163頁，大阪高判平成2．12．19税資181号989頁
(4) 大阪地判昭和54．3．30税資104号1141頁，大阪高判昭和56．11．24税資121号382頁
(5) 審判所裁決昭和47．6．29裁決事例集No.4・23頁
(6) 大阪地判昭和54．3．30税資104号1141頁，大阪高判昭和56．11．24税資121号382頁

# 三八　営業譲渡による欠損金の
　　　繰戻し還付請求の可否

## 1　事件の概要

　本件は，建設業を営んでいた同族会社が自己が100％出資して設立した子会社に営業の全部を譲渡したことを理由として，欠損金の繰戻しによる還付請求が認められるかどうかが争われた事件である（全部取消し・昭和63.10.7裁決・裁決事例集No.36・158頁）。

## 2　当事者の主張

### (1)　審査請求人の主張

　原処分庁は，営業の全部の譲渡の事実がないから，欠損金の繰戻しによる還付請求の特例（法法81④）は認められないとしたが，次の理由から還付請求を認めるべきである。

イ　当社は，昭和61年2月28日に，A社へ同年5月30日をもって営業の全部を譲渡価額10億円で譲渡する旨の契約を締結し，これに基づいて営業の譲渡をした。

ロ　営業譲渡契約書では，その譲渡対象は当社の営業のうち建設業務に関する営業の全部および当社が有する商品樹木の一切とされているが，当社は営業

譲渡の直前には建設業を営むのみで他の営業は行っておらず，さらに営業譲渡後の当社には従業員はなく非常勤役員のみであるから，本件営業譲渡は営業の全部の譲渡に当たる。
ハ　当社がA社の発行済株式の全部を有しているからといって，営業譲渡後も当社が営業を継続しているとはいえないし，当社が営業譲渡の対象にしなかった資産を今後処分して累積債務の整理を行うとしても，それは営業の継続とはいえない。
ニ　当社が営業譲渡の対象外とした土地の時価は不動産鑑定士の鑑定評価によれば約20億円であるが，実際にはその帳簿価額の14億円で譲渡するのも不可能であるから，今後この土地を処分しても多額の譲渡益が生ずる見込みはなく，欠損金の繰越控除をすることは困難である。
ホ　当社が営業の譲渡をした昭和61年5月30日を含む昭和61年1月1日から昭和61年12月31日までの事業年度の欠損金額は2億4,614万円であり，翌事業年度も欠損金が生ずる見込みである。

(2)　原処分庁の主張

　欠損金の繰戻しによる還付請求の特例（法法81④）は，解散，営業の全部の譲渡等の事実が生じたことにより今後所得の生ずる見込みがないため，欠損金の繰越控除を受けることができなくなると認められる事実のある場合の特例である。ところが，審査請求人の場合には以下に述べるとおり，営業譲渡後においても実質的には営業が継続しているので，還付請求の特例の適用は認められない。
イ　A社は，審査請求人がその営業のうち建設業を分離して存続させるために全額を出資して設立した子会社で，現在までその全株式を所有し，また，A社の本店所在地は審査請求人と同一であるとともに，A社の主たる役員も審査請求人の役員と同一であることから，A社は審査請求人の完全な支配下にある。
　したがって，審査請求人からA社へ形式的に営業譲渡をしたからといって，

その営業譲渡の前後において実質的な営業の内容に変化はなく、欠損金の繰戻しによる還付請求を予定した営業譲渡と認められる。
ロ　審査請求人が所有している営業譲渡対象外土地は、欠損事業年度末の時点でも相当多額の含み益を有しており、将来それを処分した場合には多額の譲渡益が生じ所得の発生が見込まれる。

## 3　審判所の判断

(1)　審査請求人とA社には、次のような事実が認められる。
　イ　審査請求人は昭和56年ころ、それまで営んでいた木材販売業が業績不振となったために同事業を廃止し、建設業だけを継続して営むことにしたこと。ところが、木材販売業によって生じた不良債権を貸倒損失として計上すると、事業全体が赤字となり、順調であった建設業まで支障が生じるおそれがあったので、新会社を設立して建設業の資産・負債や従業員等の一切を新会社に移して、審査請求人は残務を処理し清算する方針を決定し、それに基づいてA社が設立された。
　ロ　審査請求人が有する営業譲渡対象外土地は、適当な買主が見つからないなどの理由で直ちに処分することが困難であり、審査請求人が当分所有を続ける見込みであったこと。
　ハ　審査請求人は、A社に譲渡された商品樹木が植栽されている営業譲渡対象外土地をA社へ賃貸し、年間100万円の賃料の支払いを受けることにしたこと。
　ニ　審査請求人は、営業譲渡後、建設業の廃業届を建設大臣あて提出し、審査請求人の役員はA社の役員が兼務しているが、従業員はおらず積極的な営業活動は一切行っていないこと。
　ホ　審査請求人が有する営業譲渡対象外土地の帳簿価額は14億円であり、仮に不動産鑑定士の鑑定評価額の20億円で譲渡できたとしても、欠損金額が

40億円を超えていたことからみて，欠損金の繰越控除の適用を受けるほどの所得の発生を見込むことは困難であること。
(2) 上記の事実に基づいて判断すると，次のとおりである。
　イ　欠損金の繰戻しによる還付請求の特例（法法81④，法令156）に規定する営業の譲渡とは，本来商法上の概念であり（商法25，245等），しかも法人税法および同法施行令にはこれについて特段の定義規定が設けられていないから，法人税の営業の譲渡とは，商法所定の営業の譲渡を意味するものと解すべきである。
　ロ　営業譲渡の相手方が譲渡者の完全な支配下にあるからといって，営業譲渡の効力が当然無効であると解する根拠はないから，法人税法の規定についても，当然に適用がないとする根拠はないと解すべきである。
　ハ　審査請求人とA社とは，法律上まったく別個の法人格であり，かつ，所得金額の計算主体が異なるのであるから，審査請求人の営業とA社の営業とは，形式的にも実質的にもまったく別個のものであって，法律上は営業の継続性はないものと解される。
　ニ　本件営業譲渡がただちに営業の全部の譲渡にあたると認めることはできない。審査請求人はいまだ清算結了の明確な見通しは立っておらず，その間積極的な営業活動はしないまでも，今後もA社からの土地賃貸料収入などの発生が見込まれるから，営業を廃止してしまったとは認められないからである。
　　しかし，本件営業譲渡は営業の重要部分の譲渡にあたることが明らかであり，かつ，本件営業譲渡が生じたことにより欠損金の繰越控除の適用を受けることが困難になると認められるものに該当するから，実質的に営業が継続しているとは認められない。
　ホ　本件営業譲渡は，虚偽・仮装のものではなく，真実かつ有効に行われたものと認められる。したがって，本件営業譲渡が虚偽表示などの理由で無効である場合はともかく，有効に行われているうえ，営業譲渡後においても審査請求人には多額の欠損金額が残っており，還付請求権の濫用その他

の特段の事情があるとも認められないから，その還付請求の適用を排除する理由はない。

## 4　研　　究

〔問題の所在〕
(1)　法人の青色申告事業年度において生じた，いわゆる**青色欠損金**については，二つの制度が設けられている。その一は欠損金の繰越控除制度であり（法法57①），その二は欠損金の繰戻し還付請求制度である（法法81）。

　後者の欠損金の繰戻し還付請求は，青色欠損金の生じた事業年度の確定申告書の提出と同時に行うのが原則である（法法81①③）。しかし，本件で問題となっている営業の全部または重要部分の譲渡があった場合には，還付請求ができる期間に特例が認められている（法法81④，法令156）。

　そこで，「営業の全部または重要部分の譲渡」とは何か，特に「営業の譲渡」の意義が問題となる。ところが，営業の譲渡に関して法人税法には定義がなく，他の法律等からの借用概念である。この点において，借用概念を税法上いかに解するかという基本的な問題を内在している。また，これに関連して租税回避行為との関係をどう考えるかも争点になる。

　最近の経済状況を反映して，M＆Aや企業の統廃合の手法として営業の譲渡が幅広く利用されている。欠損金の繰戻し還付請求制度は現在その適用が停止されているが，営業の譲渡があった場合には，その停止措置は適用されない（措法66の14）。このような点で本件は今日的な問題といえよう。

〔欠損金の繰戻し還付請求の内容と趣旨〕
(2)　法人の青色申告事業年度において生じた欠損金額がある場合には，法人はその欠損金額が生じた事業年度の開始の日前１年以内に開始したいずれかの事業年度（還付所得事業年度）の法人税額に還付所得事業年度のうちに占める

欠損金額の割合を乗じて計算した法人税額の還付を請求することができる（法法81①）。この**欠損金の繰戻し還付請求**は，青色欠損金の生じた事業年度の確定申告書の法定提出期限までの提出と同時に，所要事項を記載した還付請求書を提出して行わなければならない（法法81①③⑤，基通17－2－2）。しかし，**営業の全部の譲渡**または**営業の重要部分の譲渡**で，その重要部分を譲渡したことにより青色欠損金の繰越控除（法法57①）の適用を受けることが困難となると認められるものが生じた場合には，その事実が生じた日以後1年以内に還付請求をすることができる（法法81④）。

(3) このように，営業の全部または重要部分の譲渡があった場合に特例が設けられているのは，次のような趣旨による。すなわち，これらの事実が生じた場合には，じ後は通常の事業が行われる状況になく所得が生じることは見込まれないので，青色欠損金を翌事業年度以降に繰り越していっても控除する機会がなくなるからである。

なお，欠損金の繰戻し還付請求制度においては，平成4年4月1日から平成16年3月31日までの間に終了する事業年度において生じた欠損金額については還付請求はできないという，停止措置がとられている（措法66の14）。しかし，営業の全部または重要部分の譲渡があった場合には，上記のような趣旨を踏まえて，還付請求の停止措置は適用されず（措法66の14①），還付請求を行うことができる。この点からも，営業の譲渡の意義が重要である。

〔商法上の営業譲渡の意義〕

(4) そこで**営業の譲渡**の意義であるが，法人税法には格別の定義規定はない。そうすると，商法などからのいわゆる**借用概念**として，商法などの規定や考え方を基礎に判断することになる。

商法第245条は，「営業ノ全部又ハ重要ナル一部ノ譲渡」をする場合には，株主総会の特別決議を要する旨を規定している。そして同法第25条は，営業の譲渡をした者の競業避止義務を定める。これらの規定における**営業**とは，抽象的には営業財産の総和以上のものと観念され，具体的には単に①固定資

産その他の諸権利としての営業財産だけでなく、②営業用財産を機能せしめる人的機構、配置、能力および③名声、のれん、得意先等の無形の対外的利益の三つの要素を含むものである[1]。

判例では、「営業ノ全部又ハ重要ナル一部ノ譲渡」とは、一定の営業目的のため組織化され、有機的一体として機能する財産の全部または重要な一部を譲渡し、これによって譲渡会社がその財産によって営んでいた営業的活動の全部または重要な一部を譲受人に受け継がせ、譲渡会社がその譲渡の限度に応じ法律上当然に競業避止義務を負う結果を伴うものをいう、と解されている[2]。

〔国税徴収法上の事業譲渡の意義〕

(5) この営業譲渡に関連して、商法では営業を譲渡した場合において、その譲受人が譲渡人の商号を引続き使用するときは、譲渡人の営業によって生じた債務につき譲受人もその弁済に任ずるとされている（商法26）。これと同じような考え方が国税徴収法にある。すなわち、国税徴収法第38条には、納税者から事業を譲受けた親族等の特殊関係者は、その納税者が滞納している国税につき第二次納税義務を負う旨定められている。国税徴収法では「事業の譲渡」といっているが、その**事業の譲渡**の意義は実務的には次のように解されている。一個の債権契約で事業の全部または一部を一体として譲渡することをいい、得意先、事業上の秘訣、のれん等を除外して、工場、店舗等の事業用財産だけを譲渡した場合には、ここでいう事業の譲渡には該当しない（徴収基通38-9）。

これは言葉は「営業の譲渡」と「事業の譲渡」というように違っているが、まさに上述した商法上の営業譲渡の概念と同じといってよい。ただ、営利性の要素を必要としない点で、「事業」のほうが「営業」より広い概念であるといえよう。

〔法人税法上の営業譲渡の意義と解釈〕

(6) このような商法上の解釈を受けて，営業の譲渡の時期が争われた他の裁決例では，法人税法上の**営業の譲渡**の意義を次のようにいう。すなわち，商法所定の営業譲渡と同様，一定の営業目的のために組織化され，有機的一体として機能する財産の全部または重要な一部を譲渡し，これによって譲渡会社がその財産によって営んでいた営業的活動の全部または重要な一部を譲受会社に受け継がせることである，と[3]。

これは，欠損金の繰戻し還付請求の特例を適用するための前提条件となる営業の譲渡の意義を商法上のそれと同一に解し，商法上の概念を利用するものである。これがまさに借用概念の解釈で，この解釈態度は妥当であるといえよう。このこと自体に特に問題はない。

(7) しかしながら，法人税の課税にあっては，商法上の営業の譲渡の概念を前提として，さらに税法上の視点からの検討を要する。すなわち，商法所定の営業の譲渡に該当するとしても，たとえばその営業の譲渡が租税回避行為に当たるとすれば，法人税の観点からは別途の評価をすべきである。形式的に商法上の営業の譲渡に該当するから，即課税要件を充足するというわけにはいかない。経済的，実質的な判断を加える必要があると考えられる。もちろん，そのことは商法上や税務上の営業の譲渡の意義そのものを否定するわけではない。

その営業の譲渡が租税回避行為に該当するかどうかは，他の問題と同じく，通常の経済人の経済行動として不自然，不合理なものと認められるかどうかをメルクマールとして判断することになる（「四〇　逆合併による繰越欠損金控除の租税回避行為性」参照）。

〔本件営業譲渡の検討〕

(8) そこで本件の営業の譲渡をみてみる。審判所のいう営業譲渡の相手方が譲渡者の完全な支配下にあるからといって，営業譲渡の効力が無効になるわけではない，というのはそのとおりである。経営統合等にあたって，関係会社

間で営業の譲渡が行われる例は多くみられる。また営業譲渡が無効になるのは，株主総会等の特別決議がなかった場合である[4]。しかしこれは形式論にすぎない。

　本件の争点は，そのことを当然の前提として，原処分庁が主張する，その営業譲渡の前後において実質的な営業内容に変化がなく，欠損金の繰戻し還付請求を予定した営業譲渡と認められる，という点をどう評価するかである。これは後述する逆合併が租税回避行為かどうかという議論と共通している。

(9)　この点，審判所は木材販売業によって生じた不良債権の処理が建設業にまで支障を及ぼすので，子会社であるＡ社を設立したと事実認定している。これが「還付請求権の濫用その他特段の事情があるとも認められない」，という判断の根拠になっていると考えられる。そうであるとすれば，ただ単に事実認定をするにとどまらず，なぜＡ社を設立したことが経済的に合理的かをもう少し説得的に説明すべきであったろう。その過程では，不振の木材販売業の残務整理を審査請求人で行い，順調な建設業をＡ社に移すというのであれば，なぜ木材販売業用のものと思われる商品樹木までをＡ社に譲渡したのかについても触れるべきである。

———●———●———●———

〔注〕
(1)　喜多川篤典稿「営業譲渡・譲受等」（『注釈会社法(4)』有斐閣，昭和43所収）130頁
(2)　最高判昭和40．9．22民集19巻6号1600頁，最高判昭和46．4．9判例時報635号149頁
(3)　審判所裁決平成12.11.27裁決事例集No.60・453頁
(4)　大審院判決昭和14．8．31民集997頁

# 三九　粉飾決算による過大納付額の即時還付の可否

## 1　事件の概要

　本件は，破産会社に対して仮装経理に基づく過大申告を減額更正したことに伴い生じた過納金について，即時に還付すべきか，それとも5年間にわたって順次税額控除をすべきかが争われた事件である（全部取消し・昭和46.9.27裁決・裁決事例集No.2・26頁）。

## 2　審査請求人の主張

(1) 法人税法第70条第1項《仮装経理に基づく過大申告の場合の更正に伴う法人税額の控除》は，更正事業年度開始の日から5年以内に開始する各事業年度において所得のあることを前提条件としているが，破産会社においてこのような前提条件を充足することはあり得ないから，破産会社に対して同項を適用することは許されない。

(2) 法人税法第70条第1項を適用して納付済の法人税を還付しないことは，結局，法人税の納付義務のない法人に対して法人税を課したことになるが，このような解釈は誤りである。

(3) 審査請求人に対する一般債権者がこのような不利益を甘受する理由は全然

ない。
(4) 破産の日における審査請求人の債務は20億円を超え，破産財団を構成する財産は2億円に満たない。
(注) 原処分庁の主張は，公表裁決書上は明らかにされていない。

## 3　審判所の判断

法人税法第70条第1項は減額更正にかかる過納金のうち仮装経理にかかるものについては，国税通則法第56条から第58条までの規定にかかわらず当該更正の日の属する事業年度開始の日から5年以内に開始する「各事業年度……の所得に対する法人税」の額から順次控除する旨を規定しているところ，現行法人税法においては，解散していない法人に対して課する「各事業年度の所得に対する法人税」と解散している法人に対して課する「清算所得に対する法人税」とを区別しているので，清算所得に対する法人税について同項の規定を適用して順次控除することができないのは明らかであり，また，同項は本件のような過納金を還付しないことを明示したものと解することもできないし，他に還付しないことを明示した規定もない。

よって，原処分のうち過誤納金を即時に還付せず，順次控除することとした部分は取消しを免れない。

## 4　研　　究

〔問題の所在〕
(1) 法人が申告・納付した法人税額が過大である場合には，税務署長は減額更正を行いその過大に納付した法人税額（過納金）は遅滞なく還付するのが原則である（通法56）。しかし，法人が粉飾決算をして法人税を過大に納付した

場合には，税務署長の減額更正により生じた過納金は，即時に還付することなく，その減額更正をした事業年度開始の日から5年以内の事業年度において納付すべき法人税額から順次控除するという特例が設けられている（法法70）。

　この粉飾決算に対する特例規定は，昭和41年の立法当時には，たとえば5年以内の事業年度が赤字であるため，納付すべき法人税額がなく控除しきれないときは打ち切りとなって，過納金はそのまま国庫に帰属すると解されていた。

　これに対して疑問を呈したのが本件である。本件は，いわゆる**99条案件**として国税庁長官に意見を申し出て裁決した第1号事案である。結果的に国税庁長官も審判所長の意見を相当と認めたので国税審査会（現・国税審議会）に付議はされなかったが，その後の実務の取扱いを大きく変えることになった。そのような意味で注目すべき裁決といえる。

　また最近の不況を反映して，対銀行や公共工事の入札対策のため粉飾決算の事例が散見されるという点で今日的な問題である。

〔粉飾決算の特例の趣旨と内容〕

(2)　昭和39年から昭和40年にかけて，当時の構造不況を背景に大手鉄鋼会社が粉飾決算により倒産するなど，数多くの粉飾決算が露呈し大きく社会の関心を呼んだ。そこで**粉飾決算**の防止策が種々議論され，商法では監査役の権限強化，公認会計士による監査の義務づけなどの改正が行われた。これに伴い，法人税制の面からも何らかの防止策を措置することが要請され，昭和41年の税制改正により次のような特例が設けられた。

　　イ　法人の行った過大申告が仮装経理に基づくものであるときは，その後の事業年度において法人みずから修正の経理をし，かつ，その修正経理に基づく申告をするまでの間，税務署長は減額更正をしないことができる（法法129②）。

　　ロ　仮装経理に基づく過大申告につき税務署長が減額更正をした場合には，

仮装経理にかかる過大申告税額については，その減額更正をした事業年度前1年間の法人税相当額だけ還付し，残額はその減額更正をした事業年度以後5年間の各事業年度において納付する法人税額から順次控除する（法法70，134の2）。

〔減額更正をめぐる問題点〕

(3) ここに**仮装経理**とは，事実を仮装して経理すること（法法129②，70），つまり故意に事実に反する経理または事実に即さない経理をすることをいう。事実と異なる経理につき法人の積極的な意思が存在するものであるから，単なる誤謬によるものは結果として事実と異なっていても仮装経理には含まれない。故意による売上げの過大計上，仕入れの過少計上，棚卸資産の過大計上などが仮装経理の典型例である。

一方，たとえば故意に減価償却費や評価損，引当金などの内部取引を過少に計上することも，企業会計上は粉飾決算になろう。しかし税務上は，これらの費用を故意に過少に計上したとしても仮装経理に該当しない。これら内部取引から生じる費用は「損金経理」があってはじめて損金として認められ，損金経理をするかどうかはまったく企業の自由意思に任せているからである[1]。

(4) 次に**修正の経理**とは，仮装経理をした事業年度後の事業年度の確定した決算において，一般に仮装経理をした事実を「特別損失」の部の「前期損益修正損」等に計上し，仮装経理が修正された旨を明らかにする経理をいう[2]。この前期損益修正損は，仮装経理をした事業年度の損金であり，修正の経理をした事業年度の損金となるものではない[3]。したがって，修正の経理をした事業年度においては，前期損益修正損を申告調整により所得金額に加算しなければならない。

このように，法人みずからの修正の経理がなければ，税務署長は減額更正を行わないのである。この減額更正は，一般の例と同じ**除斥期間**に服するから，法人税の法定申告期限から5年までしかすることはできない（通法70②）。

したがって，修正の経理に基づく申告が5年後にされた場合には，仮装経理による過大申告といえども，もはや税務署長は減額更正は行えなくなる[4]。

〔税額控除の趣旨と立法時の解釈〕

(5) そこで，税務署長が仮装経理による過大申告につき減額更正をした場合，その減額更正により生じた過納金を還付するかどうかである。

この場合，その減額更正をした事業年度開始の日前1年以内に開始する事業年度の法人税額相当額だけは，即時に還付を行う（法法134の2）。そして，こうして還付した残りの過納金は，その減額更正をした事業年度開始の日から5年以内に開始する各事業年度の所得に対する法人税額から順次控除する（法法70①）。

これは仮装経理による過大所得は減額更正が行われた事業年度の損失とみなす，という考え方に立っている。すなわち，青色欠損金の前1年への繰戻し還付（法法81）とじ後5年間の繰越控除（法法57）と同じような効果が得られるよう措置したものである。そこで，青色欠損金が5年間の繰越控除で打ち切られるのと同じように，過納金の法人税額からの控除も5年間に限り，5年間で控除しきれない過納金は打ち切ることにしたといわれる[5]。このような考え方から，5年間で控除しきれない過納金は打ち切られて還付されず，国庫に帰属すると解されていた[6]。

〔本件粉飾決算の検討〕

(6) このような立法時の解釈に対して問題提起をしたのが本件である。

法人税法の規定上は，過納金は「国税通則法第56条から第58条まで（還付・充当等）の規定にかかわらず，当該更正の日の属する事業年度開始の日から5年以内に開始する各事業年度……の所得に対する法人税の額から順次控除する。」とされている（法法70①）。

審査請求人は破産会社で清算中の法人であるから，「清算所得に対する法人税」だけが課され，「各事業年度の所得に対する法人税」は課されない

（法法5，6）。そこで審判所は，まず清算所得に対する法人税についてこの特例を適用して順次控除することはできない，との判断を示した。これは規定の文理に忠実な解釈で，本件に即した判断としては妥当であるが，それだけにとどまり本質的，一般的な解決にはならない。

　本質的には，この規定は「過納金を還付しないことを明示したものと解することもできないし，他に還付しないことを明示した規定もない。」という判断部分に意義がある。つまり審査請求人が主張する，この規定を適用して納付済の法人税を還付しないことは，結局，法人税の納付義務のない法人に対して法人税を課したことになる，という点にどう答えるかである。

〔現行の実務上の取扱い〕

(7)　立法の経緯や趣旨からすれば，還付はしないというほうが妥当である。しかし，法令の規定は立法理由を離れた客観的な存在であるから，立法の理由，経験等によって解釈を左右することはできない[7]，という厳密な文理解釈からすれば疑問であろう。すなわち「国税通則法第56条から第58条までの規定にかかわらず」というのは，通則法の還付の規定をまったく排除したものではなく，単に5年間還付を留保しているにすぎないと解されるからである。仮に還付しないとすれば，本件で審査請求人が主張するように所得のないところに法人税を課す結果になる。それが目的であるというのであれば，単に「国税通則法第56条から第58条までの規定にかかわらず」という反射的効果によって読ませようとする規定だけでは足りず，積極的に控除未済額は法人税とみなす旨の規定を必要とする。そうしなければ租税法律主義に反することになろう。

　そこで現行の課税実務では，本件裁決が出されてから本件のように正常な事業年度がない場合や5年を経過してもなお控除しきれない場合には，その過納金は直ちに還付することに取り扱われている[8]。これは妥当な取扱いである。

〔注〕
(1) 拙稿「粉飾決算をめぐる税務上の諸問題」(『研究科論文集』税大研究資料第109号, 昭和49所収) 54頁
(2) 大阪地判平成元.6.29税資170号952頁
(3) 審判所裁決昭和62.11.6裁決事例集No.34・53頁
(4) 審判所裁決昭和59.4.25裁決事例集No.27・15頁, 新潟地判昭和62.6.25税資158号706頁, 東京高判昭63.9.28税資165号913頁, 最高裁判平成元.4.13税資170号14頁
(5) 対談「改正法人税法の詳説」塩崎 潤氏 (当時・大蔵省主税局長) 発言 税経セミナー11巻4号 (昭和41.4) 215頁, 国税庁編『昭和41年改正税法のすべて』67頁
(6) 吉國二郎編著『法人税法 (実務篇)』(財経詳報社, 昭和43) 731頁
(7) 最高判昭和37.10.2税資36号938頁
(8) 国税庁通達「第3回国税審査会に提出した資料について」(昭和46.9.28官総1-50)

# 四〇　逆合併による繰越欠損金控除の租税回避行為性

## 1　事件の概要

本件は，電子・電気部品製造業を営む同族会社がグループ内の法人といわゆる逆合併を行い，合併法人における青色欠損金の控除をしたことが租税回避行為にあたるかどうかが争われた事件である（棄却・昭和60.6.19裁決・裁決事例集No.29・120頁）。

## 2　当事者の主張

### (1)　審査請求人の主張

A社は，自動車整備販売業を事業目的とするD社を合併法人とし，電子・電気部品製造を業とするA社（旧A社）を被合併法人として合併し，合併期日に商号を被合併法人の商号であるA社と変更した。原処分庁は，法人税法第132条《同族会社等の行為又は計算の否認》を発動し，A社が行った青色欠損金の繰越控除（法法57）を否認したが，これは次の理由により違法である。

イ　本件合併の実体

本件合併は，B社を中心とする系列会社であるD社の再建を目的に，D社が旧A社を吸収合併したもので，民法，商法および法人税法になんら違反す

るものではなく，また，租税負担の回避・軽減を目的とするものでもない。

D社は本件合併時において，業績不振で倒産必至の状況にはあったが，合併契約の直前まで3回の増資を行うなど再建に努力しており実体的に存在していた。

ロ　本件合併の経済的，合理的理由

D社の借入金につき連帯保証をしている系列会社の連鎖倒産を避け，D社の再建を図る目的で旧A社の主力金融機関，取引先等の同意を得たうえで本件合併が行われたものであり，本件合併には経済的，合理的な理由がある。

ハ　青色欠損金の繰越控除

本件合併には経済的，合理的な理由がある以上，法人税法第132条を適用されるいわれはなく，青色欠損金を損金の額に算入すべきである。

ニ　同族会社の行為・計算の否認

本件合併のようないわゆる逆合併の行為が同族会社の行為・計算の否認規定に該当することを定めた法令通達は存しないから，本件合併に同族会社の行為・計算の否認規定を適用することはできない。

## (2) 原処分庁の主張

本件合併は，次に述べるとおり，通常の経済人の行為としては不自然，不合理であり，合併法人であるD社の青色欠損金額を損金にすることによる租税負担の回避・軽減を目的としたものと認められるから，同族会社の行為・計算の否認規定により，審査請求人の選択した形式にかかわらず，経済的実質に従って法人税法上は旧A社を合併法人，D社を被合併法人として取り扱うのが相当である。

イ　本件合併の実体

本件合併は，D社の再建と旧A社を含む系列会社の連鎖倒産を防止する目的があったとしても，次のとおり，その実質において旧A社を合併法人，D社を被合併法人とする吸収合併にほかならない。

(イ)　合併において当事者が選択した合併形式が不自然，不合理なものである

かどうかは，合併法人の事業の継続性が重要な要素であるが，この場合の継続性とは，合併法人が合併前に営んでいた事業と同一種類の事業を合併後も継続して営んでいることおよび合併法人の合併前の資産や従業員が合併後の事業に引き継がれ，その事業活動に実質的に寄与している場合をいう。

(ロ) 本件合併についてみると，合併法人D社は合併期日に商号，本店所在地，事業目的を被合併法人旧A社のそれに変更していること，合併後においてD社の事業はまったく行われておらず，旧A社の事業のみが継続されていること，D社の従業員は合併前に解雇し合併後の事業に引き継がれる者はいなかったことから，事業の継続性がない。

ロ　本件合併の経済的，合理的理由

　本件合併には，次のとおり，D社を合併法人とする経済的，合理的な理由は認められない。

(イ) 合併直前のD社の債務超過額は7,542万円でこれを補塡する含み資産はなく，一方旧A社の純資産額は1億7,645万円と多額の内部留保を有するにもかかわらず，合併比率を1対1の対等合併としていること。

(ロ) D社は合併直前まで3回の増資を行っているが，その増資は，増資資金はすべてB社からの仮受金の返済に充てられ，新規事業を意図してのものではないこと，D社と旧A社の株主構成を一致させるためのものにすぎないこと。

(ハ) 本件合併には，株式上場のためその額面額を500円から50円に変更すること，経済的価値のある商号や無形資産を引き継ぐこと等の目的は認められないこと。

## 3 審判所の判断

(1) 本件合併の実体
　イ　D社には，本件合併時において合併後の事業に供すべき設備または経済的価値のある無形資産は認められず，また，合併後被合併法人である旧A社の事業のみを行い，D社の事業をまったく行っていないことからすると，本件合併は，D社を再建して同社の事業を継続するために行われたものではない。
　ロ　D社と旧A社の資産内容や旧A社の収益状況からすれば，通常なら到底合併できる状況にはないにもかかわらず，その合併比率を1対1とする対等合併をしたことは，それぞれ独立した法人間の経済取引としては著しく異常，不自然なものである。
　ハ　本件合併の実体は，D社が従前の事業を廃止し系列グループにある旧A社を吸収合併して，多額の債務を旧A社の資産と相殺することにより実質的にD社の債務を引き受けさせ，もってD社を事実上清算結了する，いわば債務超過会社清算型の逆合併というべきである。

(2) 本件合併の経済的，合理的理由の存否
　イ　D社が倒産したとしても，同社の債権者あるいは連帯保証人でもない旧A社がD社の債務を無償で引き受けなければならない法律上の関係は存在しない。
　ロ　審査請求人の主張する経済的，合理的理由とは，本件合併によってD社の債務を旧A社に無償で引き受けさせ，もって大口債権者で連帯保証人であるB社およびH一族が貸倒損失の負担を免れ，また，保証債務の履行を免れることをいうのであって，これはB社およびH一族の経済的，合理的理由ではあり得ても，経済人の取引行為の理由としては著しく異常，不自然なものである。
　　してみれば，本件合併の唯一の経済的効果である被合併法人たる旧A社

の実質的な債務引受けには，経済的，合理的理由は存しない。
(3) 青色欠損金の繰越控除
　イ　被合併法人の青色欠損金は，法律の特別の規定がない限り，合併法人の損金の額に算入することはできない。もともと法人税法は，法人の各事業年度の所得金額に対して，各事業年度ごとに独立して課税することを原則としているところ，この原則を貫くと各事業年度を通じて所得計算をする場合に比し税負担が過重になる場合が生じる。その緩和を図るため青色欠損金の繰越控除が認められており，この趣旨からして青色欠損金の繰越控除は，その法人が各事業年度を通じて独立の法人格と同一性を保っていることを当然の前提としているところであって，合併法人と無関係な経営のもとに生じた被合併法人の青色欠損金を合併法人において損金算入することを認める趣旨のものではない。これを回避するためことさらに逆合併の形式を採用し，実質的には存続する法人と無関係な経営のもとに生じた青色欠損金を損金算入するがごときは，青色欠損金の繰越控除の趣旨および実質主義の原則からいって容認されるものではない。
　ロ　本件合併の実体は，法律的には存続するとされる合併法人であるＤ社が消滅し，被合併法人である旧Ａ社が存続し継続しているものである。してみれば，経営実体を失ったＤ社の青色欠損金を旧Ａ社の事業活動のみによって生じた所得金額から控除していることになるから，実質的には青色欠損金の繰越控除の趣旨に反する。
(4) 同族会社の行為計算の否認規定の適用
　イ　同族会社においてままみられるように，法律上の形式が実際の内容と異なる場合には，その法律上の形式を採用することに経済的，合理的理由が認められず，かつ，それによって不当に租税の回避，軽減を生ずるときは，法律上の形式を否認して実際の内容に即して課税要件事実を判断することができると解される。
　ロ　本件合併は，きわめて異常かつ不自然な逆合併の法律上の形式を採用しており，経済的，合理的理由があるとは認められない。したがって，法律

上の形式どおりＤ社の青色欠損金の控除を認めるとすれば，旧Ａ社の法人税額を不当に軽減させる結果となり，これはまさに同族会社の行為・計算の否認規定によって否認されるべき租税回避行為というべきである。

## 4 研 究

〔問題の所在〕
(1) 法人の青色申告書を提出する事業年度に生じた欠損金（**青色欠損金**）は，その後5年間において繰越控除ができる（法法57①⑦）。この繰越控除は，従来その法人自身において生じた青色欠損金に限られていた。法人が合併したからといって，被合併法人に生じていた青色欠損金を合併法人に引継ぎ控除することはできなかった（旧基通4－2－18）。

法人の合併は大きい法人が合併法人，小さい法人が被合併法人になるのが通常である。そうすると，小さい法人に多額の青色欠損金があるといった場合，この通常の合併ではその青色欠損金は控除ができなくなってしまう。そこで小さい法人を合併法人，大きい法人を被合併法人とする，いわゆる**逆合併**を行って，小さい法人の有する青色欠損金を控除する例が多々みられる。本件もまさにその事例の一つであり，その逆合併が不合理，不自然で青色欠損金の控除のみを目的とした租税回避行為に該当するかどうかが問題である。

もっとも，平成13年の税制改正により所定の要件を満たす適格合併の場合には，青色欠損金の被合併法人から合併法人への引継ぎが認められるようになった（法法57②）。これに伴い，今後は逆合併の事例は少なくなると思われる。しかし，非適格合併の場合には青色欠損金の引継ぎは認められないから，依然としてこの問題は残っている。

本件は，青色欠損金の繰越控除制度の趣旨と租税回避行為の考え方を知るのに恰好の題材である。

〔青色欠損金の繰越控除制度の趣旨〕

(2) 法人の各事業年度開始の日前5年以内に開始した事業年度において生じた欠損金額は，その各事業年度の損金の額に算入する。ただし，その欠損金額の生じた事業年度について青色の確定申告書を提出し，かつ，その後連続して確定申告書を提出している場合に限る（法法57①⑦）。これが**青色欠損金の繰越控除制度**である。

法人税は各事業年度に稼得した所得を各事業年度ごとに独立して課税の対象にする，**事業年度独立の原則**によっている。したがって，前期からの繰越利益金や繰越欠損金は当期の所得計算には影響させないのが原則である。

しかし**継続企業**を前提とする法人の所得は，最終的には企業の一生を通じる**全体所得**が真実のものであると観念することができ，事業年度を越えて一体をなしているとみることができるから，前期以前に生じた欠損金額は次期以降の所得金額と通算するのが理論的であろう。また，人為的に区切った**事業年度**という期間を基礎に課税所得を計算する結果，事業年度ごとの利益金額や欠損金額の発生状況いかんによって，数年度を通じて所得計算を行うのに比して税負担が過重となることが考えられる[1]。このような点に配慮して，青色欠損金の繰越控除制度は設けられている。

〔合併の際の青色欠損金の引継ぎの可否〕

(3) 以上述べた青色欠損金は，法人の合併に際して被合併法人から合併法人へ引継ぎ，合併法人において控除をすることはできなかった（旧基通4－2－18）。**欠損金額**のごときは企業会計上表示される観念的な数額にすぎず，被合併法人におけるこれら数額は，合併の効果として合併法人に当然承継される権利義務に含まれるものではない，と解されていたからである[2]。これは繰越控除の対象になる青色欠損金は，元来その法人自身において生じたものに限るとの前提に立っている。

これに対して，欠損法人の買い漁り防止などの課税上の弊害を除去したうえで，青色欠損金の被合併法人から合併法人への引継ぎを認めるべきである，

との主張も根強くされてきた[3]。これは今日の企業は永遠に経営を続ける継続企業が前提であるから、青色欠損金の繰越控除制度の趣旨を最大限にいかすべきだということである。

(4) このような議論をも踏まえ企業の組織再編に資するため、平成13年に導入された**企業組織再編税制**において、適格合併の場合には合併法人への青色欠損金の引継ぎが認められることになった（法法57②）。**適格合併**には、企業グループ内の合併と共同事業のための合併とがある。

**企業グループ内の合併**とは、持株割合が100％または50％超100％未満の法人間の合併をいう。ただし、持株割合が50％超100％未満の場合には、①被合併法人の従業員の8割以上の移籍および②被合併法人の事業の継続の要件を満たさなければならない。一方、**共同事業のための合併**は、資本関係はないが事業の関連性を有し、その規模が著しく異ならない法人間の合併である。この場合、①被合併法人の従業員の8割以上の移籍、②被合併法人の事業の継続、③交付を受けた合併法人の株式の継続保有等の要件を充足しなければならない（法法2十二の八、法令4の2①〜③）。

これは同一企業グループ内や共同事業を営むための合併で、被合併法人の事業の継続性、同一性が保持されているものに限って、被合併法人の青色欠損金の引継ぎを認める趣旨である。

〔同族会社の行為計算の否認〕

(5) 税務署長は、同族会社の行為または計算でこれを認めると法人税の負担を不当に減少させる結果になると認められるものがあるときは、その行為または計算にかかわらず、税務署長の認めるところにより課税所得または法人税額を計算することができる（法法132）。

この**同族会社の行為計算の否認**規定の発動にあたっては、「法人税の負担を不当に減少させる結果」になる場合の認定基準が重要になってくる。判例には、①取引当事者が経済的動機に基づき自然、合理的に行動したとすれば普通とったはずの行為形態をとらず、ことさら不自然、不合理な行為形態を

とることにより法人税回避の結果を生じた場合、②取引当事者が達成しようとした経済的目的を達成するためにはいっそう自然、合理的な行動形態が存在するのに、ことさら不自然、不合理な行為形態をとることにより法人税回避の結果を生じた場合をあげるものがある。そして、その取引行為が不自然、不合理なものであるかどうかは、もっぱら取引当事者がその取引行為によって達成しようとした経済的目的に照らして判断すべきであって、単に民法、商法の見地から異常、不自然、不合理なものというだけで直ちに租税回避行為にあたるとすることはできないという[4]。これは結局、その行為計算が経済的、実質的にみて経済人の行為として不自然、不合理なものかどうか、ということになる。

〔本件合併の検討〕

(6) **逆合併**は、その言葉どおり正常あるいは通常でない合併とイメージされる。そのため法人税の実務にあっては、必ずいったんその合理性が議論の俎上にのぼる。その結果、現に先例として、実体を有する黒字会社を被合併会社とし、事実上資本金の払戻しまでしている睡眠赤字会社を合併会社とする逆合併につき租税回避行為であると認定した裁決例がある[5]。また、別件の休業中であった法人が稼働中の黒字法人を吸収合併した事件につき、法人税を不当に減少させる行為であるとの判断を示している[6]。

しかしこのような極端な例は別として、逆合併であるからといって、即租税回避行為にあたるわけではない。たとえば原処分庁が主張するような、株式上場のための株式額面の変更や商号、無形資産の引継ぎといった目的があれば、逆合併であってもそのまま是認されよう。経済的に自然、合理的な行動と認められるからである。本件合併にはこのような事情はない。

(7) グループ法人であるD社をどうしても再建したいというのであれば、しかるべき再建計画を立てて、旧A社が直接的にD社の債務を肩代わりすればそれで済む。それが経済的には自然な行動であろう。しかし、それではD社の債権者でも連帯保証人でもない旧A社に対する寄附金課税の問題が生じるお

それがある。そこで逆合併という迂回した方法をとったと考えられる。まさに審判所が指摘するように，本来は債務超過会社の清算を目論んだ合併であり，自然，合理的な行動とはいえない。

また本件合併にあっては，合併後被合併法人である旧A社の事業のみを行い，D社の事業はまったく行っていない。このような法人の同一性が失われているような場合にまで，青色繰越欠損金の控除を認めるのはその趣旨に沿わないところである。

本件の審判所の判断は妥当なものと考える。本件の訴訟事件とみられる判決でも，裁判所は本件合併は不自然，不合理で租税回避行為であると判示している[7]。

(8) なお，商業登記の実務では欠損会社を被合併会社とする合併登記の申請は受理できない取扱いになっている[8]。欠損会社を受け入れることは，合併会社の資本充実を阻害すると考えられるからであろう。

審査請求人は訴訟において，この登記実務をよりどころに，赤字会社と黒字会社との合併では逆合併が通常行われる形式であるから，本件逆合併は不自然，不合理ではないと主張した。この点に関し判決は，本件逆合併はこの登記実務に従ったものではないうえ，同族会社の行為計算の否認は，現実に行われた行為計算そのものに実体的変動を生じさせるものではないと判示した[9]。登記実務は，株式額面の変更や商号，無形資産の引継ぎと異なり，逆合併の経済的合理性の根拠にはならないということである。

〔合併による青色欠損金の繰戻し還付〕

(9) 以上述べてきたのは，青色欠損金を被合併法人から合併法人へ引継ぎ，その繰越控除ができるかどうかという議論であった。一方，青色欠損金は当期に生じたものを前期に繰り戻して前期に納付した法人税の還付を請求することもできる（法法81）。

そこで，合併直前まで約6年間休眠状態にあった会社を合併法人とし，通常に木材加工販売業を営んでいた会社を被合併法人とする逆合併を行い，そ

の合併後合併法人（合併後被合併法人の商号に変更）に生じた青色欠損金を被合併法人の黒字事業年度に繰戻し，法人税の還付を求めた事件がある[10]。この事件において審査請求人は，休眠会社を合併法人としたのは，株式の上場に備えて額面金額を500円から50円に切り替えるための技術的，形式的なものであり，休眠会社からは何も引継いでいないから，事業経営状態はまったく同一であって，継続性が保たれていると主張した。

(10) また，これとほとんど同様の事件として，株式の上場に備えて額面金額を5万円から500円に切り替えることを目的に，事業の全部を営業譲渡し休業中である法人を合併法人，正常に事業を営んでいた法人を被合併法人とし，その合併後合併法人（合併後被合併法人の商号に変更）が破産し多額の青色欠損金が生じたため，被合併法人の黒字事業年度へ欠損金を繰戻し，法人税の還付を求めたものがある[11]。審査請求人は，本件合併は被合併法人と合併法人である破産法人との間に実質的な同一性が完全に維持されているから，実質課税の原則からみても，還付請求は当然許されるべきであると主張した。

(11) 今までの逆合併をめぐる議論からすれば，これこそまさに逆合併である。税務上は，正常に事業を営んでいた被合併法人が休眠，休業中であった合併法人を吸収合併したと評価すべきことになる。そうだとすれば，実質的には被合併法人が存続していることになり，**青色欠損金の繰戻し還付を求める審査請求人の主張は理由があるようにみえる。**

　しかし，審判所はいずれもこの還付請求を認めない原処分を支持した。その理由として，被合併法人時代の所得計算は，合併の日をもって打ち切ることを建前としており，最終事業年度の末日である合併の日にすべて遮断されるのであるから，合併法人の青色欠損金の繰戻し還付の請求が合併前の被合併法人の所得金額に及ぶと解することは困難であるという。また，青色欠損金の繰戻し還付は，各事業年度ごとに所得金額に対して課税する原則の例外であるから，その繰戻しが認められるためには別段の根拠が必要であり，欠損金の繰戻しが許されるのは人格の同一性を保っていることが前提であるが，合併法人と被合併法人は人格の同一性を保っているとはいえないともいって

⑿　これらの理由は形式的なものであるが，もともと逆合併をめぐる議論が租税回避行為かどうかという問題であってみれば当然であるといえる。すなわち，審査請求人は欠損金の繰戻し還付を受けることを目的に逆合併をしたわけではなく，むしろその繰戻し還付を受けるのであれば逆合併をする必要はなかったのであるから，そこに租税回避という問題は生じない。だとすれば，その合併の法形式どおりに税務上も取り扱うべきだということになる。

　また実体的な観点からすれば，これらの合併は株式の額面金額を500円（または5万円）から50円（または500円）に切り替えること，あるいはグループ会社の経営を合理化して企業の体質改善を図ることを目的にしていたという点が重要である。すなわち，実体的にはこれらの合併は逆合併そのものに経済的合理性があったとみることができる。

――●――●――●――

〔注〕
(1) 大阪地判昭和36．3．13税資35号140頁，大阪高判昭和38．12．10税資37号1173頁，最高判昭和43．5．2税資52号887頁
(2) 最高判・前掲判決
(3) 税制調査会答申「所得税法及び法人税法の整備に関する答申」（昭和38．12．6），武田昌輔著『会計・商法と課税所得』（森山書店，平成5）77頁
(4) 東京高判昭和49．6．17税資75号801頁
(5) 審判所裁決昭和47．2．21裁決事例集No.4・5頁
(6) 審判所裁決平成13．1．22裁決事例集No.61・440頁
(7) 広島地判平成2．1．25税資175号117頁
(8) 昭和33．5．26民事4発第70号法務省民事局第4課長指示
(9) 広島地判・前掲判決，最高判昭和48．12．14税資71号1160頁参照
(10) 審判所裁決昭和51．2．28裁決事例集No.11・34頁
(11) 審判所裁決平成12．6．21裁決事例集No.59・191頁，大阪地判平成13．10．4

## 四一　タックス・ヘイブン税制における管理支配基準の要件

### 1　事件の概要

本件は、木材卸売業を営む同族会社の香港に所在する特定外国子会社が、タックス・ヘイブン税制の適用除外要件である管理支配基準を充足しているかどうかが争われた事件である（棄却・昭和61.7.3裁決・裁決事例集No.32・292頁）。

### 2　当事者の主張

(1)　審査請求人の主張
イ　当社は香港に所在するA社の留保金額について、タックス・ヘイブン税制の適用除外要件に該当するとして、同税制を適用せず申告した。
　これに対し原処分庁は、A社はタックス・ヘイブン税制の適用除外要件の一つである、その本店の所在する地域においてその主たる事業の管理、支配および運営をみずから行うこと、という管理支配基準を充足していないとして、同社の留保金額を益金の額に算入する更正処分を行った。
ロ　しかし次のとおり、A社の主たる事業はサービス業であり、同社の各事業年度を通じてその事業の管理、支配および運営を本店所在地である香港にお

いてみずから行っているので，管理支配基準を充足している。

(イ) 南洋材の取引においては，現地のシッパー（輸出業者）からスイッチ取引（東南アジア諸国と日本との間の貿易取引において，相手方のシッパーが取引代金の一部を公表帳簿から除外するため，香港等の第三国に所在する会社を形式的に介在させる取引）および出材資金の融資を要請され，買手側は南洋材の安定確保のためこの要請に応じざるを得ないことから，当社の出資によりA社が香港に設立された。

(ロ) A社を香港に設立せざるを得ない経済的合理性があったからこそ，タックス・ヘイブン税制が施行された昭和53年4月1日から3か月後の同年7月に同社を設立したものであって，同社を存在させる必要性は現在も変わっていない。

(ハ) A社が行う業務の内容は，①売買契約書の作成および署名，②シッパーの信用状の開設，③船積書類の受領および買付代金の決済，④シッパーへの代金前払いおよび融資の保証等を行うことによって当社にサービスを提供するものである。そして，当社はこれらのサービス提供に対し手数料として原木のＦＯＢ価格の1.5％相当額を支払っている。したがって，A社はサービス業であり貿易業ではない。

(ニ) A社は香港の○○銀行本店ビル20階に約20坪の事務所を賃借し，国際金融業務に精通した同社の取締役Bを同社設立以来常駐させ，現地人2名を雇用して事業活動を行っている。

(ホ) A社の会計帳簿の作成および保管は同社が行っており，同社の事業所得税も同社が香港政庁に納付している。

(ヘ) A社の株主総会および取締役会は，いずれも当社の本店である国内で開催されているが，これはA社の取締役4名中3名が当社の取締役を兼務しているため，香港に常駐する取締役Bが年2回程度日本に帰国した時を利用して開催するという便宜上の問題にすぎない。措置法通達66の6－16においても定められているように，株主総会等の開催を本店所在地以外の場所で行っていたとしても，このことだけでA社が事業の管理，支配および

運営をみずから行っていないことにはならない。

株主総会等の議事録はA社が保管している。

## (2) 原処分庁の主張

イ　特定外国子会社等が管理支配基準を充足しているかどうかは，その会社の本店所在地国において，主たる事業をみずからの意思により主体的に行っているかどうかをいうものであり，具体的には，その会社の①株主総会および取締役会が開催される場所，②取締役の過半数が常駐する場所，③主要な取引銀行が所在する場所，④会計帳簿の作成および保管等がされている場所などを総合勘案して判定するものと解される。

ロ　次に述べる事実からすると，A社は審査請求人がシッパーと行う南洋材取引において，シッパーの要請によりスイッチ取引を行うため，シッパーとA社，A社と審査請求人というように形式的に介在しているだけで，審査請求人の指示に基づいて南洋材取引に付随した業務を行っているにすぎないと認められるから，A社は管理支配基準を充足していない。

　(イ)　A社の役員4名のうち1名だけが常勤役員であり，他の3名は非常勤役員であって審査請求人の役員として常勤しており，取締役の過半数が常住する場所は，香港ではなく審査請求人の本店所在地であること。

　(ロ)　A社の株主総会および取締役会は，ともに香港ではなく審査請求人の本店所在地で開催されていること。

　(ハ)　審査請求人の南洋材本部は，ジャカルタ，サンダカン，ミリ等の現地駐在員と連絡をとりながら南洋材の取引価額やその他の取引条件を決定していること。

　(ニ)　買い付けた南洋材は，南洋材本部が指定した船舶に駐在員の立会いのもとに船積みし，直接日本に送られてくること。

　(ホ)　審査請求人は，南洋材の輸入について，シッパーの要請によりスイッチ取引の形態をとる必要上，A社を当事者として介在させ，シッパーとA社との間では実際の取引価額より低い価額により，A社と審査請求人との間

では実際の取引価額により，それぞれ売買契約を締結して代金決済を行い，それぞれの売買契約に基づく取引価額との差額については，南洋材本部が精算書を作成し，A社に指示してシッパーに支払わせていること。

(ハ) 審査請求人は，シッパーから代金の前払いおよび融資の要請があった場合には，駐在員がシッパーの担保能力を調査し，南洋材本部が駐在員と連絡をとりながら与信を決定するとともに，A社に融資の指示をし融資後も融資金の管理および回収を行っていること。

## 3 審判所の判断

(1) A社は，①木材に関する全商品を取り扱うことを事業目的として設立され，香港税務当局にも木材取引業である旨申告していること，②南洋材の買手または売手として取引の当事者となっていること，③南洋材の取引について仕入および売上として経理していることから，同社の事業は木材に関する貿易業であると認められる。

(2) 管理支配基準を充足しているかどうかは，特定外国子会社等の株主総会および取締役会の開催，役員としての職務の執行，会計帳簿の作成および保管等が行われている場所のほか，たとえば日常の売買取引において，数量，価額，決済条件等その取引における基本的事項の決定がどこで行われているか等を総合勘案のうえ判定すべきものと解される。

(3) ①A社の業務執行に関する重要な意思決定機関である取締役会は，すべて審査請求人の本店所在地である国内で行われていること，②A社がシッパーから買い付ける南洋材の数量，価額，決済条件，シッパーへの融資額等その取引の基本的事項は，審査請求人が決定し，A社に貿易取引に必要な書類の作成，代金の決済，融資の実行等を指示していること，③審査請求人は，各シッパーごとの債権債務を記帳し，管理していることが認められ，A社は南洋材の売買取引においてみずから取引当事者となり貿易業を営んでいるにも

かかわらず，香港において取締役Ｂを責任者として，審査請求人から指示された業務および会計帳簿の作成，保管を行っているにすぎないことからすると，Ａ社は南洋材の貿易取引の支配，管理および運営を香港において行っているとはとうてい認められないから，管理支配基準を充足していない。

## 4　研　　究

〔問題の所在〕

(1) いわゆるタックス・ヘイブンに子会社を有している内国法人は，その子会社の事業活動により生じた利益金額を自社の利益として益金の額に算入し申告しなければならない（措法66の6～66の8）。ただし，このタックス・ヘイブン税制は，その子会社が本店所在地において，管理支配基準を満たしている場合すなわちその事業の管理，支配および運営をみずから行っている場合には適用されない。

　そこで，管理支配基準を満たすには，その子会社がどのような実態にあればよいのかが問題になる。特に事業の管理，支配および運営といった，幅広い抽象概念が要件になっているため，何をポイントに判断すればよいのか，その判断基準にむずかしさがある。

　企業の国際化が著しい今日，企業はあらゆる国，地域において事業活動を展開している。その海外進出にあたり，税もコストの一つと考えられるから，企業ができるだけ税の安いところを選択するのは当然の行動といえる。そこで本件のような問題が生じ，これは国際課税をめぐって解決すべき重要な課題である。

〔タックス・ヘイブン税制の概要と趣旨〕

(2) **タックス・ヘイブン税制**は，内国法人がタックス・ヘイブンに特定外国子会社等を有する場合には，その特定外国子会社等に生じた利益金額をその内

国法人の所得として取り込み課税する制度である（措法66の6）。

　ここで**タックス・ヘイブン**とは，概念的には法人税や利子・配当に対する源泉所得税の課税がないか，または非常に安い国や地域をいう。タックス・ヘイブンであるかどうかは，具体的にはその国や地域で法人の所得に対して課される税が25％以下かどうかにより判定する（措令39の14①）。

　また**特定外国子会社等**とは，内国法人（または居住者）によってその発行済株式の50％超が保有されている外国法人でタックス・ヘイブンに所在するもののうち，その内国法人の持株割合が5％以上であるものをいう（措法66の6①②，措令39の14）。

(3)　タックス・ヘイブンはまさに法人税が課されないか，または低率での課税しか行われない国や地域である。そのような国や地域に子会社を設立し，その子会社が稼いだ利益を親会社に配当せず留保すれば，内外を通じて一切法人税が課されないか，または低率での課税で済む。

　ところが，タックス・ヘイブンに設立される子会社がペーパー・カンパニー等の実体のないものであれば，その子会社の行う事業は実質的には内国法人である親会社の事業といえる。これをそのまま放置することは，みすみす租税回避行為を容認することになる。そこで，昭和53年の税制改正により税負担の公平を図るため，タックス・ヘイブン税制が導入された。

〔適用除外要件とその趣旨〕

(4)　このような趣旨のタックス・ヘイブン税制であってみれば，子会社が真に独立企業としての実体を備え，事業活動を行っている場合には，この税制を適用することは相当でない。その子会社の事業は，実体的にはもはや親会社の事業とはいえないからである。また，単にタックス・ヘイブンに所在するというだけで，実体を備え，現地で事業活動を行うことに経済的合理性がある場合までこの税制の適用対象にすることは，企業の正常な海外投資活動を阻害することになる[1]。

　そこで，特定外国子会社等が①実体基準，②管理支配基準および③非関連

者基準（または所在地国基準）の三つの基準を満たす場合には，タックス・ヘイブン税制は適用除外とされている（措法66の6③）。**実体基準**は，その本店所在地国に事業活動の拠点となる事務所，店舗，工場等の固定施設を有するか否かという基準である。また，**非関連者基準**とは親会社や関連会社以外の者との取引が50％を超えるかどうか，**所在地国基準**とは，その事業を主として本店所在地国において行っているか否か，という基準をいう。

〔管理支配基準の意義と判断基準〕

(5) 本件で問題となっている**管理支配基準**は，その子会社の本店所在地国において，その事業の管理，支配および運営を子会社みずから行っているかどうかという基準である。「事業の管理，支配および運営」という概念はきわめて幅広い。ある意味では上述の実体基準や非関連者基準（または所在地国基準）をも包含しているといえる。しかし実体基準や非関連者基準（または所在地国基準）は別途の基準として法定されているから，管理支配基準はこれらの基準を除いた残余の概念であるといえよう。

そこで，管理支配基準を充足しているかどうかは，その子会社の株主総会および取締役会の開催，役員としての職務執行，会計帳簿の作成，保管等がされている場所その他の状況を勘案のうえ判定する（措通66の6－16）。これは判例でも支持されており，判例ではこれらの点や業務遂行上の重要事項を子会社がみずからの意思で決定しているかなどの諸事情を総合的に考慮して判断すべきであるという。この場合，その子会社の業務の種別が何かは直接的には決定的な意味をもたないと解されている[2]。

(6) このように，企業が事業活動を遂行していくための①基本方針の決定，②役員の業務遂行上の意思決定，③会計事務の処理，というそれぞれの局面について事実を把握して，独立した法人と認められるのか，またはペーパーカンパニーにすぎないのかを総合的に判断する[3]。

このような意味で管理支配基準は，実体基準や非関連者基準（または所在地国基準）に比して包括的，実質的な概念であるといえる。したがって，た

とえば子会社の株主総会が本店所在地国以外の場所で開催されていること，子会社が現地における事業計画の策定にあたり親会社と協議し，意見を求めていることがあっても，そのことだけでは子会社が事業の管理，支配および運営をみずから行っていないことにはならない（措通66の6-16）。

〔本件子会社の検討〕

(7) 本件における審査請求人の主張は，強いていえば形式面に傾いている。その主張は，基本的に上述した解釈通達に依存するものといえる。上述した解釈通達は，株主総会等や役員の職務執行，会計帳簿の作成保管の場所がどこであるかといった形式的な例示をしているからである。

これに対して，原処分庁の主張は実質面に傾いている。その南洋材取引における審査請求人とA社との役割を分析し，審査請求人の指示に基づいた南洋材取引に付随した業務を行っているにすぎないという。

これは審判所の判断も基本的に同じである。特に審判所の判断は，審査請求人，原処分庁双方ともA社は形式的に介在しているにすぎないといっており，それが実態であると考えられるのに貿易業と認定している。そして，貿易業であるにもかかわらず，審査請求人から指示された業務だけしか行っていないから管理支配基準を充足しないというのは，結論を導くためのやや強引な判断のように思われる。

(8) むしろ，原処分庁が主張する審査請求人の指示に基づいた南洋材取引に付随した業務だけを行っていることあるいは審査請求人がいう審査請求人から指示された業務だけを行っていることを直接的にどう評価するかが重要である。上述したように，判例でもその子会社の業務が何かは直接的には決定的な意味をもたないと解されている。つまり付随業務や指示業務であることが，即管理支配基準を満たさないことになるのかどうかである。仮に香港において付随業務あるいは指示業務を行うことに経済的意義があり，A社の存在意義が認められるとすれば，そのこと自体で審査請求人から独立した企業体といえるのでないか。本件における審判所の判断は結論的には妥当であるが，

この点への視点を欠いているように思える。

　その子会社が独立企業体といえるかどうかは，上記三つの基準で総合的に判断しようというのが法の趣旨である。とするならば，管理支配基準のところであまり独立性を強く説くべきではないといえよう。

　なお，本件は審査請求後，最高裁まで争われたようであるが，結論は審判所の判断とほぼ同様である[4]。

———●●●———

〔注〕
(1) 東京地判平成2．9．19税資180号582頁，東京高判平成3．5．27税資183号811頁，最高判平成4．7．17税資192号98頁，静岡地判平成7．11．9税資214号362頁
(2) 東京地判・前掲判決，東京高判・前掲判決
(3) 木村弘之亮著『国際税法』(成文堂，2000) 979頁
(4) 東京地判・前掲判決，東京高判・前掲判決，最高判・前掲判決

# 索　引

## 〔あ〕

青色欠損金 …………………………341, 358
青色欠損金の繰越控除制度 ………322, 359
青色欠損金の繰戻し還付 ………………363
青ナンバー権 …………………………194
預り預託保証金 ………………………122

## 〔い〕

異議決定 …………………………………6
異議決定書の謄本 ………………………7
異議審理庁 ………………………………6
異議申立て ………………………………4
異議申立書 ………………………………5
異議申立て前置主義 ……………………8
異議申立ての期間 ………………………4
１年当たり平均額法 …………………252
一部取消し ………………………………7
違法支出金 ……………………………303
違法な所得 ………………………………77
居抜き権利 ……………………………197

## 〔う〕

裏ジョイント …………………………301

## 〔え〕

映画フイルムのリース事件 ……………34
営業 ……………………………………342
営業権 …………………………………194
営業の重要部分の譲渡 ………………342
営業の譲渡 ………………………342, 344
営業の全部の譲渡 ……………………342
益出しクロス …………………………210
閲覧請求 …………………………………19
ＬＬＣ ………………………………44, 45

## 〔お〕

親会社等の損失負担 …………………286
織機の登録権利 ………………………194
降り賃 …………………………………301

## 〔か〕

会員権の買戻取引 ……………………213
開示請求 …………………………………21
外部取引 …………………………………60
確定した決算 …………………………53, 59
確定収益 ………………………………91, 99
確定収入 …………………………………91
確定申告 …………………………………51
加算税の賦課決定処分 …………………3
課税留保金額 …………………………331
仮装経理 ………………………………349
過大な役員退職給与 …………………251
過大な役員報酬 ………………………236
片面的対抗手続き ………………………19
価値増加基準 …………………………185
株主会員制ゴルフクラブ ……………202
株主総会 …………………………………52
管理支配基準 …………………………371

## 〔き〕

期間所得計算 …………………………84
棄却 ………………………………………7
企業グループ内の合併 ………………360
企業組織再編税制 ………………195, 360
議決 ……………………………………16
寄附金 …………………………………267
期末一括税抜経理方式 …………………69
却下 ………………………………………6
求釈明 …………………………………21
99条案件 …………………………15, 348

協議団 …………………………………14
競業避止義務 ……………………………79
行政不服審査法 …………………………3
共同企業体 ……………………………301
共同事業のための合併 ………………360

〔く〕

組合 ……………………………………31
繰延資産 ………………………………196
繰延収益 ………………………………94
繰延負債 ………………………………94
クロス取引 ……………………………209

〔け〕

経済的帰属説 …………………………77
形式基準 ………………………………236
継続企業 ………………………………359
継続企業の原則 ………………145, 153
欠損金額 ………………………323, 359
欠損金の繰戻還付 ……………………155
欠損金の繰戻し還付請求 ……………342
決定処分 ………………………………3
原価算入された交際費等の額 ………310
減価償却 ………………………………168
減価償却資産 …………………………175
減価償却費 ……………………………168
現金主義 ………………………………85
現在価値額 ……………………………121
原処分庁 ………………………………19
建設協力金 ……………………………122
減損会計 ………………………………205
権利金 ……………………………92, 119
権利金の認定課税 ……………………119

〔こ〕

合意によるみなす審査請求 …………9
公開主義 ………………………………20
合議体 …………………………………16
航空機のリース ………………………34

交際費課税制度 ………………………294
交際費等 ………………………………294
更正 ……………………………………324
更生会社 ………………………………333
更正処分 ………………………………3
更正の請求 ……………………………138
功績倍率 ………………………………252
口頭意見陳述 …………………………19
口頭主義 ………………………………21
後発的事由による更正の請求 ………153
交付送達 ………………………………5
公務員基準方式 ………………………252
航路権 …………………………………194
国税審議会 ……………………………16
国税審査官 ……………………………16
国税審判官 …………………………14, 16
国税通則法 …………………………4, 154
国税副審判官 …………………………16
国税不服審判所 ………………………14
焦げつき利息 …………………………277
固定資産 ………………………………168
ゴルフ会員権の買戻取引 ……………213
ゴルフクラブの会員権 ………………202
ゴルフ場施設優先利用権 ……………203
ゴルフ場利用株式等 …………………203

〔さ〕

裁決 ……………………………………11
裁決事例集 ……………………………21
裁決の拘束力 …………………………11
債券先物取引 …………………………212
債券先物のクロス取引 ………………212
債権放棄 ………………………………284
財産の換価 ……………………………3
財産の差押え …………………………3
最終報酬月額 …………………………252
在職年数 ………………………………252
債務確定基準 …………………102, 127
債務控除 ………………………………121

索　引　377

| | |
|---|---|
| 債務の確定 …………………129 | 出漁権 …………………194 |
| 逆合併 ……………………358, 360 | 取得時価 …………………108 |
| 差押えの解除 ………………6 | 純資産価額方式 ……………111 |
| 差入預託保証金 ……………122 | 少額減価償却資産の一時償却 …175 |
| 参加審判官 …………………16 | 使用可能期間延長基準 ………185 |
| 〔し〕 | 証拠書類 …………………21 |
| | 証拠物 ……………………21 |
| 仕入税額控除 ………………318 | 使用人兼務役員 ……………217, 242 |
| 時価 ………………………108 | 商品の引渡し ………………85 |
| 時間基準 …………………93, 277 | 情報公開法 …………………21 |
| 敷金 ………………………92 | 賞与 ………………………243 |
| 事業関連説 …………………267 | 書画骨とう …………………169 |
| 事業年度 …………………359 | 職権審理主義 ………………22 |
| 事業年度独立の原則 …………138, 359 | 職権探知 …………………22 |
| 事業の譲渡 …………………343 | 所在地国基準 ………………371 |
| 支出する交際費等の額 ………310 | 除斥期間 …………………144, 324, 349 |
| 始審的審査請求 ………………8 | 所得の帰属 …………………77 |
| 実現主義 …………………85, 93 | 処分時価 …………………108 |
| 実質基準 …………………237 | 処分の通知を受けた日 ………5 |
| 実質所得者課税の原則 ………77 | 書面審理主義 ………………21 |
| 実体基準 …………………371 | 審査請求 …………………7 |
| 指定寄附金 …………………267 | 審査請求書 ………………9, 21 |
| 使途秘匿金 …………………316 | 審査請求人 …………………7 |
| 使途秘匿金課税制度 …………316 | 審査請求の期間 ……………7, 8 |
| 使途不明金 …………………316 | 審査請求の趣旨 ……………9 |
| 使途不明金課税 ……………315 | 審査請求の謄本 ……………7 |
| 支払利息の損金算入時期 ……135 | 審査請求の理由 ……………9 |
| 資本還元法 …………………195 | 人格のない社団 ……………32 |
| 資本的支出 …………………185 | 申告調整事項 ………………323 |
| 借地権課税 …………………119 | 〔せ〕 |
| 借用概念 …………………342 | |
| 社債のプレミアム ……………94 | 政治献金の是非 ……………268 |
| 砂利採取跡地の埋戻費用 ……129 | 税込経理方式 ………………68 |
| 収益の認識基準 ……………84 | 税抜経理方式 ………………68 |
| 自由償却 …………………193 | 設立準拠法主義 ……………46 |
| 修正の経理 …………………349 | 全員出席総会 ………………53 |
| 修繕費 ……………………186 | 善管注意義務 ………………227 |
| 重要性の原則 ………………136 | 前期以前の損益の修正 ………153 |
| 出訴期間 …………………11 | 前期損益修正損 ……………152 |

全体所得 …… 359
全部取消し …… 7

〔そ〕

総額主義 …… 23
争点主義 …… 23
争点主義的運営 …… 23
相当の地代 …… 119
訴訟 …… 11
損害賠償金 …… 145, 161
損金経理 …… 59, 258
損出しクロス …… 210

〔た〕

退職給与 …… 243
滞納処分の続行の停止 …… 6
代表取締役 …… 227
代理人 …… 19
タックス・ヘイブン …… 370
タックス・ヘイブン税制 …… 369
脱税経費 …… 303
他の審査請求に伴うみなす審査請求 …… 10
短期前払費用の特例 …… 136
談合金 …… 301
担当審判官 …… 16

〔ち〕

地方公共団体特別職基準方式 …… 252
忠実義務 …… 227, 268
徴収権の消滅時効 …… 144
徴収手続き …… 3
徴収の所轄庁 …… 10
徴収の猶予 …… 6

〔つ〕

通達審査権 …… 15

〔て〕

定期の給与 …… 243

定時総会 …… 51
適格合併 …… 360

〔と〕

当事者対等主義 …… 18
同族会社 …… 332
同族会社の行為計算の否認 …… 360
同族会社の留保金課税 …… 332
答弁書 …… 21
特定外国子会社等 …… 370
特別の機関 …… 15
匿名組合 …… 32
取消し …… 7
取消訴訟 …… 11
取締役 …… 227
取締役会 …… 227

〔な〕

内部取引 …… 60
ナンバー権 …… 194

〔に〕

任意組合 …… 31
荷為替取組日基準 …… 86
二段階説 …… 276

〔ね〕

年倍法 …… 195
年俸制 …… 245

〔の〕

納税の告知処分 …… 3

〔は〕

パートナーシップ …… 35
配当還元方式 …… 111
パス・スルー課税 …… 44
発生主義 …… 93, 127, 135, 277
発生費用 …… 127

索　引　379

販売基準 …………………………277
販売促進費 ………………………295
販売手数料 ………………………295
反論書 ……………………………21

〔ひ〕

非関連者基準 ……………………371
引渡基準 …………………………85
非減価償却資産 …………………168
飛行船のリース …………………179
非事業関連説 ……………………267
非対価説 …………………………268
一人会社 …………………………53
評価損 ………………………109, 201
費用収益対応の原則 ………101, 127

〔ふ〕

ファイナンス・リース …………176
賦課処分 …………………………3
複利現価率 ………………………121
船積基準 …………………………85
船荷証券引渡基準 ………………86
不服申立て前置主義 ……………12
不良貸付金の利息 ………………277
粉飾決算 ……………………212, 348

〔へ〕

平均功績倍率法 …………………251
併用方式 …………………………111
変更 ………………………………7
ベンチャー企業 …………………333
弁論主義 …………………………22

〔ほ〕

法人 ………………………………46
法人格 ……………………………46
防戦買いの損失 …………………286
法的帰属説 ………………………77
補佐人 ……………………………19

保証金 ……………………………92
保有時価 …………………………109

〔み〕

みなす審査請求 …………………9
民事訴訟 …………………………22
民法上の組合 ……………………32
民法上の組合の成立要件 ………32

〔む〕

無利息貸付け ……………………275

〔め〕

名刺役員 …………………………220

〔も〕

目的外取引 ………………………79
門前払い …………………………6

〔や〕

役員 ………………………………217
役員賞与 …………………………242
役員退職給与 ……………………250
役員退職給与の経理方法 ………259
役員報酬 ……………………228, 242, 243

〔ゆ〕

有限責任会社 ……………………44
有償取引同視説 …………………276
郵便による送達 …………………5

〔よ〕

預託金制ゴルフクラブ …………203
預託金返還請求権 ………………203

〔り〕

リース取引 ………………………176
利息の収益計上時期 ……………277
リミテッド・パートナーシップ …35

留保金額 …………………………331
留保控除額 ………………………331

〔る〕

類似業種比準方式 ………………111

〔れ〕

礼金 ………………………………92
レバレッジド・リース …………177

〔著者紹介〕

成 松 洋 一 （なりまつ　よういち）

職　歴　国税庁法人税課課長補佐（審理担当），杉並税務署副署長，東京国税局調査第一部特別国税調査官，国税不服審判所国税審判官，東京国税局調査第三部統括国税調査官，菊池税務署長，東京国税局調査第一部国際調査課長，同調査審理課長，名古屋国税不服審判所部長審判官，東京国税局調査第三部長を経て退官

現　在　税理士

主要著書　『法人税セミナー－法人税の理論と実務の論点－』（税務経理協会）
　　　　　『税務会計の基礎－企業会計と法人税－』（共著・税務経理協会）
　　　　　『圧縮記帳の法人税務』（大蔵財務協会）
　　　　　『試験研究費の法人税務』（大蔵財務協会）
　　　　　『減価償却の法人税務』（大蔵財務協会）
　　　　　『消費税の経理処理と税務調整』（大蔵財務協会）
　　　　　『法人税申告書別表四，五（一）のケーススタディ』（税務研究会）
　　　　　『減価償却資産の取得費・修繕費』（共著・税務研究会・第15回日税研究賞奨励賞受賞）

著者との契約により検印省略

| 平成15年10月1日　　初版第1刷発行 | 法人税裁決例の研究<br>－不服審査手続きとその実際－ |

著　者　成　松　洋　一
発 行 者　大　坪　嘉　春
製 版 所　税経印刷株式会社
印 刷 所　税経印刷株式会社
製 本 所　株式会社　三森製本所

発行所　〒161-0033 東京都新宿区下落合2丁目5番13号　株式会社 税務経理協会
　　　　振替 00190-2-187408　　電話(03)3953-3301(編集部)
　　　　ＦＡＸ(03)3565-3391　　　　(03)3953-3325(営業部)
　　　　ＵＲＬ　http://www.zeikei.co.jp/
　　　　乱丁・落丁の場合は，お取り替えいたします．

© 　成松洋一　2003　　　　　　　　　　Printed in Japan

本書の内容の一部又は全部を無断で複写複製（コピー）することは，法律で認められた場合を除き，著者及び出版社の権利侵害となりますので，コピーの必要がある場合は，あらかじめ当社あて許諾を求めてください．

ISBN4-419-04275-3　C2032